장사의 99%는 트렌드다

유통 9단 김영호의
트렌드와 마켓 이노베이션

김영호
지음

>
<

장사의 99%는 트렌드다

0 12345 67891

팬덤북스

들어가면서

100년 기업을 향해 도전하는 젊은 경영자들이여, 나만의 전략으로 전진하라!

　　세상이 정말 빨리 바뀌고 있다. 최근 통계청이 우리나라 인구 구조의 대변혁이 시작된다고 발표한 내용을 보면, 2015년부터 여성 인구가 남성보다 많은 '여초女超' 시대가 열린다. 2017년부터는 고령 사회로 진입한다. 생산 가능 인구(15~64세)도 2016년 정점을 찍고 감소세로 돌아선다. 앞으로 1~2년 이내에 엄청난 변화가 마켓에서 진행될 예정인 셈이다. 세계 최하위권의 낮은 출산율과 가장 빠른 고령화 속도가 지속되는 가운데 우리나라 마켓은 심대한 변화의 중심에 서게 될 것이다.

어디 이뿐인가. 디지털 발전 속도가 너무 빠르다 보니, 새로운 기술을 배우고 익히다 보면 벌써 또 다른 새로운 개념이 우리 앞에 와 있다. 융합화 시대가 되면서 사물 인터넷, 3D 프린트, 웨어러블wearable 기기, 근거리 무선 통신NFC, 크라우드 소싱Crowd Sourcing, 모바일 뱅킹 등 매일같이 쏟아져 나오는 새로운 디지털 기술을 열심히 공부해야 사업에 응용할 수 있게 되었다. 여기에 카카오톡과 같은 모바일 메신저가 빠르게 확산하여 실시간으로 지인들과 커뮤니케이션을 한다.

그야말로 상전벽해와 같이 변한 세상에서 새로운 업태는 계속 발전하고 있다. 새로운 방식으로 구매하는 디지털 컨슈머에 맞추어 새로운 제안과 새로운 마켓을 만들어야 하는 유통 업계와의 소통은 21세기 마켓 주도권의 행방을 가늠하게 해준다. 소비의 주체로서 건전한 구매와 동시에 새로운 제품 혹은 서비스를 만들어 가는 트랜슈머Transumer이면서 프로슈머Prosumer인 현대 소비자들의 변화하는 욕구를 어떻게 잡을 것인가.

예전보다 고정 고객을 확보하는 전략이 상대적으로 힘들어졌다. 평생 고객 관계를 유지하고 발전시키려는 기존 업태와 새로운 업태 간의 경쟁은 점점 더 가열되는 양상이다. 유통 전쟁에서의 승리는 트렌드를 가장 먼저 포착하고 가장 잘 해석한 업체에 게 돌아갈 것이다. 이 책은 급변하는 마켓 트렌드를 제대로 이해하고 활용하여 마켓 이노베이션Market Innovation을 잘하기 위해서는 무엇을 어떻게 해야 할까에 초점을 맞추었다. 나아가 마켓 유지 전략에서 벗어나 새로운 마켓 트렌드를 창출하기 위해서는 어떻게 기획하고 행동해야 하는지, 움직이는 컨슈머를 충성 고객으로 만들기 위한 전략과 전술은 무엇인지도 기술했다.

내가《장사의 99%는 트렌드다》를 쓴 이유는 간단하다. 먼저 100년 기업을 향해 도전하는 우리나라 젊은 비즈니스 도전자들에게 도움을 주기 위해서이다. 현재 마켓에서 일어나고 있는 새로운 트렌드를 적극 활용하기 위한 관련 정보를 정리 정돈하기 쉽게 하였다. 또한 대기업과 대형 유통 업체의 침해로 인해 사생결단해야 하는 골목 상권의 소상공인과 전통 시장의 상인 들처럼 유통 트렌드 정보에 약한 분들에게 새로운 활로 정보를 정리해 드리고 싶었다.

과연 소상공인들은 어떻게 지금과 같은 과열 경쟁에서 살아남을까? 잘사는 나라의 소비자들은 과연 어떤 소비를 하고 있을까? 디지털 세상에서 언제나 경쟁 업체로 떠날 준비를 하고 있는 고객을 붙잡을 묘책은 무엇일까? 움직이는 소비자를 우리 가게에 머물게 할 새로운 마케팅 전략은 무엇일까?

앞으로 경제가 많이 나아지리란 뉴스는 안 들린다. 계속해서 불경기가 지속될 것이다. 경기 침체와 물가 상승으로 허리띠를 동여매려는 소비자에게 골목 상권은 트렌드를 반보만 앞서 가는 마케팅 전략과 전술을 펼쳐야 한다. 내가 운영하는 유통 트렌드 전문 기관인 '김앤커머스'가 밝힌 2015년 대한민국 유통 트렌드는 'BRAVO SLOW LIFE'이다.

Bright Customer : 점점 똑똑해지는 소비자
Rare Effort Commerce : 별 노력 없이도 가능한 커머스 발달
Active Mobile Payment : 왕성한 모바일 결제
Value Concentrated Sharing Retail : 가치에 집중된 공유 리테일
Omni-Channel : 점점 활발해지는 옴니채널
SLOW LIFE : 슬로 라이프를 즐기려는 소비자층이 점점 늘어나기 시작하는 해

2015년은 불황과 경쟁에 지친 도시 소비자들을 중심으로 슬로 라이프를 즐기기 위한 반향적 소비가 주도하는 한 해가 될 것이다. 소비자들은 새로운 디지털 기술을 최대한 이용하여 가치 중심의 공유 경제에서 똑똑한 소비 주체가 될 것이다. 당연히 온라인과 오프라인의 경계 없이 자유롭게 이 업태, 저 업태를 나비처럼 날아다닐 것이다. 주머니에 현금도, 카드도 없이 말이다. 단지 스마트폰 하나만 있으면 만사형통인 세상에서 자유롭게 쇼핑을 즐길 것이며, 지금까지 보지 못했던 쇼핑 행위를 자유자재로 누

리는 한 해가 될 것이다.

마지막으로 예비 청년 사업가에게 당부드리고 싶은 말이 있다.
첫째, 책을 많이 읽기 바란다. 나도 책을 많이 읽는다. 일주일에 2~3권 정도를 읽는다. 일 년 동안 읽는 책의 양이 약 200여 권 되는 듯싶다. 책 읽는 습관은 내가 사업을 시작하면서 줄곧 이어져 지금까지 약 3천여 권을 읽었다. 주로 유통, 마케팅, 트렌드, 창업, 스타트업, 자기 계발, 금융, 부동산, 재테크, 무역 등 경영 관련 서적이다. 이런 책에 나오는 좋은 사례를 찾아내어 우리나라 업종, 기업에 적용시키는 시뮬레이션 만들기가 취미이기도 하다. 해당 업종뿐만 아니라 인근 학문이나 비즈니스 영역까지 어느 정도 이해해야 통섭의 결론을 낼 수 있다. 세상은 서로서로 연결이 되어 각자 영향력을 행사하기 때문이다. 어느 분야의 최고 전문가면서 인근 분야도 전문가 수준이 되어야 시장을 제대로 보고 해석할 수 있다.

둘째, 스피드에 밀리지 마라. 처음부터 엄청난 실험을 계획하지 마라. 작은 시도부터 해라. 실패할 수도 있다. 중요한 것은 속도다. 빨리 실패할 수 있게 하라. 21세기 대기업과의 싸움에서 스피드에 밀린다는 것은 사업을 하지 않겠다는 것과 같다.

셋째, 따뜻한 눈으로 세상을 보라. 당신이 먼저 세상을 향해 문을 열고 행복한 눈으로 바라보라. 당신이 생각하는 이상으로 세상은 따뜻할 것이다. 따뜻한 세상을 더욱 밝고 화사하게 만들어 주기 바란다. 당신이 행한 작은 선행과 기부가 세상을 아주 밝게 빛내 줄 테니까 말이다. 많은 돈을 벌어 재산의 10%를 기부하자는 의미의 '리거시 10 Legacy 10' 운동을 펼치는 영국의 부자들처럼 세상을 함께 사는 아름다운 공동체로 만들어 주기 바란다. 마이크로소프트의 창업자 빌 게이츠와 버크셔 해서웨이 Berkshire Hathaway 의 워런 버핏 회장이 주축이 되어 '재산의 절반 기부하기' 운동을 펼치는 '더 기빙 플레지 The Giving Pledge' 재단처럼 존경받는 부자가 되도록 힘을 합하기 바란다.

20세기 소비자와는 차원이 다른 소비를 보여 줄 디지털 컨슈머. 그들에게 어떤 마케팅 전략과 전술을 준비해야 할지, 구체적인 마켓 이노베이션에 대한 정보 입수에 집중하기 바란다. 나아가 따뜻한 사회를 만들기 위한 사회 공헌과 지역 사회 발전을 위해 노력을 경주해 주기 바란다.

고양시 화정동에서 유통 9단
김영호

contents

들어가면서 ·············· 4

Chapter 1 변덕스러운 소비자, 급변하는 마켓 트렌드

- 타깃이 세분화되고 있다 ·············· 14
- 소셜 커머스는 마켓이 아니라 미디어 사업이다 ·············· 26
- 복합 쇼핑몰에도 차별화 전략이 필요하다 ·············· 35
- 클라우드와 크라우드로 변하는 라이프스타일 ·············· 43
- 인터넷 개미 상인과 골목 상권을 살려야 한다 ·············· 53
- 유럽에서 뜨는 소매 마켓이 있다 ·············· 61
- 신개념 소셜 커머스인 서브스크립션 커머스 ·············· 70
- 한국형 드럭 스토어에 관심을 가져라 ·············· 81

Chapter 2 트렌드 마케팅의 99%는 PR이다

- 디지털 시대에 유럽은 아날로그 벽 광고에 목숨 건다 ·············· 94
- 불황에도 먹히는 PR은 따로 있다 ·············· 103
- 창조적 브랜딩의 3가지 법칙 ·············· 112
- 히트 상품, 가격 책정에 비밀이 있다 ·············· 119
- 상품이 아니라 국가 브랜드가 구매 충동을 자극한다 ·············· 126
- 최고의 마케팅 PR은 소비자 보호에서 시작된다 ·············· 133
- 공짜 마케팅의 새 트렌드를 읽어라 ·············· 142
- 에버랜드만의 고객 만족 서비스에서 힌트를 얻자 ·············· 150
- 광고의 핵심은 접촉이다 ·············· 159
- 기업 생존의 키는 에코 디자인에 있다 ·············· 167
- 똑똑한 3D 방망이를 선점하는 것이 광고다 ·············· 175
- 소셜 미디어 시대에 차별화된 PPL 전략은 무엇인가? ·············· 182

Chapter 3 마켓 유지? 마켓 트렌드 창출이 답이다

- 복합 쇼핑몰 시대, 키오스크가 미래형 마켓이다 ·············· **190**
- 전통 시장 활성화가 신규 마켓을 만든다 ·············· **197**
- 때론 불편함을 팔아라 ·············· **207**
- 마켓 트렌드의 극과 극은 통한다? ·············· **213**
- 홍콩 시티슈퍼에서 푸드마켓 트렌드를 엿보다 ·············· **222**
- 일본과 한국 백화점의 새로운 변신 ·············· **227**
- 아웃렛 마차에 빨리 올라타라 ·············· **234**
- 지역마다 차별화된 마켓 테마를 살려야 전통 시장이 산다 ·············· **241**
- 능력자, 유통 시장을 쥐고 흔들다 ·············· **255**

Chapter 4 디지털 컨슈머의 트렌드를 잡아라

- 움직이는 고객, 트랜슈머의 길을 읽어라 ·············· **264**
- 불황일수록 고객은 힐링과 치유를 갈망한다 ·············· **273**
- 슬로 라이프스타일에 대비하라 ·············· **281**
- 진화하는 디지털 싱글족 ·············· **289**
- 밑바닥 트렌드가 곧 비즈니스다 ·············· **295**
- 실버 모바일족에게 배려를 팔아라 ·············· **305**
- 면제점, 이제 트랜슈머에 집중하라 ·············· **312**
- 쇼핑, 땀을 빼버리다 ·············· **321**

Chapter 1

변덕스러운 소비자, 급변하는 마켓 트렌드

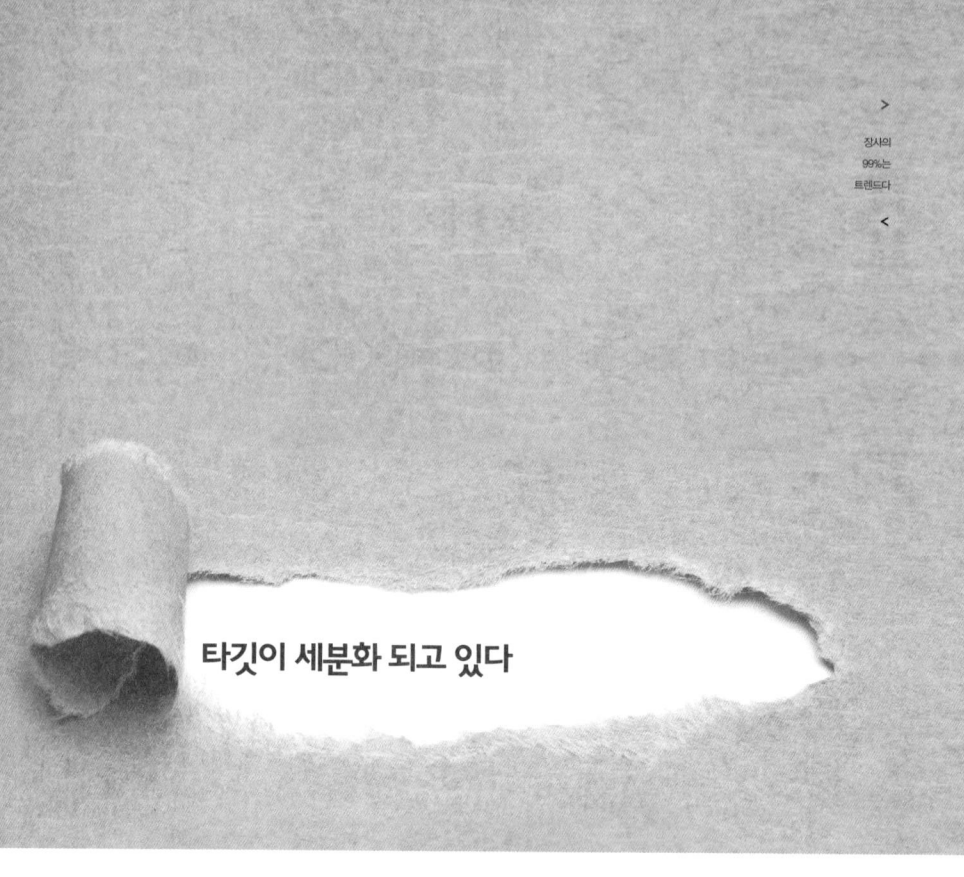

타깃이 세분화 되고 있다

전국 어느 동네를 가나 겹치는 업종이 골목에 빼곡하다. 특히 음식점, 편의점, 커피 전문점, 통신 판매점 등은 한 집 건너가 아니라 바로 옆집에 경쟁점이 붙은 상태로 영업을 하고 있다. 대기업에 의한 골목 상권 침해도 문제지만, 더더욱 큰 문제는 소규모 장사를 하는 자영업자 간의 경쟁도 치열해 보인다는 것이다. 물론 기본적으로 대형 마트나 대형 마트들이 운영하는 기업형 슈퍼마켓Super Supermarket, SSM의 개점으로 인해 '골목 상권'과의 마찰은 계속 되는 중이다. 전국 골목 상권이 점점 중첩화, 동일화, 초토화 되는 듯한 느낌을 지울 수가 없다.

대형 마트 VS 동네 슈퍼마켓
>
<

국세청에서 발표한 자료를 보면 2012년 신규 사업자는 105만 2천 명이고 폐업자는 89만 명에 이른다. 신규 사업자 중에 먹고살기 위한 생계형 창업자 수는 전체 창업자의 63.9%를 차지하고, 연령대는 대부분 40~60대였다. 이런 창업자 중에 80%가 넘는 숫자가 3년을 버티지 못하고 폐업한다는 통계가 가슴을 아프게 한다.

또 다른 슬픈 창업 관련 자료가 있다. 기획재정부의 조사 결과 2011년 창업한 자영업자는 99만 4천여 명인데, 그중 85%가 2년 만에 폐업 수순을 밟았다고 한다. 대부분 대출을 받아서 창업한 이들에게 골목 상권에서의 퇴출이라 함은 개인 파산 혹은 극빈층 전락이라는 심각한 후유증을 의미한다.

대형 유통 업체가 운영하는 대형 마트, SSM 등이 동네 상권까지 넘보면서 동네 슈퍼마켓의 살길은 점점 더 막막하다. 최근 대형 유통 업체들이 중·소형 슈퍼마켓으로 틈새시장을 파고들면서, 이른바 동네 슈퍼들이 고사 직전의 위기로 내몰리고 있다. 이에 따

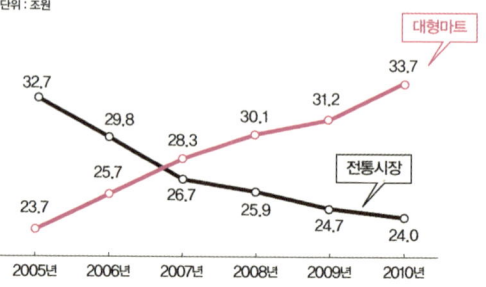

라 영세 상인들은 최소한의 보호 장치 마련을 요구하고 나섰지만, 아무리 유통산업발전법 개정을 통해 골목 상권을 보호해 주려 해도 지금의 형국으로는 녹록치 않아 보인다.

전국적 유통망과 자본력으로 무장한 중대형 유통 기구 앞에서 전혀 경쟁력 없는 동네 영세 슈퍼마켓들은 앞으로 3년 내 얼마나 존재할지 의문이다. 지금 동네 슈퍼마켓의 생존권을 가장 위협하는 업태는 중대형 슈퍼마켓. 유통산업발전법 등으로 잠시 주춤한 상태인 대형 유통 업체들이 추진했던 중대형 슈퍼마켓은 500~800여 평 규모로, 자동차 20~30여 대를 수용하는 주차장도 갖추고 있다. 이곳에 오는 고객 수는 하루 평균 1,300~1,800여 명, 상권은 1 km 이내 1만~1만 2천 가구를 타깃으로 한다. 자연히 이 반경 안의 동네 영세 슈퍼마켓은 고사 상태로 내몰린다. 더구나 중대형 슈퍼마켓들은 막강한 무료 배송 서비스까지 제공한다. 그야말로 무시무시한 골리앗이 등장해 동네마다 최후의 KO 펀치를 날리는 셈이다. 기본 식재료뿐만 아니라 와인 코너, 수입 소스 코너, 수입 치즈 코너, 유기농 웰빙 상품 등 수입 매장과 친환경 코너도 마련했다.

지금까지 진행되고 있는 현상만 보면 동네 영세 슈퍼마켓의 앞날은 암울하다. 하지만 동네 영세 슈퍼마켓이라도 실망할 필요는 없다. 지금의 위기를 기회로 반전시키면 된다. 항상 기회는 위기일 때 온다고 하지 않았던가. 우선 해법을 다른 나라 사례에서 찾아보려고 한다. 반전의 해법은 가깝고도 먼 이웃 나라 일본에서 찾을 수 있다.

일본에서 배운다

왜 하필 일본일까? 일본은 우리보다 상행위, 유통 부문이 많이 발전했다. 인구 통계적 변화도 우리보다 먼저 왔고, 대기업의 골목 상권 침략도 먼저 겪었던 경험을 가진 나라이다. 아시다시피 우리나라의 모든 유통 업태는 미국에서 발생되어 일본을 거쳐 우리나라로 진입한 경우가 참 많다. 백화점도 그랬고, 대형 마트도 그랬고, 편의점도 그랬다. 거의 모든 업태는 선진국에서 우리나라로 오면서 일부 변형되거나 왜곡되어 소개된 바 있다. 업태의 정확한 개념이 우리나라에 원형으로 들어오지 못한 이유는 나중에 기회가 되면 다시 이야기하기로 하자.

최근 일본에서는 1990년대 상권을 재편한 편의점, 대형 할인점의 기세가 꺾이고 동네 상점이 되살아날 조짐이 보이고 있다. 변화하기 시작한 이유는 사회의 고령화, 저출산 현상이 깊어지면서 가까운 상점에서 소량의 장을 보는 여성과 노인 등 작은 가구가 급증했기 때문이라고 한다. 이 같은 인구 변화는 지금까지 남자 샐러리맨이 주 고객이었던 편의점과 대가족에게나 어울리는 대형 할인점들의 미래를 어둡게 하고 있다. 여기에 우리나라 동네 슈퍼마켓이 부활할 빈틈이 생긴다는 것이 중요하다.

통계청 자료를 들먹이지 않는다고 해도 우리나라 전체 가구에서 1인 가구가 차지하는 비중이 25%를 넘어서고 있지 않은가. 1인 가구와 2인 가구가 전체 가구 수의 절반을 넘어섰다는 인구 통계적 의미를 자신이 운영하는 점포의 경영에 적극적으로 반영해야 할 것이다.

소가구가 점점 급증한다는 점에 유념하면서 내용을 더 보기로 하자. 먼저 일본 소규모 상점의 변화된 상행위 형태를 살펴보자.

판매 단위의 변화

생선은 고등어 한 토막, 야채는 양배추 반 토막 등 단위가 작고 가격도 100엔이 기본이다. 한 끼를 간단히 먹을 수 있는 양에 가격 부담도 최소로 줄였다. 우리나라 고객 입장이라면 식료품 관련 1회 지출 가격을 1천 원~5천 원 이하로 줄일 확률이 커지고 있다는 점이다.

구매 고객층의 변화

저출산, 고령화 현상이 동시에 진행되는 것은 우리나라와 같다. 그래서 철저하게 여성과 실버층을 중심으로 고객층을 한정짓기 시작했다. 최근 일본의 변화된 유통 현상 중 하나가 동네 편의점과 슈퍼마켓의 주 고객층이 세분화되었다는 점이다. 기존 편의점 고객의 70%가 남성 위주인가 하면, 정반대로 생필품 중심의 동네 슈퍼는 70%가 여성 위주였다고 한다. 지금은 철저하게 여성과 실버층을 상대로 한 마케팅을 전개하고 있다.

물론 전제 조건은 있다. 동네 슈퍼마켓은 철저하게 생필품과 기초 먹거리 상품 위주로 전략을 수정해야 한다는 점이다. 이유는 간단하다. 여성과 고령자는 장보기 제품을 잔뜩 사서 들고 갈 힘이 약하다. 이런 단순 명쾌한 사실이 일본 상권을 흔들어 대고 있다. 고령화와 맞벌이족, 싱글족 트렌드가 불어올 한국 유통의 변화를 일본에서 미리 보고 있는 셈이다.

동네 상권 살리는 솔루션
>
<

변화에 편승해서 우리나라에도 동네 상권에 훈풍이 불어오고 있다. 위의 표는 닐슨코리아에서 2013년 가을경 소비자 1천 명에게 주로 이용하는 쇼핑 장소를 설문한 결과로, 소비자의 구매 패턴에 관한 조사 보고이다. 1인 가구 증가와 편의를 중시하는 생활 방식의 확산 등으로 대형 마트보다 편의점이나 슈퍼마켓을 찾는 소비자가 증가한 것이다.

전년 동기간 응답률과 비교해 대형 마트는 2%포인트 감소한 반면 기업형 슈퍼마켓, 개인 중대형 슈퍼마켓, 편의점은 각각 2%포인트, 1%포인트, 1%포인트 증가했다는 점에 주목하자. 미세한 변

자료 : 닐슨코리아
출처 : 파이낸셜뉴스 2014. 05. 21.

화이지만 항상 변화는 조그만 미동으로부터 시작되기 마련이다. 이 변화를 긍정의 결과로 보고 더욱 기세를 몰아야 한다. 유통 9단인 본인이 추천하는 김영호 솔루션을 제안하고자 한다.

쿠폰과 스티커 제도를 활용하라

최근 불황으로 거의 모든 주부는 쿠폰을 모으고 있다. 동네 슈퍼마켓에서도 쿠폰을 배포해야 한다. 할인 쿠폰이든, 몇 장을 모으면 사은품을 주는 쿠폰이든, 쿠폰 제도를 빨리 도입해야 한다. 쿠폰의 변형인 도장 찍어 주는 스티커 도입도 권하고 싶다. 고객이 올 때마다 빈칸에 도장을 찍어 주어 발길을 붙들어야 한다. 이때 쿠폰의 빈칸을 12칸으로 하여 2칸에는 미리 도장을 찍은 상태로 전달하라. 그냥 빈 10칸의 쿠폰보다 약 20%의 매출 증대를 엿볼 수 있을 것이다.

카탈로그 판매를 도입하라

카탈로그 통신 판매는 중앙의 본부가 매입 업무를 함으로써 모든 시스템을 구축하는 아주 간단한 방식이다. 일단은 중앙 조직에 매입 본부만 만들어 가동시키면 되므로 커다란 투자가 필요 없다. 중앙의 매입 본부에서는 상품 매입과 업무 매뉴얼 등 헤드쿼터 기능을 하고, 전국의 동네 슈퍼마켓은 판매 마케팅에만 힘을 쏟으면 된다. 동네마다 특성이 다르겠지만, 본부에서 만든 상권별 매뉴얼에 따르면 된다.

전국에 산재한 동네 슈퍼마켓을 하나로 묶는 전국 단위의 단결된 조직체가 있지만 제대로 가동되는지 모르겠다. 지금이라도 중앙 본부는 생필 식품 위주로 매입을 전담하는 기능을 살려 주었으면 한다. 대기업의 자금력과 인력, 잘 정비된 시스템과 경쟁하기 위한 첫 번째 수순이다.

중앙 매입 본부 기능을 갖춘 준공무원 조직 구성

대기업 유통 조직에 대응하기 위한 준공무원 조직으로는 '소상공인시장진흥공단'이 진행하는 것이 모양새도 좋아 보인다. 이런 체제가 되려면 공단 이사장부터 직원들까지 바이어 경험이 있는 경력직 직원으로 탈바꿈을 해야 한다. 지금처럼 거의 모든 업무를 외부에 주고 관리만 하는 방식으로는 절대 골목 상권을 보호할 수 없다.

외상 판매 방식을 도입하라

동네 슈퍼마켓의 가장 큰 장점은 주변 세대들의 숟가락 수까지 알고 있다는 점이다. 그만큼 고객에 대한 정보를 많이 갖고 있다는 의미에서 급하면 외상을 줄 수도 있다. 대형 할인점이나 중대형 슈퍼마켓, 동네 편의점도 못 가진 정보를 최대한 활용해야 한다.

동네 빵집 살리는 솔루션

>
<

그렇다면 동네 빵집은 어떻게 살아남을 수 있을까 고민해 보자. 전국 동네 골목까지 진출한 대형 프랜차이즈 베이커리에 대응해서 생존해야 하는 동네 빵집의 성공 전략을 정리하면 다음과 같다.

후각과 시각을 잡아라

주택가에 자리 잡은 동네 빵집은 대형 프랜차이즈 베이커리의 가장 큰 약점을 파고들어 성공했다. 예를 들어, 문을 열고 들어가면 갓 구운 신선하고 따뜻한 식빵을 사고 싶도록 고소한 식빵 냄새가 코를 진동시키게 하는 전략이다. 식빵을 만드는 과정을 보여 주면서 판매하는 것이다.

매장을 작게 만들어라

매장의 면적을 크게 하지 않아 조금만 사람이 들어가면 꽉 찬 느낌이 들도록 한다. 항상 사람이 많이 내방하는 매장으로 인식시키는 전략을 채택한다.

찾아가는 서비스를 하라

직배송 전략을 동시에 전개해야 한다. 일반 프랜차이즈 빵집이 오는 고객에 집중한다면, 동네 본인 브랜드로 전개하는 자영업자는 찾아가는 서비스로 특화하는 전략을 채택해야 할 것이다. 아침, 오후 시간대를 정해서 출근식이나 간식에 대비하자.

최상급 원료를 사용하라

빵을 만드는 재료는 가장 신선하고 몸에 좋은 무방부제 원료를 사용해야 한다. 원료에 관한 정보는 늘 매장과 소셜 네트워크 서비스Social Network Service, SNS를 통해 알리면 좋다.

다시 한 번 정리하자면, 동네 점포가 부활하는 전략의 핵심은 동네 점포 업業의 개념을 정의하는 것이다. 어떤 일을 함에 있어서 해당 사업의 업 개념을 어떻게 결정하느냐에 따라 사업 방향도 변하게 된다. 동네 슈퍼마켓의 업을 나름대로 정의한다면, '동네 슈퍼마켓은 이웃이다, 특히 1960~1970년대의 이웃이다'로 요약할 수 있다. 동네 빵집도 마찬가지다. 동네 이웃이 진정 원하는 품질의 상품과 서비스를 제때 전달하는 것이 중요하지 않겠는가. 5만여 동네 영세 점포들이 부활하는 날이 빨리 왔으면 한다.

: 유통 9단 김영호의 솔루션

동네 슈퍼마켓과 점포는 싱글족, 여성, 노인 고객에 초점을 맞추어 사업을 다시 재편하라. 당연히 작은 단위의 생필품 위주로 개편해야 하고, 1회 구입 가격을 천 원 단위로 수정하라. 단골 고객은 무조건 배송 서비스를 수행해야 한다. 더불어 신규 고객의 편의를 위해 쿠폰과 카탈로그 통신 판매 도입을 적극 검토해야 한다. 빅 데이터 Big Data의 활용과 산지 50km 이내에서 생산된 농산물인 로컬 푸드 Local Food 도입 같은 아이디어는 혁신적이지만, 국가의 도움 없이는 실제 효과를 내기 어려운 시스템이다. 그래도 적극적인 준비는 필요하다.

소셜 커머스는 마켓이 아니라 미디어 사업이다

국내 소셜 커머스Social Commerce 시장이 처음 소개될 때는 음식점 공동 구매 형식이었다. 주로 식사 관련 음식 서비스로 접근했던 것이 점차 생활 전 분야로 확산되면서 급성장을 거듭하고 있다. 2010년 500억 원이었던 시장 규모도 2013년 3조 원으로 급성장하는 등 4년 만에 70배의 매출 신장을 한 신생 업태이다. 눈부시게 성장하는 신업태이지만, 동시에 아직 갈 길이 멀어 보이는 업태이기도 하다.

소셜 커머스는 이제 소비의 주체
>
<

소셜 커머스가 우리나라 유통 업태의 발전에 일조했다는 점을 부정하고 싶지는 않다. 가계 수입은 오르지 않고 물가는 계속 오르는 숨 막히는 상황에서 서민들은 한 푼이라도 아낄 방법을 찾아 오늘도 오프라인, 온라인을 헤맨다. 그런 서민들에게 소셜 커머스는 상당히 군침 도는 해결책을 제시하고 있어 외국과 비교될 정도로 단시간 내에 발달한 새로운 업태가 되었다. 더구나 이용자의 대부분이 젊은 층이다 보니 인터넷과 모바일로 주로 구매하여 우리나라 모바일 쇼핑 시장을 키우는 데 결정적 역할을 한 것도 사실이다.

급증하는 티몬 모바일 쇼핑 (단위=%)

출처 : 매일경제신문 2014. 01. 14.

우리나라 소셜 커머스는 미국의 '그루폰Groupon'을 사업 모델로 하여 벤치마킹한 비즈니스 모델이다. 그루폰은 2008년 11월 미국 시카고에서 설립된 지 2년 반 만에 한국을 포함한 44개국 500여 도시에서 서비스를 제공하는 세계 최대 소셜 커머스 회사이다. 그루폰은 국내에 진출한 이후 토종 소셜 커머스 업체인 '티켓몬스터(티몬)'를 인수하면서 공격적인 마케팅을 시도하는 듯 보였지만 경쟁 업체인 쿠팡, 위메프 등과 치열한 경쟁에서 밀려 2014년 4월 말 국내 시장 철수를 결정하게 된다.

그루폰 코리아의 한국 시장 철수는 국내 소셜 커머스 시장의 과열 경쟁을 다시 돌아보게 만든다. 소셜 커머스 초창기에는 300여 개에 달하는 업체로 시장이 정신없었는데, 이제는 어느덧 정리 정돈이 되어 가는 느낌이다. 하지만 아직도 국내 소셜 커머스 업체들이 안고 있는 부정적 영향력은 하루빨리 풀어야 할 숙제임에 틀림없다.

소셜 커머스가 우리나라에서 단시간 내에 성장한 이유는 '빨리빨리'가 몸에 밴 국민성, 리얼 타임으로 구매 상태를 지켜보면서 구매 액션을 취할 수 있다는 점, 내가 찜한 상품을 소셜 네트워크를 통해 실시간으로 공동 구매라고 알릴 수 있다는 점, 구매자가 거주하는 지역을 중심으로 구매가 전개된다는 흥미로운 과정 등이다. 소셜 커머스는 이제 소비의 주체자로 자리매김에 성공하고 있다.

소셜 커머스는 중소 제조 업체의 성장을 위한 디딤돌 역할로도 톡톡히 몫을 해내고 있다. 소셜 커머스는 중소기업의 낮은 브랜드 인지도를 끌어올리는 수단으로 적합한 업태임을 증명해 주기도 한다. 또한 온라인을 통한 공동 구매 방식인 소셜 커머스가 공연 업계의 불황을 잠시 꺼주는 역할도 하는 등 긍정적 영향력을 발휘하는 중이다.

소셜 커머스의 문제들

한편 장기 불황 속에서 소셜 커머스 업계만의 폭발적 성장은 짝퉁 판매, 배송·환불·상담 지연 등 갖가지 문제를 야기했다. 한국소비자원에 접수된 소셜 커머스 상담 건수가 해마다 늘어나고, 공정위로부터 과징금이나 과태료를 받는 치욕적인 건수도 줄지 않는다. 공정위는 다른 여러 가격 중 가장 낮은 가격을 앞세워 소비자들을 부당하게 유인한 혐의로 부과했다고 밝혔다. 소셜 커머스가 새로운 대형 유통 채널로 자리 잡았지만, 신뢰도 면에서는 소비자 기대와 동떨어졌다는 비판이 잇따랐다. 그러자 업체들은 자체적으로 고객 서비스 및 품질 정책 강화에 나서고 있다. 추가 성장보다는 신뢰도 제고가 시급하다고 판단했기 때문이다.

새로운 구매 방식을 두고 지난 2000년대의 IT 거품을 함께 이야기하는 사람들이 늘고 있다. 현재 진행형인 대한민국 소셜 커머스 산업에 적신호가 켜지고 있음을 나타낸다. 현재 발생하고 있는 문제점으로는 크게 3가지로 압축된다.

첫 번째가 과도한 광고비 남발이다. 단시간에 수많은 경쟁사들이 진입 장벽이 없는 사업 모델인 소셜 커머스 업태에 몰리자 소셜 커머스 원년부터 3~4위 이내 사업자들 사이에 대규모 광고전이 벌어지고 있다. 인터넷 포털, 지하철, 버스 등을 가리지 않고 무차별로 대단위 광고를 퍼붓는다. 업계 1위만이 살아남을 수 있다는 자체 평가가 있어서 그런지는 몰라도 광고의 물량 공세가 만만치 않다. 시장 선점을 위한 과다한 광고 경쟁을 벌이는 상위 업체

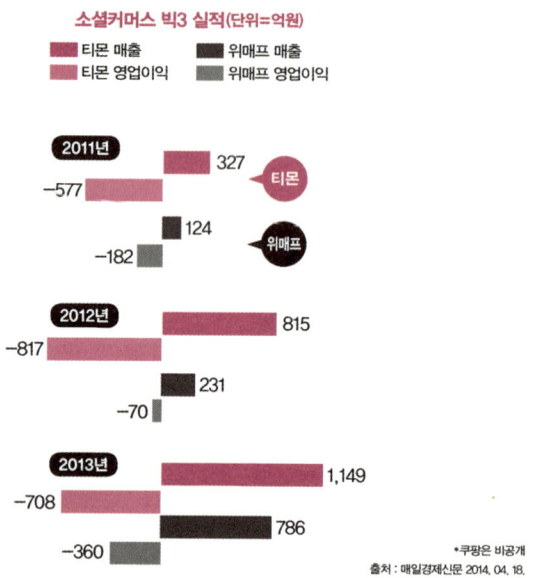

들은 경쟁적으로 초당 수천만 원이 드는 TV 광고까지 진행한다. 당연히 소셜 커머스 업계의 수익이 떨어져서, 매출은 상당해 보여도 순이익은 적자인 기업이 대부분인 현상을 초래하게 되었다.

두 번째 문제는 짝퉁 상품 등 거래되는 상품에 관한 품질 보장 부분이다. 소셜 커머스 상위 업체들이 브랜드를 도용하거나 제조사를 속인 짝퉁 상품을 팔아 물의를 일으켰다는 뉴스가 종종 나오고 있다. 특허권을 침해한 상품을 팔거나, 잘못된 제조사를 표기하거나, 가짜 사용 후기를 올려놓는 등 경쟁사보다 빠른 상품 소개를 위해 판매 상품에 관한 검증 과정에서 부실을 보여 준다. 소비자의 구매·이용 후기를 임의로 삭제해 제품 정보에 제대로 접근하지 못하게 하는 수법도 업계에 만연한 실정이다.

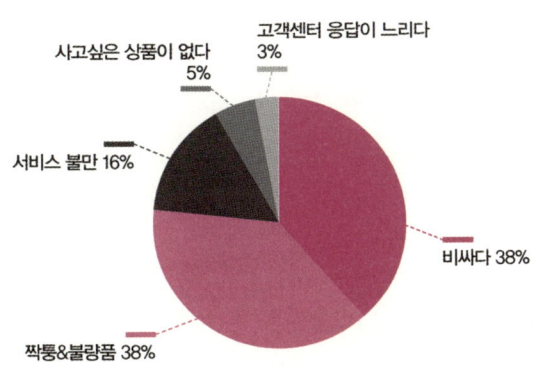

세 번째 문제는 업체만의 차별화된 경영 모델을 갖추지 못하고 있다는 점이다. 소셜 커머스에 관계된 회사 모두가 단순히 공동구매를 통한 가격 할인이라는 사업 모델의 큰 틀에서 벗어나지 못하고 있다. 그러다 보니 이용자의 80% 정도가 충동구매를 할 뿐만 아니라, 충성 고객을 창출해 내지 못하는 형국이 되었다. 소셜 커머스 이용자도 업체 충성도가 높기보다는 뜨내기손님이 되는 경우가 많다. 고만고만해 보이는 소셜 커머스 업체가 많기 때문에 이용자 입장에서는 여러 소셜 커머스 업체를 비교하여 가장 많이 할인된 상품이나 서비스만 구매하기 마련이라 업체 충성도는 매우 낮아 보인다.

소셜 커머스의 개념을 잡아라
>
<

　그렇다면 소셜 커머스의 원조인 미국 그루폰의 사업 전략은 무엇인지 살펴보고 우리와 차이점을 찾아보자. 몇 년 전에 방한했던 그루폰 인터내셔널 대표는 "판매자의 스토리를 소비자에게 잘 전달하는 게 소셜 커머스 성공의 관건이다. 소셜 커머스는 소비자가 상품을 구입하기 위해 찾아올 것이라고 판매자에게 보증하는 소셜 미디어 중 하나"라고 말했다. 소셜 커머스를 상행위의 하나로 보는 것이 아니라, 믿을 만한 미디어 중의 하나로 보고 있다는

점이 우리와는 상당히 다르다. 즉, 소셜 커머스 업의 개념을 '미디어'로 본 것이다.

　업의 개념을 미디어로 보는 순간, 납품 파트너가 자신의 제품이나 서비스의 스토리를 소셜 커머스 업체를 통해 잘 전달하도록 관리하는 '파트너 매니지먼트 시스템Partner Management System'의 우위를 점하는 것이 가장 큰 차별화 전략이다. 앞으로 납품 파트너와 소셜 커머스 이용 빈도가 높은 고객과의 원활한 소통을 위해 멋진 스토리로 버무려 최고로 전달을 잘하는 업체가 우리나라 소셜 커머스 업계 1위로 등극할 것이다.

　한편 우리나라 소셜 커머스는 미국과는 달리 SNS를 통해 친구를 끌어들이는 과정이 생략되어 순전히 개인 블로그에 치중하고 있다. 따라서 소셜 댓글 중심으로 사업을 펼쳐야 하는 점도 기억해야 할 것이다.

　이제 결론이다. 소셜 커머스 자체가 광고 플랫폼이다. 즉, 외형 확장을 위해 타 광고 미디어에 고액의 광고비를 지출한다면 스스로 지속 가능하지 않은 구조를 만드는 자가 당착인 격이다. 이제부터 소셜 커머스 업의 개념을 저비용, 고효율을 지향하는 미디어 사업으로 다시 쓰기 시작해야 한다.

　소셜 커머스 사업은 고객과의 소통에 기반을 두고 진행되는 미디어 사업이다. 소비자의 신뢰를 잃는다면 업태 자체의 존폐를 걱정해야 한다. 소셜 커머스의 핵심 경쟁력은 신뢰이며, 신뢰는 소셜 네트워크에 대한 믿음이 있어야 가능하다. 소셜 커머스 소비자는 개인이 아니라 SNS로 연결된 하나의 네트워크다. 익명의 불특정 다수가 아니라 SNS에서 책임감 있게 연결된 '소셜 지성'이다. 느슨하게 연결된 소셜 네트워크의 지성들에게 신뢰라는 요소는 그야말로 알파요 오메가다.

: 유통 9단 김영호의 솔루션

거의 반값에 도전하는 국내 소셜 커머스 업계에서 1위로 자리 잡고 싶다면 지금부터 업의 개념을 바꿔야 할 것이다. 납품 파트너의 제품이나 서비스의 스토리가 가장 잘 전달되도록 제휴사를 관리해야 한다. 파트너 매니지먼트 시스템의 매뉴얼을 누가 잘 갖추었느냐의 싸움이다. 이제부터 소셜 커머스 업의 개념을 저비용, 고효율을 지향하는 미디어 사업으로 다시 써야 한다.

> 장사의
> 99%는
> 트렌드다
<

복합 쇼핑몰에도 차별화 전략이 필요하다

내가 젊은 시절에 다닌 데이트 코스 중의 하나가 '백화점'이었다면, 최근 젊은이들의 데이트 코스로 꼭 선정되는 유통 업태가 있다. 바로 '복합 쇼핑몰'이다. 숍들이 모인 백화점의 개념에서 쇼핑몰들이 모인 복합 쇼핑몰 개념으로 발전하고 있다. 이제 소비자들은 숍을 구경하는 쇼핑에서 몰을 구경하는 '몰링Malling'을 하게 되었다. 20세기 유통의 중심이 쇼핑이었다면, 21세기 유통의 중심은 몰링이라는 점이 소비 트렌드의 주요 키워드가 된 세상이다.

복합 쇼핑몰로 바뀌는 유통 채널
>
<

나는 5~6년 전부터 우리나라 유통 채널의 중심이 백화점에서 복합 쇼핑몰로 전이될 것이라 예측했다. 세상이 점점 융복합화되고 사용자 체험 및 가치 중심으로 변해 가고 있기 때문이다. 스마트 시대의 핵심 경쟁력은 인프라나 하드웨어 같은 원천 기술이 아니라 소프트웨어나 사용자 경험 같은 융복합 기술이다. 마찬가지로 소비자들의 눈높이가 높아지면서 한 가지 업태에 만족하지 못하고 다양한 업태를 한 장소에서 체험하고자 하는 욕구도 점점 커지고 있다.

신세계그룹은 기존 사업 분야의 시장 지배력을 확대하기 위해 복합 쇼핑몰, 백화점 등 출점에 직극 나설 계획이며, 동시에 온라인 등 신성장 동력 확대에 힘을 쏟아 시장 주도권을 잡을 계획이라고 밝혔다. 신세계그룹을 비롯해 대형 유통 업체들이 앞다퉈 복합 쇼핑몰 시장에 뛰어 드는 이유는 무엇일까?

이런 변화는 기존 백화점, 할인점 들만으로는 성장에 한계가 있다는 분석에 따른 것이다. 변화된 소비자의 구매 행태와 문화 소비 행태를 근거로 하는 새 유통 채널이 필요해졌다. 기존 쇼핑 문

롯데·신세계 복합쇼핑몰 계획

롯데		신세계
롯데몰 수원역점	2014년 8월	
동부산 롯데 복합쇼핑몰	2015년	
	2016년 상반기	경기 안성 진사리
	2016년 하반기	– 대전 구봉지구 – 하남 유니온스퀘어
	2016년 이후	– 인천 청라국제도시 – 경기 의왕 백운 지식문화밸리
파주 세븐페스타	2017년	
	2017년 상반기	경기 고양 삼송동

출처 : 조선일보 2013. 12. 11.

 화에서 한발 앞선 몰링 문화, 변화된 라이프스타일에 맞는 문화 생활을 한 장소에서 즐기는 '인조이 몰링Enjoy Malling'을 제안해 소비자를 동시 다발, 일괄적으로 모으겠다는 전략이다.

 일반적으로 미국, 일본 등 유통 선진국에서 복합 쇼핑몰이 소비자들에게 선보인 시점은 1인당 국민소득 2만 불이 넘어서는 때였다. 최근 국내 1인당 국민소득이 2만 불 언저리에 있다는 것은 우리나라도 앞으로 복합 쇼핑몰이 전국적으로 많이 선보일 가능성이 커진다는 의미이다. 그래서인지 최근 개점하는 거의 모든 쇼핑몰은 대형 복합 쇼핑몰이 대세다. 최근 몇 년 동안 여의도 IFC 몰, 롯데몰 김포공항점, 신도림 디큐브 시티를 비롯해 부산 신세계 센텀 시티, 영등포 타임 스퀘어 등 몰링을 제안하는 복합 쇼핑몰이 점점 증가하고 있다.

복합 쇼핑몰의 원조 격인 미국에는 현재 1,200여 개의 복합 쇼핑몰이 전국에 포진해 있다. 그중 로스앤젤레스를 중심으로 하는 복합 쇼핑몰 14군데를 샅샅이 살펴보느라 약 한 달 가까이를 투자했던 기억이 난다. 그 결과 각각의 복합 쇼핑몰이 제각기 다른 기획력을 통해 소비자에게 색다른 쇼핑 즐거움을 제공하고 있음을 알아냈다.

전 세계의 어느 복합 쇼핑몰이든 일단 안으로 들어가면 사실 대부분의 소비자들은 어느 쇼핑몰 안에 들어와 있는지 모른다. 그만큼 유명한 복합 쇼핑몰을 서로 벤치마킹하다 보니 특색도 없어지고 차별화 전략도 찾기가 힘이 든다.

우리나라는 일본 도쿄의 랜드 마크로 불리는 '롯폰기 힐스Roppongi Hills'와 '도쿄 미드타운Tokyo Midtown'을 벤치마킹하는 경우가 많다. 도심 재개발 사업에 복합 쇼핑몰 비즈니스를 활용한 사례로, 백화점·영화관·호텔·미술관에다 각종 브랜드숍까지 들어간 새로운 콘텐츠로 재창조했기 때문이다. 또한 복합 쇼핑몰 기획 시기에 외국의 유명한 부동산 컨설팅 업체가 비슷비슷한 기획안을 가지고 집행하여 더더욱 비슷한 유형의 내부 구조를 갖추게 되었다. 앞으로 전개될 복합 쇼핑몰 시대에서 1위를 하려면 당연히 차별화 전략이 선행되어야 할 것이다.

복합 쇼핑몰을 위한 제안
>
<

복합 쇼핑몰은 기본적으로 상권이 상당히 넓다. 지금까지 일개 백화점, 일개 할인점을 설립할 때처럼 상권 분석을 해서는 안 된다. 한 도시에 영향력을 행사할 만큼 도시 전체를 업그레이드하는 비즈니스이다. 그러다 보니 경쟁자의 개념도 많은 변화를 요구한다. 즉, 업의 개념을 달리 해석해야 문제가 풀린다는 말이다.

상권이 광역화되면 어느 정도 영업이 궤도에 오르는 데 시간이 걸린다. 그러나 일정 궤도에 오르면 무섭게 성장할 잠재력과 기존 상권을 무너뜨릴 파괴력을 지닌 핵폭탄급 유통 업태가 복합 쇼핑몰이다. 웬만한 자금력, 기획력과 인력을 갖추지 못한 유통 업체는 뛰어들 수 없을 정도로 진입 장벽이 상당히 높은 업태이기도 하다.

앞으로 복합 쇼핑몰이 국내의 대표적인 유통 채널로 자리매김함과 동시에, 전 세계 경쟁사보다 앞서 나가는 기획력과 차별화 전략을 갖추기 위한 몇 가지 제안을 해본다. 본 제안 내용을 참고로 하여 중소기업들은 입점 전략을 재수립하기 바란다. 결론만 먼저 말하자면, 우리나라 복합 쇼핑몰의 차별화 전략은 지금까지 미국이나 일본을 중심으로 발전된 양상을 살짝 뒤집어야만 한다.

유통 3.0을 여는 개척자적인 역할을 하자

그저 상품만을 파는 장소가 아닌, 21세기 소비자를 위한 시간과 공간을 제안하는 진정한 '유통 3.0' 시대를 보여 주어야 한다. 이를 위해 21세기 소비자의 행위를 예측하고, 새 문화를 전달해 줄 메신저 역할로 포지셔닝Positioning 되어야 할 것이다. 도심 재개발에 따른 공간 재창조 개념을 뛰어넘는 문화 제안자 역할이 가장 중요한 차별화 전략이다.

상권이 광역화되면 지역 주민을 홀대할 경향도 생기지만, 그래도 지역 주민 위주의 마케팅 전략을 수립해야 한다. 미국의 쇼핑몰은 지역 주민들이 만나는 사랑방 구실을 하고 있다. 그야말로 '지역 커뮤니티 센터' 역할을 제대로 수행하지 못한다면 복합 쇼핑몰의 존재 가치가 없어진다. 지역 주민들이 원하는 시설과 서비스가 준비되어야 함은 물론이다.

여기에 자발적인 주민들의 참여를 유도하는 이벤트를 주기적으로 개최하고, 주민들이 참여하는 세일즈 프로모션의 형태를 보여 주어야 한다. 태권도 시범이나 고적대의 공연을 보여 준다든지, 기네스 대회를 연다든지 하는 눈요기 이벤트를 예로 들 수 있다. 대단위 쇼핑몰을 운동 시설로 여기도록 주민 걷기 대회를 복합 쇼핑몰에서 시행하는 방식도 있다.

한마디로 지역 주민에게 쇼핑몰을 내준다는 마음가짐이 필요하다. 당연히 지역 문화가 밑바탕이 되는 전체 분위기를 만들어 내야 할 것이다. 지역 역사와 전통이 우선시되면서 미래를 아우르는 사전 기획이 절대적으로 필요하다.

창의적 기획력에 총력을 기울인 형태가 되자

이제부터 국내에서 전개될 복합 쇼핑몰은 우리들의 삶과 문화를 집약하는 형태로 나타날 것이다. 살 거리, 놀 거리, 먹거리, 볼거리, 즐길 거리 등 여러 가지 형태를 보여야 하기 때문이다. 형태 기획을 위해 미국이나 일본의 복합 쇼핑몰 방식을 참고는 하되, 무조건적인 벤치마킹은 큰 실수를 가져올 수도 있다. 미국식 복합 쇼핑몰도 해답이 아니고, 일본식 복합 쇼핑몰도 해답이 아니다. 우리네 삶과 역사와 문화는 미국이나 일본과 철저하게 다르다. 국내만의 복합 쇼핑몰 콘셉트는 당연히 새롭게 만들어져야 한다. 기획부터 달라야 한다는 소리다.

고객 동선에 눈요깃감을 잘 기획해 놓자

복합 쇼핑몰의 동선에는 수많은 사람들이 오고 간다. 중간중간에 눈요깃감을 만들어 주는 센스가 필요하다. 미국에서는 여러 종류의 손수레 매장(키오스크 매대)을 두어 쇼핑객을 심심치 않게 만들어 준다. 상당히 디자인이 가미된 움직이는 매대로, 옆에는 발이 높은 나무 의자가 있어서 판매하는 직원이 잠시 쉬도록 하는 배려도 잊지 않는다. 키오스크 매장이나 다른 눈요깃감이 군데군데 나타나도록 세심한 기획이 필요하다.

품격 있는 음식 제공도 필수

최근에 개장한 명품 아웃렛Outlet 매장들에 갔다가 느낀 점이 있다. 음식 가격에 비해 상당히 질 낮은 음식을 먹어야 하는 불편한 진실이다. 우리뿐만 아니라 미국에 있는 대부분의 쇼핑몰도 먹는 공간의 환경이 저급하다. 천장이 높아서 그런지, 아니면 쇼핑객들의 소음이 커서인지 푸드코트의 소음이 상당하다. 대부분의 미국인들은 푸드코트에서 식사를 하기보다는 쇼핑몰 내의 고급 레스토랑을 찾는 경우가 많다. 당연히 가격은 높다. 아직도 저급한 수준에 소음도 아주 큰 일체형 푸드코트 방식이 존재하겠지만, 별도로 격조 높은 고급형 식당가가 대안일 수 있음을 잊지 말자.

solution

: 유통 9단 김영호의 솔루션

복합 쇼핑몰이 선진국에서 온 업태이지만, 콘텐츠만큼은 지극히 한국적으로 다시 기획해야 한다. 차별의 시발은 도시 역사와 지역 문화에 기반을 두어야 한다. 철저히 다른 스토리텔링 방식으로 매장과 서비스를 입체적으로 기획해야 한다.

> 장사의
> 99%는
> 트렌드다
<

클라우드와 크라우드로 변하는 라이프스타일

　새롭게 등장한 '클라우드Cloud' 개념에는 다양한 역할과 설명이 필요해 보인다. 흔히 클라우드라는 키워드에서 생각나는 기능은 애플Apple의 스티브 잡스Steve Jobs가 공식 석상에서 마지막 프레젠테이션을 하며 설명한 공용 하드웨어일 것이다.

클라우드 컴퓨팅이란?
>
<

우리는 애플 세계개발자회의WWDC가 열린 미국 샌프란시스코의 모스콘 센터Moscone Center에 공식 석상으로는 마지막으로 나타났던 스티브 잡스의 프레젠테이션을 아직도 생생히 기억하고 있다. 느닷없이 제임스 브라운James Brown의 히트곡 〈아이 필 굿I feel good〉이 흘러나오며 청바지와 검은색 티셔츠를 입은 잡스가 무대로 걸어 나왔다. 이날 잡스가 설명한 클라우드 서비스 개념은 신선하게 다가왔다.

아이클라우드iCloud를 설명하기 위해 사용한 이미지는 클라우드를 상징하는 구름 아이콘과 그 밑에 나열된 아이폰, 아이패드, 아이팟터치, 맥 아이콘 다섯 가지가 전부였다. 바로 클라우드 컴퓨팅 서비스다. 소셜 커머스의 대표 기업인 티켓몬스터도 창업 초기부터 아마존Amazon, 아헴스Ahems 등의 클라우드 서비스를 사용하고 있다. 비용 절감은 물론 급성장하는 사업 규모를 감당하기에 적격이기 때문이다.

클라우드 컴퓨팅이란 자료나 소프트웨어를 개별 PC가 아닌 대형 데이터 센터에 저장해 뒀다가 필요한 때마다 인터넷을 통해 꺼내 쓰는 서비스를 말한다. PC와 스마트폰 같은 개별 기기는 그저 단순 기능만 수행하고 데이터 센터에 모든 콘텐츠가 있다. 사용자는 저장 장치를 들고 다닐 필요 없이 인터넷 연결이 되는 곳이면 어디서나 각종 기기로 원하는 작업이 가능하다. 전 과정이 마치 구름 속에 숨은 것처럼 보이지 않는 곳에서 작동한다는 뜻으로 이름 붙여졌다고 한다.

클라우드 컴퓨팅이 바꾸는 생활

컴퓨터와 관련된 분야는 이미 클라우드 컴퓨팅이 대세가 되고 있다. 클라우드 컴퓨팅이 주목받는 이유는 규모의 경제를 달성하기 때문이다. 소프트웨어를 재활용할 수 있고 관리를 용이하게 해준다. 클라우드 컴퓨팅을 적용하면 서버 용량을 효율적으로 배분할 수 있고, IT 관리 비용도 많이 절감된다. 세계적인 시장 조사 기관인 IDC에 따르면 클라우드 컴퓨팅 관련 사업 규모는 2014년 추정치로 109조 원에 이른다고 한다. 자금이 부족한 중소 상공인에게 걸림돌이 되는 대용량 서버나 첨단 소프트웨어를 저가로 이용할 길이 열린 셈이다.

클라우드 컴퓨팅은 앞으로 우리 생활을 어떻게 바꿀까? 예측 가능한 라이프스타일의 변화로는 첫째, 유연한 근무 형태로의 재편이다. 클라우드에 접속 가능한 휴대용 모바일 단말기가 개발되면 사무실 이외의 장소에서 근무하는 업무 형태인 '텔레워크Telework'가 대세가 될 것이다. 둘째, 모든 조직은 수평적인 네트워크 조직으로 바뀌게 된다. 전통적인 조직 구조에서 기업 계층의 상부에 위치한 사람들은 내려야 할 결정의 양이 너무 방대하고, 현장에서 너무 멀리 떨어져 있기 때문이다. 셋째, SCM Supply Chain Management, 공급망 관리의 재구축이다. 기획→디자인→제조→판매로 이어지는 흐름을 거의 실시간으로 운영할 수 있다.

그렇다면 클라우드 시대에는 고객을 위한 정보 가치를 어떻게 창출할 것인가? 클라우드와 모바일의 결합은 어떤 형태가 될 것인가? 현재 애플리케이션, 모바일, 클라우드 컴퓨팅이 한 가지 개념으로 통합되는 시기에서는 무엇이 중요할 것인가? 21세기 경영자가 집중해야 할 분야는 정해진 듯싶다.

크라우드 소싱이란?

클라우드 컴퓨팅에 이어 크라우드 소싱 Crowd Sourcing이 모든 산업으로 확산되고 있다. 크라우드 소싱 개념을 지금 진행 중인 당신의 사업과 연관시키면 어떤 결과가 나올지 고민하고 검토해야 할 시점이다. 크라우드 소싱이 앞으로 10년 간 IT 분야의 메가트렌드 Megatrend로 자리매김하리라 본다.

크라우드 소싱이란 군중과 외부 자원 활용 Outsourcing의 합성어로, 생산·서비스 과정에 일반인을 참여시키는 것을 말한다. 일반 소비자에게서 아이디어와 데이터를 모아 제품과 서비스를 만든 후 수익을 참여자와 공유하는 개념이다. 서바이벌 오디션으로 가수를 등용하는 프로그램, 기업체가 시도하는 프로슈머Prosumer 공모전 등 크라우드 소싱의 원리를 적용한 사례는 이미 우리 주변에서도 쉽게 찾아볼 수 있다. 스마트폰의 확대와 온라인 커뮤니티 시장의 성장 물결 속에서 이제 집단 지성, 즉 대중의 지혜를 활용하는 것은 피할 수 없는 시대의 요구가 되었다.

크라우드 소싱이라는 말은 2006년 6월 저널리스트 제프 하우Jeff Howe가 〈와이어드Wired〉 기사를 통해 주창했다. 전문가 대신 비전문가인 고객과 대중에게 문제의 해결책을 아웃소싱하는 것을 뜻한다. 대중의 다양성이 개인의 능력보다 우월하다는 전제 조건에 기초한다. 검증된 아이디어를 최소 비용으로 취해 최고 성과를 달성한다는 점에서 이미 각종 기획과 마케팅, 사업 현장과 문화계에서 각광받는 비즈니스 아이템이 되었다.

크라우드 소싱 사례와 빅 데이터

누구나 아는 크라우드 소싱의 전형적인 사례는 온라인 백과사전인 '위키피디아Wikipedia'이다. 위키피디아를 창설한 지미 웨일즈Jimmy Wales는 온라인 백과사전의 내용 중 자그마치 절반이 모든 사용자 중 겨우 2.5퍼센트에 의해 작성됐다고 언급한 바 있다.

또 다른 사례로는 2013년 구글Google에 인수된 이스라엘의 벤처 기업 웨이즈Waze. 인수 금액은 13억 달러, 우리 돈 1조 3천억 원이다. 웨이즈는 크라우드 소싱 방식으로 된 내비게이션 앱이다. 사고와 경찰 단속 여부, 속도 감시 카메라, 도로 폐쇄 등 실시간으로 도로 상황을 업데이트하여 가장 빠른 길을 알려 주는 상당히 편리한 서비스다.

웨이즈의 막강한 정보력은 바로 전 세계 웨이즈 사용자 5천만 명이 만들어 내는 데이터이다. 다시 말해 웨이즈는 실시간 교통 정보를 전달해 주기 위해 막대한 돈을 들여 도로마다 센서를 깔고 교통 정보를 수집하지 않는다. 정확한 결과를 내기 위해 전문가들을 동원하지도 않는다. 이것이 크라우드 소싱의 가장 큰 비즈니스 힘이다. 사실 크라우드 소싱에서는 서비스 제공자와 사용자의 경계를 나누기가 힘들다. 전 세계에 흩어진 개인은 서비스를 제공받는 사용자인 동시에 데이터를 만들어 내는 서비스 제공자이다.

크라우드 소싱이 앞으로 비약적으로 발전하게 될 이유가 있다. 첫째, 아마추어 집단의 등장으로 새로운 생산 방식인 오픈 소스 Open Source 소프트웨어 운동이 생겼다. 둘째, 인터넷의 출현으로 거대 자본을 보유한 기업에만 속해 있던 힘이 소비자들에게 이양되고 있다. 셋째, 여러 가지 저렴한 도구의 출현으로 기업만이 소유하던 힘이 소비자들에게 이양되고 있다. 마지막으로 이 세 가지 현상을 굳건한 원동력으로 탈바꿈시킨 것은 사람들을 경제적 생산 단위로 조직화하는 능력을 지닌 온라인 커뮤니티의 진화이다.

크라우드 소싱과 연관 지을 또 하나의 키워드는 최근 학교와 업계에서 계속 나오는 '빅 데이터'이다. 빅 데이터란 말 그대로 기존 데이터에 비해 크기가 너무 커서 일반적인 방법으로는 수집하거나 분석이 어려운 데이터 집합체를 의미한다. 우리의 모든 것을 파악할 수 있는 막대한 양의 데이터들이 축적되고 있는데, 이러한 것들을 빅 데이터라고 부른다.

불특정 다수의 힘을 빌리는 크라우드 소싱과 빅 데이터를 이용하여 성공적인 경영을 운영하고자 하는 회사가 점점 늘어나고 있다. 새로운 개념을 가장 먼저 이해하는 기업만이 21세기에 우월적 지위를 유지할 수 있는 세상이다. 불특정 다수의 힘을 빌려서 나온 빅 데이터 안에서 인사이트Insight를 도출하는 일을 사업 모델로 하고 있는 사업자도 속속 등장 중이다.

크라우드 펀딩과 쿼키
>
<

크라우드 개념을 이용한 크라우드 펀딩Crowd Funding도 있다. 크라우드 펀딩을 통해 사업 자금을 모아 경영을 시도하는 봉이 김선달식 펀딩 방식이 전 세계에서 계속 탄생하고 있다.

2007년 4월, 영국에 사는 36세의 카피라이터 윌리엄 브룩스William Brooks는 5만 명으로부터 각각 35파운드를 모금하여 프로 축구팀을 사들이겠다는 목표를 가진 '마이 풋볼 클럽My Football Club'을 시작했다. 2007년 11월경 브룩스는 70만 파운드 이상을 모금해 엡스플리트 유나이티드 FCEbbsfleet United FC를 인수하는 데 성공했다. 브룩스의 사이트에 투자한 사람은 온라인 투표를 통해 팀의 유니폼 디자인에서 새로운 코치에 이르기까지 모든 것에 참여한다.

인디고고Indiegogo는 크라우드 펀딩 사이트다. 인디고고에선 누구나 자신이 원하는 프로젝트를 올린다. 영화를 찍고 싶거나, 음악을 만들고 싶거나, 재난을 입은 지역을 돕고 싶거나, 어떤 이유든 상관없다. 사업 아이템을 올려 창업 자금을 마련하는 이들도 많다. 이곳을 방문한 사람들이 사연에 반응해 돈을 기부하면 정

해외 크라우드 펀딩 성공 사례

사이트	프로젝트	제품	모금액
킥스타터	페블	스마트워치	1,000만달러
	오우야	안드로이드 기반 게임 콘솔	860만달러
	팝피	3D 콘텐츠 감상	19만달러
	오큘러스리프트	가상현실 헤드셋	240만달러
인디고고	스틱앤파인드	위치 추적 기기	93만달러
	커네리	가정 보안 기기	200만달러
	카이트패치	모기퇴치용 패치	55만달러

출처 : 매일경제신문 2013. 12. 27.

해진 기간에 모은 금액을 각자에게 전달한다.

크리스 앤더슨Chris Anderson이 쓴 《메이커스Makers》라는 책에는 취미로 뭔가를 만드는 사람들로 인해 세상이 바뀐다는 내용이 있다. 제조의 디지털화로 인한 '제조 민주화'가 시작되었다고 주장한다.

지금까지 나온 크라우드 소싱 방식을 이용한 비즈니스 모델 중에서 가장 합리적인 모델은 소셜 상품 개발 플랫폼인 '쿼키Quirky'라 본다. 일반인들이 자발적으로 쿼키 홈페이지에 혁신 아이디어를 제안하고, 쿼키 회원들은 투표로 아이디어를 선정한다. 정식 제품 평가로 넘어갈지를 상품 전문가가 검토하는 과정을 한 번 더 지나 대중적 제품력을 검증받는 2중 시스템을 거친다. 그런 후 본격적인 상품화 단계로 들어간다. 브랜딩, 소재, 디자인, 가격 결정 등 다양한 마케팅 전략과 전술을 수립하는 것이다.

이제 곧 크라우드 2.0 개념이 등장할 것으로 예상한다. 모든 사물이 인터넷으로 서로 연결되는 사물 인터넷Internet of Things 시대와 더불어 더 많은 데이터를 만들어 낼 것이다. 앞으로 폭발적으로 증가할 데이터는 결국 모든 사람이 생산자이면서 그것을 활용하는 프로슈머 세상이 되는 셈이다.

하지만 모든 새로운 서비스는 항상 양날의 칼을 지닌 법. 과연 전문가가 아닌 다중의 목소리를 어디까지 믿을 것이며, 개인 정보의 유출은 어디까지 막아야 할지 알기가 어렵다. 더욱이 많은 정보를 갖고도 전략과 정책을 결정할 컨트롤 타워가 없으면 무슨 소용이 있겠는가.

solution

: 유통 9단 김영호의 솔루션

크라우드 소싱 세상에서는 대중의 데이터를 모으고 스스로 사용하게끔 플랫폼을 만들어 주는 것이 중요한 사업적 접근 방식이다. 단 전문가가 한 번 더 검증하는 시스템을 집어넣어야만 개인 정보 유출이나 허위 정보에 휘둘리지 않을 것이다. 뿐만 아니라 지혜로운 리더 없이는 크라우드 소싱 경영 전략은 무용지물이 되고 만다.

> 장사의
> 99%는
> 트렌드다
<

인터넷 개미 상인과 골목 상권을 살려야 한다

대선이나 총선이 코앞으로 다가올수록 정치권은 상당히 바빠진다. 영세 상인을 위한 보호 대책이니, 골목 상권을 통한 경제 민주화니, 새로운 정책이 속속 만들어진다.

영세 상인을 위한 정책이 과연 실효성이 있느냐, 없느냐를 논하는 것은 아무 의미 없다. 영세 상인은 오프라인상의 골목에만 산재해 있지는 않다. 인터넷 등 온라인에도 참으로 많은 영세 상인이 있다. 정치권에 있는 사람들은 영세 상인이라 하면 꼭 눈에 보이는 오프라인 골목 상인들만 생각한다. 정작 온라인상의 골목 상인인 인터넷 쇼핑몰의 개미 상인들을 위한 정책은 찾아보기 힘들다. 하나만 알고 둘은 모른다고 해야 할까.

골목 상권 보호 대책
>
<

골목 상권을 보호한다는 명분으로 월 2회 대형 마트와 기업형 슈퍼마켓 등의 영업을 제한하는 '의무 휴무제'를 시행하고 있다. 이미 중심 상권에 버젓이 자리를 잡고 영업하는 대형 마트나 SSM에게 한 달에 이틀 문을 닫으라고 하면 소비자들이 동네 슈퍼나 전통 시장으로 몰려갈 것이라고 아직까지도 생각하는지 정말 궁금하다. 아마 앞으로도 대선이라는 큼직한 정치적 상황이 된다면 가장 먼저 서민을 위한 경제 정책을 만들겠다고 호들갑을 떨 것이다. 유럽이나 미국 같은 선진국에서는 진작 했던 골목 상권 보호 정책을 꼭 선거철만 다가오면 만들겠다고 난리니, 정말 한숨만 나오고 만시지탄이 앞선다.

여기에 정부는 서민층에 낮은 이자로 대출해 주는 미소금융을 확대하겠다고 한다. 미소금융은 청년과 대학생, 영세 상인 등 취약 계층에게 지원을 확대하여 기존의 고금리 채무에서 벗어나게 하려고 만든 상품이다. 하지만 기업의 경영 성과를 평가하는 사이트인 CEO스코어가 미소금융 등 6대 시중 은행의 '서민지원 금융상품' 운용 상황을 조사한 결과, 2011년 관련 대출액은 총 3조 873억 원으로 전년 대비 2.4%인 753억 원이나 줄어들었다. 같은 기간 이들 은행의 가계 대출이 379조 원에서 394조 원으로 3.9% 증가한 것을 감안하면 '서민지원 금융상품'도 점점 줄어들 확률이 높다.

골목 상권을 보호하기 위한 의무 휴무제나 우대 금융 정책 이외에 전통 시장에 가면 소득 공제를 더 해주는 카드도 나왔다. 동네 가게나 전통 시장에서 신용카드로 결제하면 같은 금액을 대형 마트에서 결제했을 때보다 포인트를 최대 5배 적립해 주는 '골목 상권 우대 카드'이다. 말은 2년 전에 나왔는데, 각 지자체의 재정 상태와 여러 이견으로 시행하는 지자체를 찾아보기 어렵다. 이 카드에서 발생하는 포인트는 동네 가게나 전통 시장에서만 써야 하는 지역적 한계를 갖고 있다. 그래도 그동안 대형 마트에 빼앗겼던 소비자들에게 포인트를 더 많이 쌓아 주고 할인과 쿠폰 혜택도 덤으로 건네서 발길을 동네 가게와 전통 시장으로 되돌리는 효과를 노릴 수는 있어 보인다.

인터넷 개미 상인에게 부당한 카드 수수료
>
<

연매출 2억 원 이하의 중소 가맹점의 신용카드 수수료율이 점점 낮아지고 있다. 골목 상권의 자영업자들이 대형 카드사를 대상으로 결제 거부 운동을 벌이면서 수수료율이 떨어지는 효과를 나타내기는 했지만, 꼭 이렇게 우는 아이에게만 젖을 물려 주는지 묻고 싶어진다. 오프라인상의 골목 상권에게만 우대 혜택을 주고, 온라인상의 골목 상권인 인터넷 쇼핑몰 운영자에게는 어떤 혜택을 주는가.

골목 상권의 단결된 세에 눌려 동네 가게의 수수료율은 1.5%로 내려가는 데 반해, 아직도 봉으로 보이는 온라인 영세 상인은 예전 그대로 3.5%(부가세 별도)이다. 인터넷을 통한 매출 규모가 백화점을 넘어선 지 오래인 현재, 온라인 매출의 대부분을 달성하는 인터넷 영세 상인들에게는 어떤 혜택도 돌아오지 않는 실정이다.

인터넷 쇼핑몰 매출은 그야말로 신장 일변도로 지속적인 매출 신장을 하고 있는 업태이다. 한국온라인쇼핑협회의 자료에 따르면, 2013년 온라인 쇼핑몰 시장 규모는 16조 5,900억 원에 달한다고 한다. 2011년 말 매출이 12조 3,279억 원이었던 것과 비교하면 2년 사이 34%나 신장하는 기염을 토하는 중이다. 그래선지 인터넷을 통한 쇼핑몰 운영자가 점점 늘어나는 실정이다. 진입 장벽이 낮은 이유도 있겠지만, 인터넷 쇼핑몰 매출의 증가는 비단 우리나라만의 일이 아니다. 전 세계 공통으로 발생하는 지속 가능형 업태이다.

　유독 인터넷 쇼핑몰을 운영하는 영세 사업자에게만 높은 신용카드 수수료율을 받는 이유는 무엇일까? 추측건대 인터넷 쇼핑몰을 운영하는 자영업자들을 대변하는 자생 단체가 제대로 역할을 하지 못하지 않나 싶다. 아니면 대기업이 운영하는 업체 중심으로 만들어진 단체일 가능성도 있다.

　사실 나도 인터넷 쇼핑몰인 '타이거몰'을 10여 년을 운영했지만, 카드 수수료는 10년 전이나 지금이나 똑같다. 인터넷 영세 상인이라 월간 지출 항목에서 가장 큰 몫을 차지하는 인건비를 늘리지도 못한다. 근근이 월 300만 원 이하 매출이 대부분인 인터넷 쇼핑몰 운영자에게 3.5%라는 살인적인 카드 수수료에 반품, 환불, 교환 비용, 택배 비용 등을 제하다 보면 광고비는 꿈도 꾸지 못한다.

　인터넷 개미 상인들이 부당하게 높은 카드 수수료를 지불하는 이유는 카드 회사와 일대일로 계약하지 못하기 때문이다. 즉, 카드 회사가 아닌 전자결제대행회사PG, Payment Gateway를 통해 카드 이용 계약을 하여 온라인 쇼핑몰 매출의 3.5%(부가세 별도)를 신용카드 수수료로 낸다. 카드 매출 300만 원 중 10만 원 남짓이 비용으로 나가는 셈이다. 매출에서의 10만 원을 매출 이익으로 환산하면 상당히 높은 비율이다. 오프라인 영세 가맹점의 카드 수수료는 1.5%인데, 왜 인터넷 영세 상인들은 무슨 봉도 아니면서 3.5%라는 높은 수수료를 물어야 하는지 알다가도 모를 일이다.

신용카드 가맹점 수수료 개편안에서 인터넷 상인들이 소외되는 이유도 모르겠다. 개편된 법률을 보면 연매출 2억 원 이하 영세 가맹점에 우대 수수료율 1.5%를 적용한다는 게 골자이다. 인터넷 영세 상인들은 대부분 가맹점 등록을 따로 하지 않고 전자결제대행회사나 오픈 마켓Open Market을 이용한다. 개편안의 혜택을 전혀 보지 못하는 것이다.

독립적인 인터넷 쇼핑몰만이 아니라 영세 상인들의 장터 개념인 오픈 마켓도 같은 구조다. 오픈 마켓에서는 품목별로 매출의 5~12% 정도를 수수료로 받아 간다. 카드 결제를 대행해 준 수수료에다 마케팅과 광고 비용을 얹은 개념이다. 역시나 영세 상인에게는 상당한 부담이다.

인터넷 쇼핑몰을 이용하기 위한 수단인 신용카드, 현금, 핸드폰 결제 등을 외부 믿을 만한 기관에 위임할 수밖에 없는 현재의 시스템으로는 상당한 대행 비용을 지출해야만 한다. 핸드폰 결제는 수수료 3.5%에, 장장 2개월 후에나 정산을 받는다고 한다. 어느 누가 핸드폰 결제 시스템을 쇼핑몰 결제 수단으로 채택하고 싶겠는가. 현금 결제는 건당 300원(부가세 별도)을 수수료로 내는데, 객단가가 1만 원 미만이면 수수료율이 5~6%까지 치솟을 수 있는 구조이다. 10년이 넘도록 인터넷 쇼핑몰을 운영하면서 어떤 혜택을 받은 적은 단 한 번도 없지만, 이처럼 불이익을 받는다면 인터넷 쇼핑몰 사업을 접는 방안도 검토하지 않을 수 없다.

모바일 결제 수단

>
<

이제 곧 모바일 결제가 대세인 세상으로 진행 중이다. 핸드폰 속으로 결제 기능이 들어가는 셈이다. 모든 카드 회사들은 모바일 결제 시장의 일등이 되기 위해 준비를 철저히 하고 있다.

스퀘어Square와 페이팔Paypal 등 외국 업체들이 내놓은 위치 기반 앱 방식도 나타났다. 스마트폰 앱으로 지도에 등록된 가맹점에서 결제하면 가맹점은 구매자의 정보를 받아 신원을 확인하는 방식이다. 계좌번호나 신용카드 정보를 노출하지 않아도 결제가

다양한 모바일결제 수단

이름	주요 사업자	특징
유심방식 모바일카드	SKT KT 하나SK·BC카드	휴대전화 유심에 신용카드 정보 저장
앱방식 모바일카드	신한 국민 등 6개 카드사	신용카드 정보 저장하지 않고 결제
금융마이크로 SD	카드사 은행 등 43개 기관	마이크로 SD카드에 카드 정보 저장
모바일 지갑	SK플래닛 KT 삼성	각종 카드를 지갑앱에 저장해 사용
전자화폐	티머니 캐시비	선불로 충전해서 사용
휴대전화 소액결제	다날 모빌리언스	휴대전화 월 이용요금에 합산해 결제
인앱결제	애플 구글	앱스토어에서 신용카드 정보로 결제
모바일뱅킹	시중은행	스마트폰으로 은행거래(이체 등)
카드리더기방식	스퀘어 페이팔	카드리더기를 스마트폰에 설치해 결제
GPS기반 앱방식	스퀘어 페이팔	GPS로 구매자 위치를 확인해 결제

출처 : 매일경제신문 2013. 10. 05.

가능해 보안 측면에서 소비자가 유리한 방식이다.

해외에서는 구글 월렛Google Wallet, 애플 페이Apple Pay처럼 스마트폰 운영 체제 업체가 만든 모바일 결제 회사도 있다. 또한 미국 3대 이동 통신사인 AT&T, 버라이즌Verizon, T모바일 등은 아이시스ISIS라는 연합체를 만들어 근거리무선통신NFC, Near Field Communication 기반 플랫폼을 구축하며 모바일 결제에 나서고 있다.

모바일 결제 서비스는 춘추 전국 시대로 접어들며 점입가경 중이다. 세상은 대형 유통 업체와 대형 카드 회사를 중심으로 모바일 쇼핑 세상으로 돌진하고 있다. 이런 상황에서 인터넷 쇼핑몰을 운영하는 영세 업자들은 아직도 구태의연한 3.5% 카드 수수료율을 가지고 아웅다웅해야 하는지 참으로 한심해 보인다.

solution

: 유통 9단 김영호의 솔루션

내가 정책 입안자라면 보이는 시장과 보이지 않는 시장을 모두 보고 정책을 세울 것이다. 유통 환경이 점점 모바일 세상으로 변하고 있다. 인터넷 개미 상인과 골목 상권에게 공히 도움을 주는 우대 정책을 입안해야 할 것이다.

장사의
99%는
트렌드다

유럽에서 뜨는 소매 마켓이 있다

최근 유럽의 동네 슈퍼마켓이나 편의점, 중대형 마트에서 진행되는 가장 큰 트렌드가 있다. 첨단 매장 형태로 바뀌면서 점차 무인 판매대를 늘리고 있다는 점이다. 유럽의 대형 마트나 동네 슈퍼마켓을 이용하는 고객은 매장에서 체재하는 시간을 가능한 단축하고 싶어 한다. 그에 따라 매장 내의 모든 계산대를 셀프로 만든 업체가 늘어나고 있다.

유럽에서 늘어나는 무인 판매 방식
>
<

무인 판매대가 늘어나는 동시에 휴대 전화를 이용한 지불에 대한 대응도 널리 이루어지는 상황이다. 할인 쿠폰의 광범위한 배포, 점포 접근성과 상품의 진열 장소까지 알 수 있게 하는 서비스 제공에 아이폰 등의 스마트폰이 적극적으로 활용되고 있다.

특히 글로벌 불황이 세계 경제를 덮은 이후 유럽 각국의 유통 업체에서 '무인 판매' 방식이 빠르게 확산되는 중이다. 유통 업체 입장에서는 인건비를 절감해서 좋고, 소비자는 계산대 앞에서 장시간 기다리지 않아 좋아서 서로 윈윈Win-Win 하는 구조이다.

무인 판매 방식은 동양적 정서와는 조금 차이가 나는 부분이다. 아시아권에서는 고객이 매장에 오랫동안 머무르게 하기 위해 다양한 마케팅 기법을 매장에 녹여 숨겨 놓는다. 반면 유럽의 대형 마트와 동네 슈퍼는 정반대의 전략을 집행 중에 있다. 참으로 대조되는 현상이라 하겠다.

무인 판매 방식의 대표 주자라 할 벨기에의 슈퍼마켓 체인인 델하이즈Delhaize는 세계 최초로 모바일 셀프 스캐닝Mobile Self Sanning 서비스를 도입했다. 고객이 매장 내에서 휴대폰처럼 생긴 바코드 리더기를 들고 다니며 상품 값을 직접 계산, 지불하는 방식이다. 이 기기를 이용하면 별도 계산대를 이용할 필요가 없어 쇼핑 시간이 크게 단축된다.

무인 방식은 공항에서도 일상화되고 있다. 요즘에는 어느 공항을 가든 체크인 카운터를 이용하지 않고 고객이 직접 체크인을 하는 '무인 체크인 서비스'가 점점 확대되고 있다. 이처럼 제품이나 서비스 판매 과정에서 판매원을 만날 확률이 점점 줄어드는 세상으로 변모 중이다. 비용을 절감하기 위해 인건비를 줄이려는 기업들의 새로운 제도 덕분에 판매원과 얼굴 보고 접촉할 기회가 점점 사라진다.

유럽 마켓의 특징들
>
<

유럽 마켓의 또 다른 특징을 알아보자. 유럽은 각국이 워낙 작게 쪼개져 있어서 미국처럼 월마트Walmart 단독 1위 체제가 아니다. 나라마다 대표적인 소매 업체 2~3개가 주도적으로 전개되고 있다. 그중에는 하드 디스카운트 스토어Hard Discount Store 업체를 중심으로 아주 싼 가격을 제공하는 소매점이 많다.

테이크아웃 식품

현재 유럽에서 진행 중인 편의점, 동네 슈퍼마켓의 트렌드 중 눈에 띄는 대목은 간단한 테이크아웃 식품을 찾는 소비자가 점차 증가하고 있다는 점이다. 경제 상황이 좋지 않아서 레스토랑 등 값이 나가는 외식을 줄인다. 대체 상품으로 편의점 등에서 식사 대용이 가능한 식품 솔루션을 사는 사람들이 외식 시장을 점령하기 시작했다.

네덜란드의 슈퍼마켓 체인인 알버트하인Albertheijn이 전개하는 '알버트하인 투고To Go'는 매장 면적이 100~300m^2로 작지만, 24시간 가동하는 키친과 베이커리를 설치하여 테이크아웃 식품을 인기리에 제공한다. 유럽 배낭족들은 기차 안에서 식사 대용으로 이용하기 위해 기차역 근처에 위치한 알버트하인 매장에서 간단한 테이크아웃 식품을 구입한다. 유럽을 그물망처럼 이어 주는 기차를 타고 도시와 도시를 이동하는 시간에 친구들과 혹은 혼자서 간단히 테이크아웃 식품을 먹는 재미도 쏠쏠하다.

알버트하인 매장의 계산대 옆에 비치된 플라스틱 장바구니에 바퀴를 달아 끌고 다닐 수 있는 형태로 개발한 점이 특이하다. 우리나라에서도 시도해 볼 만한 형태라 보인다. 계산대를 유심히 보면 알겠지만, 계산원이 앉아서 업무를 하도록 배려한 점도 눈에 띈다. 우리나라 대형 할인점도 계산원이 걸터앉아서 계산 업무를 하도록 시설 설계를 보완하길 바란다.

하드 디스카운트 스토어, 리들과 알디

독일은 리들Lidl과 알디Aldi로 대표되는 하드 디스카운트 스토어라는 업태 발상지로 시장 포지셔닝을 굳히는 중이다. 두 업체 모두 해외 사업 전개에 적극적이다. 리들은 주로 동유럽을 중심으로 전개하는 한편, 알디는 미국과 서유럽을 중심으로 출점하여 미국에서는 순조로운 성장을 실현하고 있다.

두 업체의 경영 전략도 비슷하다. 도심에서 떨어져 교통이 원활하고 임대료가 싼 장소에 매장을 세운다. 모든 매장은 단순한 형태로 만들어지는데, 고객들이 원하는 물건을 쉽게 찾도록 해준다. 또한 고객들이 매장 직원의 도움 없이 쇼핑을 할 수 있도록 매장 효율성에 집중한다. 단순한 매장 구성과 적은 취급 품목을 통해 경쟁 업체에 비해 높은 상품 회전율을 올리게 되고, 당연히 지역 일 번지 점포가 되는 순환 구조이다.

앞으로 우리나라도 소매 업체의 자체 상품Private Brand, PB을 주력으로 품목 수를 한정하여 상품 구성을 하고 매장의 장식을 간소화하는 등 철저한 효율화, 로우 코스트 오퍼레이션Low Cost Operation으로 압도적인 저가를 실현하는 업태를 적극적으로 받아들여야 할 시기이다. 곧 우리나라에서도 비슷한 경영 형태가 실현되리라 본다. 외국 업체들이 직접 투자를 통해 우리나라에 침투할 가능성도 배제할 수는 없다.

친환경 로컬 푸드

이외에도 최근 전 세계는 친환경 식품 취급을 점점 늘리면서 안심 먹거리 형태로 지역 농가와의 협업이 증진되는 상황이다. 유럽도 마찬가지로 슈퍼마켓을 시장 분위기로 재현하여 지역 농가에서 재배한 신선한 식품을 판매한다. 지역 농가와 매출을 분배하는 방식을 취함으로써 농산물의 재배, 관리가 용이하다. 각 가정은 가장 근접한 매장인 동네 슈퍼마켓이나 편의점에 입점한 지역 농가에서 수확한 신선 식품을 구입한다. 지역 농민 친화형 마케팅 전략으로, 소비자 친화형의 로컬 푸드 매장 만들기가 대세이다. 예를 들어 영국 부자 동네에 주로 포진한 웨이트로즈Waitrose는 500~700m^2의 공간을 개발하여 매일 쇼핑을 위한 식품 위주의 상품 구색을 갖추고 있다.

시니어 슈퍼마켓, 에데카

시니어 은퇴 세대와 가족들을 겨냥해 맞춤 서비스를 제공하는 슈퍼마켓 체인인 에데카Edeka는 독일 점유율 1위의 협동 연쇄점으로 유명하다. 시니어 전문 슈퍼마켓인 만큼 스토어 브랜드도 '에데카 50플러스'이다. 50대 이상 은퇴자를 타깃으로 하여 2008년부터 300여 평 정도의 중형 매장을 고령자 전문 유통점으로 바꾸고 있다. 50대 이상의 소비자를 위해 이용 편의성에 최대한 중점을 두어 매장 구성을 한 점이 특색이다.

선반의 높이는 다른 매장보다 20cm 낮은 160cm로 조정했고, 계산대도 일반 매장보다 낮게 설치했다. 쇼핑 카트도 휠체어와 연결해 이용하게 하고, 카트에 돋보기를 부착해 작은 글씨의 제품 설명서도 확대해 보도록 했다. 시니어 고객을 위한 세심한 배려로는 눈이 부시지 않고 미끄럽지 않은 바닥, 휠체어나 보행 보조기가 다니기 쉬운 넓은 통로, 손쉬운 주차 시설, 혈압계 등을 갖춘 휴식 코너 등을 들 수 있다.

매장 판매 직원을 고객층과 나이가 비슷한 50세 이상으로 채용하는 전략도 채택했다. 취급하는 제품은 신선 식품과 지역 상품에 주력하고, 소형 포장 상품 비중이 상대적으로 높다. 당뇨 환자용 제품, 유기농 식품, 다이어트 식품, 애완동물 코너 역시 중심적으로 디스플레이하였다. 50세 이상의 고객을 확보하기 위해 주변의 은퇴자 아파트와 보호 시설로 무료 셔틀버스를 운영하고 택시 콜 서비스도 제공한다.

활발한 신중년의 소비

유럽 유통의 재미난 특징 중의 하나는 신중년의 소비가 활발하다는 점이다. 독일은 자신을 위해 돈을 쓰는 신중년층의 소비가 국민의 평균 소비보다 8%포인트 더 높다. 미국은 전체 인구의 30%에 달하는 신중년(1946~1964년생)이 보유한 자산이 미국 국민 자산의 67%에 이른다. 이에 주목한 미국의 각 업체는 신중년을 타깃으로 한 서비스와 상품을 내놓고 있다. 우리나라는 최근에서야 신중년이 소비와 생산의 주체로 떠올랐다.

언론의 가격 정보 제공

독일 텔레비전이나 신문 등의 언론에서는 거의 매주 각 슈퍼마켓 체인을 비교해 정보를 전달해 준다. 어느 스토어에서 어떤 상품을 가장 저렴하게 판매한다는 정보를 공익적 차원에서 전달하는 독일 언론에 찬사를 보낸다. 우리나라의 교양 방송 프로그램에서도 하루빨리 채택해야 할 코너임에 틀림없다.

깨어 있는 소비자

깨어 있는 소비자들이 많아서일까? 구매를 하더라도 친사회적 기업인지를 따져 가며 구매하는 성향이 강하다. 회사의 종업원 관리에 문제가 없는지, 친환경 기업인지 등 여러 항목을 따지면서 소매 점포를 이용하는 경향이 크다는 점은 참으로 부러운 소비 패턴이다.

생활협동조합 형태의 판매점

스위스는 쿱Coop과 미그로스Migros가 대세이다. 미그로스는 스위스 시장에서 압도적인 점유율을 가지고 있는 생활협동조합(생협)으로, '수직 통합 모델'이라는 비즈니스 모델이 특징적인 기업이다. 식품 제조사, 제조 공장을 보유하여 식품의 제조부터 판매까지 담당하는 것이다.

유럽에서는 우리나라의 생협 형태의 판매점이 많다. 그만큼 소비와 생활에 관한 관심과 참여가 일반화되었음을 반증한다. 우리나라 대형 마트보다 저렴한 가격에 신선 식품 등을 구입할 수 있는 초저가 생협 매장이 대세이다. 우리나라에서도 유통 혁명이 유통 대기업이 아닌 소비자로부터 출발하는 날이 올 것이다. 지역별 생협의 활성화를 통해 깨어 있는 소비자로 거듭나는 21세기를 희망해 본다.

: 유통 9단 김영호의 솔루션 *solution*

미국보다는 유럽의 유통을 자세히 배울 필요가 있다. 유럽 각 나라의 국토 면적과 우리나라의 면적이 비슷하기 때문이거니와, 협동조합과 동네 슈퍼마켓이 발달한 이유를 많이 배울 수도 있다. 유럽에는 명분보다는 실리를 앞세우는 소비자가 많아서 우리나라 유통 현상과는 상당히 다른 면모를 보여 준다. 우리가 지향해야 하는 소비의 형태가 현재 유럽에서 진행 중이다.

신개념 소셜 커머스인 서브스크립션 커머스

내가 운영하는 회사의 이름은 김앤커머스이다. 온 세상의 모든 상행위, 즉 커머스commerce에 관해 연구하고 가장 최적의 방법론과 솔루션을 찾아내는 업무가 대부분이다. 최근 몇 년 들어 참 바쁘다. 새로운 커머스가 계속해서 등장하기 때문이다. 20세기에 볼 수 없었던 새로운 개념의 커머스가 소비자들에게 속속 등장한다. 잠시만 한눈을 팔면 무슨 소리인지 이해도 어렵다. 온라인과 오프라인 쇼핑의 경계가 무너지고, 최신 IT 기술이 새로운 커머스의 탄생을 부채질한다.

계속해서 태어나는 커머스들
>
<

새로운 커머스가 탄생하는 나라를 따지자면 당연히 미국이다. 왜 미국에서만 새로운 커머스, 새로운 비즈니스 탄생이 빈번할까? 전 세계 어떤 나라보다 많은 새로운 비즈니스가 탄생하는 나라가 미국이다. 특히 유통 부문에서 새로운 업태의 탄생은 미국이 압도적으로 많다.

가장 최근에는 '제로 에포트 커머스Zero Effort Commerce, ZEC'라는 새로운 커머스가 도래하는 중이다. 글로벌 유통 회사를 중심으로 최첨단 IT 기술을 이용한 새로운 쇼핑 경험 제공에 팔을 걷어붙였다. 말 그대로 노력 하나 안 들이고 쇼핑을 끝내는 상행위를 말한다. 이런 쇼핑 방식을 제안하는 대표 주자는 미국 온라인 쇼핑의 간판 이베이eBay와 아마존이다. 사물 인터넷과 웨어러블Wearable 기기를 활용한 쇼핑 서비스를 개발 중이다.

지금 이야기하고 싶은 부문은 SNS가 발달하면서 우리에게 선보인 소셜 커머스 등 새로운 업태의 탄생이다. 소셜 커머스도 미국에서 성공한 비즈니스 모델로, 우리나라에 공수되어 젊은 유학생들 위주의 경영 주체에 의해 시작된 바 있다. 옥션이나 G마켓이 주류였던 오픈 마켓 시장에 또 다른 탄력을 주고받으며 경쟁이 치열하다.

요즘엔 뭔 '커머스'인지가 계속 생기다 보니 소비자 입장에선 정신이 없다. 자세히 각 업태의 핵심을 보면 소비자에게 아주 유리한 장점을 발견하게 된다. 새로운 고객, 새로운 마켓을 위한 새로운 커머스가 계속 생겨나고 있다. 그중 외우기도 힘든 단어를 사용 중인 '서브스크립션 커머스Subscription Commerce'. 국내에 3~4년 전부터 선보인 서브스크립션 서비스는 매년 성장하는 추세다. 업계에서는 국내 시장 규모를 2013년 말 현재 600억 원, 이용자 100만 명 가량으로 추산하고 있다.

서브스크립션 커머스란?
>
<

서브스크립션 커머스의 개념은 간단하다. 월간지를 정기 구독하면 매달 잡지가 오듯이 회비를 내면 화장품 등 한정 제품을 매달 배달해 주는 판매 기법이다. 2010년 미국에서 시작된 버치박스Birchbox가 대표적인 업체이다. 버치박스의 화장품 샘플 판매 방식은 2010년 9월 하버드 경영대학원에서 같이 수업을 듣던 두 여학생에 의해 생겨났다.

버치박스의 비즈니스 모델을 간단히 설명하면, 매달 10불을 내고 고가 화장품의 샘플 4~5개를 배송비 부담 없이 집으로 배달받는 시스템이다. 트렌드에 민감한 젊은 여성층과 중산층을 목표 고객층으로 하여 매년 고도성장을 하는 중이다. 얼핏 보면 아주 간단해 보이는 비즈니스 모델이라고 생각되지만 소비자, 버치박스, 화장품 제조 회사 모두가 윈윈 하는 비즈니스 모델이다.

기본적으로 정보 수집이나 제품 구입 절차에 많은 시간을 할애하고 싶지 않은 소비자층에게 일종의 퍼스널 쇼퍼Personal Shopper 역할을 한다. 일부러 매장까지 가서 각종 화장품 정보를 비교하여 구매하는 시간적, 육체적 부담을 싫어하는 소비자 입장을 파고든 서비스이다. 본인에게 맞는 상품을 선택하기 위해 새로 나온 여성 잡지를 뒤적이지 않아도 되고, 하루 종일 웹 서핑을 하지 않아도 되고, 구매한 상품을 들고 무겁게 집까지 오는 수고를 하지 않아도 된다. 매달 어떤 화장품이 안에 있을지 모르는 상태에서 설렘 반 두려움 반으로 박스를 연다. 전문가의 추천을 통해 매달 나만을 위한 새로운 제품을 만난다. 소비자가 처음 회원 등록을 하면서 작성한 프로필과 취향 정보를 바탕으로 맞춤 박스의 내용물이 구성된다. 개봉 후에는 사용 정보를 알려 주는 등 상호 작용이 점점 진화한다. 더욱 자세한 소비자 정보가 집약되는 것이다.

제품 공급 업체 입장에서는 운영 업체와의 긴밀한 관계를 통해 구독자만의 정밀한 취향에 맞는 상품을 선별할 수 있게 된다. 유통 채널상 한정적인 공급자와 소비자와의 만남이 연결되기도 한다. 특히 화장품같이 구전 효과가 강하고 구독자의 관여도가 상당히 높은 제품은 2차 광고 효과까지 기대해도 괜찮다. 구독자가 개봉 후기를 자신의 블로그나 페이스북Facebook, 트위터Twitter 등에 적극적으로 올리는 활동을 통한 구전 효과가 상당하다.

제품에 만족한 구독자는 개별적으로 동일 제품을 재구매하기 때문에 반복적 구매자, 충성 고객을 바로 확보하게 된다. 화장품 업계처럼 수많은 브랜드가 치열하게 존립하는 시장에서 정기 구독을 통한 충성 고객의 창출은 그야말로 최고의 마케팅 전략이다. 지속적인 매출을 통해 향후 수요 예측도 가능해지게 된다.

사실 외국의 유명한 브랜드가 우리나라에 처음 런칭할 때 주로 사용하는 마케팅 기법도 무료 샘플 제공이다. 이와 관련해 우리나라에서 처음 발달한 업태가 방문 판매이다. 동네를 찾아다니며 화장품을 판매하던 아주머니들이 새로운 고객을 개척하기 위해 사용했던 방식이 무료 샘플 제공 아니었던가. 무료 샘플 방식은 동서양과 시대를 막론하고 가장 잘 먹히는 마케팅 전략이다. 세계 최대 화장품 회사 로레알L'Oréal의 핵심 브랜드를 이끄는 최고 경영자인 패트릭 쿨런버그Patrick Kullenberg의 말을 빌리더라도 무료 샘플 방식의 위대한 힘을 느낄 수 있다.

"구매 전에 소비자들에게 샘플을 대량으로 나눠 줍니다. 써본 후에 품질이 좋고 자기에게 필요하면 사라는 거죠. 한국 시장이 폭발적인 것은 입소문과 인터넷이 발달했기 때문 같습니다. 국내 유명 백화점 매출이 뉴욕 본점보다 큰 세계 1~2위 매장입니다."

그 결과 해당 브랜드는 3년 동안 국내 매출이 매년 3배 가까이 성장했다. 화장품 사업의 핵심이 무엇인지 분명하고도 확고하게 보여 주는 사례이다.

> **우리나라의 서브스크립션 커머스**
<

우리나라에서는 현재 월 1만~2만 원 회비를 내면 고가 화장품을 보내 주는 서브스크립션 커머스 업체가 계속 탄생 중에 있다. 고가의 화장품들을 공짜로 구한 뒤 소비자들에게 유료로 전달하여 월 몇 억 원에 육박하는 매출을 올리기도 한다. 화장품은 유명 회사 10여 곳에서 무상으로 받고 있다.

우리나라에서는 화장품 업체가 직접 공짜 샘플을 소비자에게 일절 제공하지 못하도록 법이 개정된 이후부터 서브스크립션 커머스 업체가 많이 생겼다는 점에 주목하자. 화장품 회사들은 소비자가 아닌 서브스크립션 커머스 업체에 제품을 무료로 넘기고, 서브스크립션 커머스 업체가 다시 소비자에게 유료로 전달하는 셈이다. 법 개정에 따른 새로운 시장에 가장 먼저 뛰어든다면 얼마든지 시장 1위가 될 수 있는 세상이다.

서브스크립션 업체 현황

구분	론칭시기	구독료	아이템
겟잇박스	2011년 12월	2만 5000원	화장품
미미박스	2012년 2월	1만 6500원	화장품·패션
저스트픽	2012년 3월	3000원	양말, 비누, 피규어
베베엔코	2012년 5월	3만 3000원	유아용품, 친환경식재료
스마트체험박스	2012년 7월	9900원	식음료·생활용품
CJ도그오박스	2012년 7월	5만 9000원(3개월분)	애견용품

자료 : 각사 취합
출처 : 아시아경제 2012. 09. 07.

　소비자들은 전문 MD에 의해 엄선된 화장품을 알뜰하게 체험해서 좋고, 화장품 업체는 신제품에 대한 반응을 살피는 동시에 홍보를 해서 유익하다. 다양한 제품을 체험해 보려는 소비자에게 혜택을 돌리면서 성의 있는 모니터링 결과를 화장품 업체에게 전달하는 것이 서브스크립션 커머스 업체의 할 일이다.

　초기에는 여성용 화장품 위주였지만 점점 남성 박스, 유아 박스, 패션 박스, 면도기 박스까지 생겨났다. 최근에는 취급 품목도 애견, 유아용품, 식품 등으로 크게 늘었다. 오픈 마켓 업체들과 홈쇼핑 등 기존 대형 유통 채널들도 서브스크립션 커머스 사업에 뛰어들어 판세를 키우는 중이다.

미국에서 진행 중인 서브스크립션 커머스
>
<

서브스크립션 커머스의 진원지인 미국에서 새롭게 진행 중인 서브스크립션 서비스 형태 몇 가지를 보면 다음과 같다.

반려 동물인 애견용품만을 구성하여 매달 배송해 주는 바크 박스Bark Box. 구독료의 10%를 구호 단체에 자동 기부하여 구독자가 사회 공헌 활동에 동참하게 만드는 신선한 서비스 상품이다.

개인 취향에 따라 까다롭게 선택하려는 양말 패셔니스타를 위한 사크 판다Sock Panda. 그야말로 천편일률적인 양말은 지양하고 나만의 개성을 살린 양말 패션을 제안한다.

점점 늘어나는 자전거 라이더만을 위한 바이크 루트Bike Loot. 다양하고 새로운 사이클용품을 매월 소개한다.

'먹거리 세계 여행을 안방에서 즐기게 하자'라는 슬로건으로 진행하는 트라이 더 월드Try The World. 세계 각지에서 물 건너온 식품들을 2달에 한 번 받아 보게 만든 서비스다. 프랑스를 시작으로 일본, 브라질 등에서 수입한 식품들을 격월로 배달한다.

봉이 김선달처럼 보이는 비즈니스 모델 덕분에 수많은 젊은 사업가들이 서브스크립션 커머스 시장에 뛰어들고 있다. 우리나라에서도 인기가 높은 이유는 구매 대상을 적절하게 세분하여 정확하게 목표 고객화했다는 점이다. 화장품 매장을 자주 방문할 수 없는 20대 중반~30대 중반의 바쁜 전문직 여성이 발품 팔 필요없이,

편하게, 집에서, 전문가가 선택한 화장품을 받아 사용한다는 점이 큰 메리트인 셈이다. 여기에 2~30대 여성들의 막강한 SNS 파워가 구전 마케팅으로 연결되어 큰 파장을 몰아갔다.

서브스크립션 커머스에서 유의할 사항

한편 고도성장할 것만 같은 서브스크립션 커머스 모델에도 몇 가지 유의할 사항이 있다.

서브스크립션 커머스 수거제품 구성 현황

A사 a박스(37,500원)				B사 b박스(16,500원)				B사 한정판 특별박스(16,500원)			
원산지	품목명	용량	증정품 표기여부	원산지	품목명	용량	증정품 표기여부	원산지	품목명	용량	증정품 표기여부
프랑스	선크림	5ml	견본품	국내산	헤어세럼	5ml*2	증정용	스위스	크림	4ml	증정용
프랑스	로션	15ml	비매품	국내산	스킨	30g	증정용	프랑스	세럼	1.5ml*2	증정용
일본	스킨	25ml	비매품	국내산	크림	30ml	증정용	프랑스	로션	3ml	비매품
미국	컴팩트파우더	3g	증정용	스위스	로션	3ml	증정용	일본	미백킨	10ml	증정용
미국	아이리무버	15ml	증정용	국내산	세럼	5ml	정품	프랑스	토너	30ml	비매품
미국	립스틱	2g	X (정품미니어처)	인도	비누	70g	정품	프랑스	크림	15ml	not for sale
				국내산	샴푸	50ml	X (정품미니어처)	스위스	크림	3ml	증정용
				국내산	린스	50ml	X (정품미니어처)	프랑스	스킨	10ml*2	비매품
				국내산	마스크팩	30g*2	정품	독일	바쓰오일	30ml	X (정품미니어처)

최동익의원실 제공

출처: 이투데이 2012. 10. 17.

첫째, 무료 화장품 샘플을 제공하는 유명 화장품 업체로부터의 공급이 계속될지에 관한 지속성의 문제이다. 서브스크립션 커머스 업계의 1위 업체가 나타나면 필요한 샘플의 양이 많아지게 된다. 그러면 무작정 원하는 만큼 샘플을 제공해 줄 확률은 낮아질 것이다.

둘째, 소셜 커머스라는 업태가 발달할수록 수많은 유사 업체가 난립하여 시장이 교란되었다는 점이다. 서브스크립션 커머스 업태도 마찬가지로 상당히 많은 유사 업체가 난립하여 초기에는 시끄러울 수도 있다.

셋째, 고객이 직접 샘플을 고르지 못한다는 부분도 부정적인 측면이다. 우송된 샘플이 본인이 사용하지 않는 유형의 상품이거나 좋아하지 않는 색상이면 한 번도 사용해 보지 않고 쓰레기통으로 직행할 것이다.

그럼에도 서브스크립션 커머스는 앞으로 발전할 것이다. 지금까지 화장품에 머물렀던 상품도 여러 다양한 상품군으로 확대 발전하리라 본다. 향후 제품만이 아니라 정보를 정리 정돈해서 알려주는 지식 알림 서비스로 발달할 가능성도 크다.

내가 운영하는 김앤커머스도 올해부터 서브스크립션 서비스를 시작했다. 유통 트렌드 정보를 알리는 서비스인 머니 트렌드 박스Money Trend Box를 주간 단위로 발송 중에 있다. 세상이 점점 지식 사회로 갈수록 해당 분야 정보를 가장 빠르게 가공해서 전달하는 사업이 매력적인 분야가 된다. 트렌드 정보가 워낙 빠르고 볼 것이 많아서 당사같이 전문 기관에 일임하는 지식 소비자들이 점점 늘어나는 것이다.

solution

: 유통 9단 김영호의 솔루션

경쟁이 치열한 비즈니스 업계 중에서 무료 샘플이 가장 먹히는 제품군을 찾아내, 신규 고객을 구독자로 만든 후 단시간 내에 애독자로 만드는 사업이 바로 서브스크립션 커머스의 핵심이다. 웬만한 센스가 있는 창업자라면 큰돈 안 들이고 쉽게 런칭할 만한 비즈니스이면서 1인 창업도 가능하다.

> 장사의
> 99%는
> 트렌드다
<

한국형 드럭 스토어에 관심을 가져라

십여 년 전쯤에 영화 〈왓 위민 원트What Women Want〉라는 영화를 재미있게 본 기억이 있다. 광고 회사 기획자가 여성 제품을 광고할 기획을 잘하기 위해 여성 체험을 결심한 뒤 겪는 여러 좌충우돌 해프닝이 영화의 간단한 줄거리이다. 그로부터 10여 년이 지난 지금, 여성의 구매 파워가 거의 모든 시장에서 주도적인 주체로 등장했다. 현재 20조 달러(한화 2경 원)에 이르는 여성 소비자

지출은 앞으로 수년 이내 28조(한화 3경 원) 달러까지 증가할 것이라는 통계가 그 해답이다.

중국 여성 경제의 부상

전 세계 여성 경제의 부상은 기업들이 그간 해왔던 연구와 제품 개발, 제품 판매, 가치 제안, 서비스를 추가하는 방식에 일대 혁신을 필요로 하게 된다. 점점 커지는 여성 경제에 의해 지금까지 기업들이 만들어 놓은 고객 분류 방식, 소비자 형태 변화에 대한 대응, 소비자 조사 방법 등에 일대 혁신이 불가피하다. 지금까지는 여성 경제에 대응하기 위해 고작 고객 세그멘테이션Segmentation을 살짝 바꾸거나 제품 라인에 디자인만 조금 손대는 등, 그야말로 전술적 변화에만 급급했다는 점을 인정해야 할 것이다. 간단한 사례를 보면서 변화하는 여성과 경제에 관한 이야기를 풀어 보자.

요즘 중국의 20대 여성층에서 기존 여성들과 다른 커다란 변화가 보인다. 금융 위기 시기와 상관없이 왕성한 소비 의욕을 보인다는 점이다. '월광족月光族'으로 불리는 젊은 세대는 저축을 기피하고 패션이나 미용 등 자신을 꾸미는 일에 소비를 아끼지 않고 있다. 월광족에서 '월'은 월급을, '광'은 모두 다 사용해 버린다는 뜻이다. 중국의 젊은 층이 월급을 저축하기보다는 여행이나 쇼핑 등 삶을 즐기는 데 쓰기 때문에 붙여진 말이다.

일본의 마케팅 조사 기관인 마케팅 시스템즈Marketing Systems는 중국의 연해 도시부를 중심으로 1993년부터 16년간 중국 소비자의 소비 의식과 실태에 대해 정점 관측을 실시해 왔다. 특히 2006년부터는 신부유층 여성에게 초점을 맞춰 조사를 진행하였다. 그 결과 어렸을 때는 소황제小皇帝로 불리다 이제 성인이 되어 월광족으로 불리는 중국의 20대는 '저축보다 소비를 좋아한다'는 것이다. 이러한 성향의 20대는 구두나 핸드백 등의 액세서리, 화장품, 미용, 패션 의류, 피부 관리에 대한 관심이 매우 높았다고 한다.

G2 대국 중의 하나인 중국의 차세대 소비 주체인 20대 여성에게서 나타나는 시장의 변화에 민감하게 준비해야 한다. 중국 신여성들의 소비 경향이 강해지고 있는 상황에서, 하물며 우리나라 젊은 여성들의 소비 경향에도 촉각을 곤두세워야 하지 않겠는가.

드럭 스토어에 주목하라
>
<

요즘 젊은 남녀들은 대형 마트 대신 드럭 스토어Drug Store에 가는 경향이 크다. 왜 그들은 드럭 스토어로 향할까? 이유는 간단하다. 그들이 원하는 제품군이 많이 있고, 아주 쉽게 갈 수 있도록 도심 지하철 인근에 있기 때문이다. 꼭 차를 타고 가지 않아도, 이것저

것 필요도 없는 상품을 많이 구매하지 않아도 된다. 여성이 필요로 하는 기본적인 상품은 다 있다. 유기농 화장품부터 뷰티 제품, 비타민 관련 제품, BB크림, 심지어 술안주에 주전부리할 것까지 여성의 세세한 심리를 꿰뚫어 바라보는 제품군들이 모두 상비되어 있다.

드럭 스토어의 원조는 당연히 미국이다. 미국의 원조 드럭 스토어가 일본을 거쳐 한국에 들어오면서 많은 변화가 있었다. 우리나라에서는 드럭 스토어라는 업태가 약사법으로부터 자유롭지 않

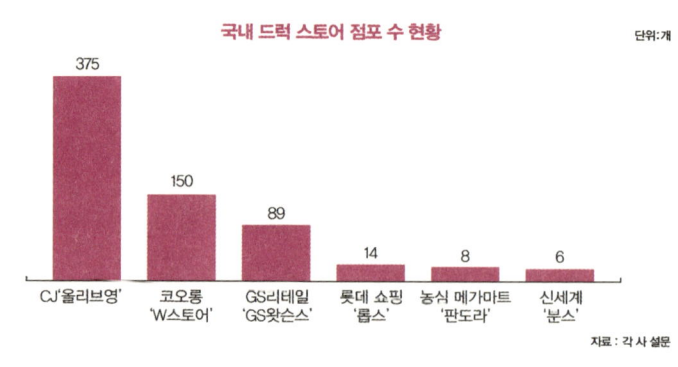

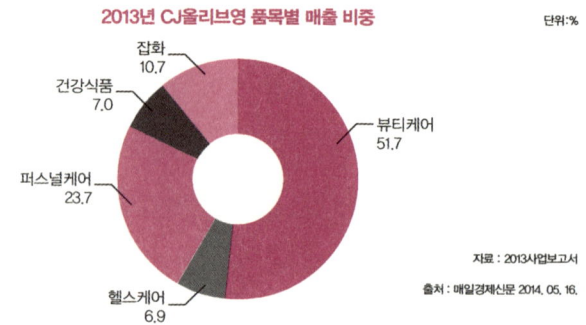

아서인지 변형된 형태로 포지셔닝 중이다. 1999년 CJ올리브영이 최초로 매장을 연 후 W-스토어, GS왓슨스 등이 시장에 뛰어들었다. LG경제연구원에 따르면 지난 2007년까지 1천억 원을 밑돌던 국내 드럭 스토어의 시장 규모는 2012년 5천억 원에 달할 정도이다. 2007년 이후 연평균 47%의 폭발적인 성장률을 보여 주고 있다. 우리나라의 대표적인 드럭 스토어는 모두 대형 유통 업체들이 운영 중이다. 도표를 보면 알 수 있듯이 CJ올리브영 매장 수가 압도적으로 많다.

그중 코오롱웰케어가 운영하는 W-스토어는 약국 형태로 돼 있어 미국판 드럭 스토어라 할 유일한 존재다. 약사가 운영하는 기존 약국에 미용·건강용품을 공급하는 형태로 운영되어, 엄밀히 말하자면 드럭 스토어라는 비즈니스 W-스토어만이 실제로 하는 곳이다. 특징으로는 일반 약국에서 구입하기 힘든 피부 관련 약품, 다이어트용품, 모발용품, 아토피 상품 등을 집중적으로 매입, 전개하고 있다는 점이다. 비타민, 건강식품, 수입 음료가 많고, 대신 가격대가 높고 매장 수가 적은 것이 흠이다.

GS그룹 계열사인 GS왓슨스는 GS리테일과 홍콩 왓슨스 Watsons가 50 대 50으로 합작해 설립한 회사이다. 왓슨스라는 업체는 19개국에서 4,600여 개 매장을 운영 중인 유명 글로벌 드럭 스토어이다. GS왓슨스는 초기부터 아예 의약품을 취급하지 않고 사업 목적을 화장품 및 방향제 판매 소매업으로 등록하였다. 자체적으로 드럭 스토어란 명칭을 사용하지 않고 헬스&뷰티 스토어로 표현하고 있다. 국내 사업의 특징으로는 매장에 미용 전문 상담사를 상주시키려 한다는 점이다. 고객의 피부 상태 등을 상담해 주고 적합한 제품을 구매하도록 조언까지 하며 서비스를 넓혔다는 점을 강조한다.

우리나라 드럭 스토어 비즈니스 중에서 가장 많은 스토어를 보유하고 있는 CJ그룹 계열사인 CJ올리브영은 가장 공격적인 마케팅을 전개한다. 올리브영의 특징은 500여 개 브랜드 1만 5천여 개 상품을 갖추고 있는 것과 해외 브랜드를 독점 판매하는 것이다. 2009년부터는 병원이나 제약 회사에서 만든 기능성 화장품, 친환경 유기농 제품, 남성용품 등을 전문적으로 취급하는 코너를 개설했다. CJ 계열이라 식품 라인업도 탄탄하다.

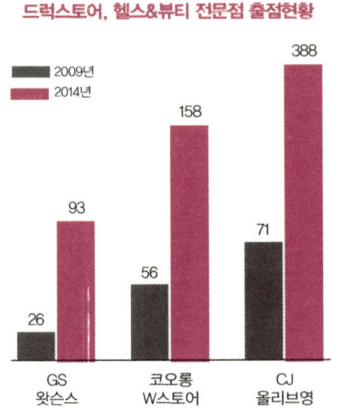

드럭스토어, 헬스&뷰티 전문점 출점현황 (단위: 개)

	2009년	2014년
GS 왓슨스	26	93
코오롱 W스토어	56	158
CJ 올리브영	71	388

출처: 중소기업뉴스 2014. 09. 10.

일본 드럭 스토어의 현황
>
<

앞으로 한국형 드럭 스토어의 매장 전개와 운영 전략은 어떻게 차별화해야 할까? 문제의 해답을 찾기 위해 우선 일본의 드럭 스토어 현황은 어떤지 잠깐 보기로 하자. 도쿄 시부야를 비롯한 도심 곳곳에 젊은 여성 쇼핑객을 위한 지름신이 지뢰밭처럼 포진하고 있다. 이름하여 드럭 스토어. 브랜드도 다양하다. 고쿠민コクミン, 돈키호테ドンキホーテ, 선드럭サンドラッグ 등 드럭 스토어가 젊은 여성들이 자주 출몰하는 지역 여기저기에 포진하여 그녀들의 뷰티와 헬스에 관한 욕망을 채워 주고 있다.

일본 드럭 스토어의 대표 주자로는 마쓰모토키요시マツモトキヨシ가 있다. 이곳에서는 주로 의약품을 비롯해서 화장품, 생활 잡화, 건강식품까지 다양한 여성용 상품만을 취급한다. 매장의 분위기는 약간 산만한 느낌도 들지만, 부담 없이 구경도 가능하고, 1만여 종의 방대한 아이템이 구비되어 있다. 상품 구입 시 바로 발행되는 포인트 카드를 발급받아 향후 적립된 포인트를 현금처럼 사용할 수 있다. 대량 구입 시에는 반드시 발급받아 마땅하다.

마쓰모토키요시가 절대적인 인기를 누리게 만든 주 고객이 일본의 여고생들이라는 점이 특이하다. 남자 고등학생의 수줍은 사랑 고백을 테마로 만든 상업용 광고가 여중생, 여고생 들에게 압도적인 인기를 얻으면서 방과 후 매일같이 꼭 들러야 하는 곳으로 발전하게 되었다. 1996년에는 좋아하는 사람의 이름을 적어서 마쓰모토키요시 판매원에게 건네주면 사랑이 이루어진다는 황당한 소문이 여고생들 사이에 돌면서 더욱 번창하게 되었다. 스토리텔링이 점점 중요해지는 시대에 우리에게 시사하는 바가 크다.

최근 일본 드럭 스토어 업태의 두 가지 큰 특징은 간편 식품 등 식품 MD에 치중한다는 것과 매장 수의 확장을 통한 업계 선두 경쟁이 치열하다는 점이다. 일본의 일개 드럭 스토어 매장이 생각하는 상권의 범위는 반경 500미터~800미터 이하이다. 이른바 협소 상권이어서 매출을 늘리기 위해서는 고객의 니즈Needs에 맞추어 상품을 다양화하는 길 밖에 없다. 그래서 기존 상품군에 도시락과 반찬류, 청과 등을 확충하여 고객들의 내점 빈도를 높이고 있다.

편의점이 간편 식품을 확충하듯이 드럭 스토어도 화장품과 의약품이라는 전문성만으로는 경쟁이 어렵기에 간편 식품을 계속 개발 중이다. 도시락과 주류, 데일리 상품 등과 두부·어묵·곤약 등을 넣고 끓인 오뎅 요리 외에도 편의점에서 취급하는 상품을 전부 갖추는 중이다. 이처럼 드럭 스토어의 경쟁 상대를 편의점과 소형 슈퍼마켓으로 보고 있다.

드럭 스토어 시장을 선점할 기회이다
>
<

일본의 드럭 스토어 비즈니스는 상당히 발전에 발전을 거듭해서 최근에는 편의점 사업과 이업종 융합 현상도 진행 중이다. 우리나라보다는 상당히 앞선 느낌이다. 그런 우리나라 드럭 스토어 시장에 도전장을 내미는 업체들이 속속 등장을 준비하고 있다는 점에 주목해 보자. 도전자들은 다름 아닌 대형 마트다. 대형 마트들은 기업형 슈퍼마켓의 신규 출점이 사실상 봉쇄되면서 다른 활로를 찾던 중 드럭 스토어 비즈니스에 상당한 매력을 느껴 열심히 연구하고 있다는 것이다. 자본력과 시스템, 유통 인재를 모두 갖춘 대형 마트가 드럭 스토어 시장에 들어오면 상당한 각축전이 예상되는 바이다. 동시에 기존 독립형 편의점을 운영 중인 업체에게는 새로운 도전을 할 기회이면서 시장을 선점할 절호의 기회이기도 하다.

다시 정리하자면, 대한민국 골목 상권에 새로운 지형이 형성되기 시작했는데, 그것이 바로 드럭 스토어라는 업종이다. 소비자를 보자면 건강한 인생, 멋진 외모를 지향하는 여성들이 늘어나고 있고, 접근성을 따지자면 도심지에서 가장 쉽게 만날 수 있는 곳이다. 더불어 대형 유통 업체 입장에서도 중소 상인 보호 차원에서 움직이는 대형 마트와 SSM에 관한 규제를 피하면서 자체 영업망을 늘리는 방편의 일환으로 적극적으로 대처하고 있다.

의약품과 화장품, 생활용품, 식품 등 업종별로 각각의 유통 채널을 통해 판매되던 상품들을 한 번에 구매한다는 편리성과 복합 테마 때문인지, 아니면 여성 소비자의 아름다움에 대한 니즈와 건강에 대한 욕구가 동시에 충족되어서인지 인기리에 드럭 스토어가 성장하는 중이다. 여기에 비타민 등 건강과 관련된 영양제는 물론 음료나 과자, 초콜릿 등 건강과 무관한 식품도 취급한다. 심지어 고추장이나 곡물 등을 파격 할인가로 가판에 내놓기도 한다.

판매하는 품목이 중구난방이어서 업종을 가리지 않고 전 방위적으로 동네 상권에 피해를 입히기도 한다. 그럼에도 아직까지 드럭 스토어는 골목 상권에 피해를 주는 대상 업태로 분류되지 않은 상태여서 1위 수성을 위해 보이지 않는 경쟁이 치열하다. 앞으로 외국 유명 브랜드가 시장에 참여할 가능성도 높다. 드럭 스토어의 주 고객층이 젊은 층과 중산층이어서 더욱 위험 요인으로 작용하리라 예상된다.

외국에 많이 다녀오고 해외 제품을 많이 접한 국내 젊은 층과 중산층은 해외 직구를 많이 한다. 그들은 드럭 스토어 매장에서 판매하는 품목에 관심이 상당히 높다. 간편 식품군도 더해지는 상황에서 오프라인상의 골목 상권과 온라인상의 인터넷 쇼핑몰 등 여러 업태와의 마찰은 피할 수 없다. 하지만 아직도 우리나라 드럭 스토어는 예전의 화장품 전문점 수준에서 크게 벗어나지 못한 형국이다. 또한 20~30대 여성 고객층에 함몰된 듯하여 갈 길이 순탄치 못해 보인다.

: 유통 9단 김영호의 솔루션

우리나라에서 드럭 스토어는 여성 편의점이다. 드럭 스토어는 일본처럼 골목 상권인 편의점과 소형 슈퍼마켓과 경쟁할 것이다. 취급 상품으로 다른 점포와의 차별성을 부각시키는 것은 더욱 어려워진다. 여성을 중심으로 한 고정 고객 확보만이 동네 골목 상권이 살아날 유일한 길이다.

"최고의 PR은
소비자 보호에서 시작된다."

Chapter 2
트렌드 마케팅의 99%는 PR이다

**디지털 시대에 유럽은
아날로그 벽 광고에 목숨 건다**

　유럽의 여러 도시를 돌아다녀 보면 건물 외벽을 그냥 회색으로 방치해 놓는 경우가 거의 없다. 무채색인 회색 벽 대신 광고판으로 사용하거나 만화 주인공, 혹은 기발한 아이디어를 가미한 독특한 그림을 그려 놓은 건물들을 많이 만난다. 유럽뿐 아니라 미국 역시 큰 건물 외벽의 한 면 전체를 유명한 영화배우를 캐스팅한 광고 내용으로 도배하곤 한다. 멋진 영화배우를 운전하면서 본다는 것은 상당히 기분 좋은 일이라 벽에 그려 놓은 광고에 나쁜 감정은 거의 없다. 직설적으로 이야기하자면, 아무리 디지털 세상으로 간다고 해도 우리네 삶이 오프라인에 뿌리 내리고 있어서 아날로그형 광고가 보다 친근하게 다가온다는 것이다. 유럽의 옥외 광고가 부럽다.

건물 외벽을 이용한 아날로그 광고
>
<

옥외 광고란 법이 허용하는 범위 내에서 건물 밖에 설치하는 광고를 말한다. 새롭게 개업한 상점의 영업 내용을 알리는 광고물(간판)을 제작, 설치하고 허가받는 과정을 대행하는 것이다. 옥외 광고물은 일명 간판이라고도 한다. 상점이나 단체에서 여러 사람의 주의를 끌기 위해 상호와 영업 상품명, 영업 종목 등을 써서 내건 표지판 등을 말한다. 간판, 옥상 위의 대형 광고물, 야구장의 광고용 애드벌룬, 고속도로 주변의 광고탑 등 광고나 PR Public Relation 을 목적으로 실외에 설치된 것을 옥외 광고물이라고 한다.

우리나라의 경우 옥외 광고가 소비자들을 너무 정신없게 만든다. 새로 생긴 빌딩을 덮어 버리는 각종 광고판을 보면 광고를 넘어서서 이젠 공해 수준까지 육박한 느낌이다. 우리나라의 옥외 광고 기법은 상당히 낙후된 분야 중 하나이다. 사용하는 디지털 매체는 눈부시게 발전하고 있지만, 콘텐츠를 보면 아직도 19세기처럼 고리타분하기 짝이 없다.

반면 유럽 주요 도시에서는 건물 외벽을 활용한 초대형 광고가 뜨고 있다. 초대형 사이즈의 광고는 미국 대도시에서도 자주 발견된다. 최근에는 공사 중인 건물 외벽을 유명 브랜드들이 광고판으로 활용하는 사례가 눈에 띄게 늘고 있다. 초대형 외벽 광고는 건물 보수 공사 기간을 활용해 설치한다. 상당히 눈에 띄는 디자인이라 지나가는 사람들의 눈길을 끌기에는 최고의 매체란 생각이 든다. 아무리 세상이 디지털로 나아간다 해도 인간은 모두 오프라인을 중심으로 삶을 꾸려 나간다. 당연히 오프라인 중심, 그것도 도심 건물 외벽을 이용한 광고에 치중하지 않겠는가.

외벽 전체를 이용한 광고 기법이 잘 진행되는 도시가 유럽에서도 100년이 넘는 건물들이 즐비한 브뤼셀이나 파리이다. 이곳 어디에선가는 항상 보수 공사를 진행하고, 이는 아주 훌륭한 광고 수단이 된다. 우리나라에서 신축 건물의 외벽 전체를 이용한 광고 기법이 새롭게 자리 잡을 수 있을까 의심이 되는 대목이다.

건물 외벽을 이용한 광고 기법과 비슷한 수단으로 버스가 있다. 외국에서는 버스의 전체를 광고로 도배한 'AD 랩Wrap'이라는 광고가 성행한다. 우리나라는 아직까지 불법이다. 법령은 버스 광고의 크기가 차창을 제외한 측면적의 1/2 이상을 넘지 않도록 규정하고 있다. 현재 8,300여 대의 버스가 운행 중인 서울시는 좀 더

규격화해 가로 3.7미터, 세로 1미터 크기를 유지하도록 규제한다. 일본, 미국 등에 비해 아직 제약이 많지만 예전보다는 230% 이상 대폭 확대된 광고 면적이다. 2012년 서울시의 대대적인 버스 운행 체제 개편으로 버스 광고는 제2의 전성기를 구가하는 중이다.

새롭게 등장하는 옥외 광고 아이디어

초대형 광고판을 이용한 또 다른 훌륭한 사례가 있다. 미국 연방수사국FBI이 LED 광고판을 범인 잡는 데에 사용해서 화제다. FBI는 미국 버지니아 주에서 마약 밀매 혐의로 수배된 범인의 얼굴 사진을 뉴저지 고속도로의 대형 옥외 광고판인 빌보드Billboard에 올려놓았다. 그러자 범인이 '이제 어디로 도망가도 숨을 데가 없겠구나' 하는 생각으로 경찰에 자수했다고 한다.

FBI는 빌보드를 이용한 초대형 수배 전단으로 톡톡히 효과를 보고 있다. 2007년 일부 지역의 고속도로 변에 처음 도입된 빌보드 수배령은 이제 40개 주에서 시행한다. 뉴욕 같은 대도시에서는 고층 빌딩의 디지털 빌보드도 유용하게 쓰인다. 본 사례와 같은 광고 기법은 상당히 공익적이고 전향적인 마케팅 활용 방안이다. 이제 우리도 적극적인 도입이 필요하다.

최근 벨기에 브뤼셀의 한 광고 회사가 건물 벽을 이용해서 게임 천국을 만들어 화제를 일으켰다. 대부분 스마트폰 전용 게임을 즐기지만, 작은 화면이 불편했던 사람들에게 초대형 게임 스크린이라는 이벤트를 연 것이다. 도시 건물의 벽면을 '3D 프로젝션 맵핑Projection Mapping'이란 신기술을 이용해 게임 천국으로 변신시켰다. 톡톡 튀는 세일즈 프로모션과 건물 외벽 광고를 결합하면 소비자들에게 상품 정보와 엔터테인먼트를 동시에 전달할 수 있다.

우리나라도 놀라운 IT 기술에 힘입어 건물 옥상에 설치한 그저 그런 광고판이나 전광판 대신 LED를 이용하여 움직이는 다양한 영상을 표출하는 수준까지 올라가 있다. 비용이 많이 들기도 하고 야간에만 효과가 있는 한계가 있지만 말이다. 이제 우리도 외벽을 광고나 공고, 시민이 꼭 알아야 할 내용을 전달하는 매체로 활용하는 노력이 필요하다. 당연히 법 개정을 통해 공익과 예술적 차원의 접근이 필요해 보인다.

옥상이나 LED 광고판이 주를 이루는 시장에 새로운 아이디어가 속속 등장하고 있다. 야간 도심의 건물 벽면에 프로젝터로 광고를 쏘는 빔버타이징Beamvertising 기법, 소형 모니터 형태의 디지털 사이니지Digital Signage 기법 등이 새로운 광고 범주에 속한다.

전체 광고 시장의 연도별 매출액

(단위: 억원, %)

구분			광고비		성장률(%)
			2012년	2013년	2013년
방송	지상파 TV		22,304	21,599	-3.2
	케이블	PP	15,078	15,660	3.9
		SO	1,081	1,087	0.6
	위성방송광고		145	174	20.0
	IPTV 광고		237	381	60.8
	DMB 광고		173	129	-25.4
	라디오광고		2,904	2,825	-2.7
	방송 계		**41,922**	**41,855**	**-0.2**
인쇄	신문광고		17,178	16,235	-5.5
	잡지광고		5,528	5,321	-3.7
	인쇄 계		**22,706**	**21,556**	**-5.1**
온라인	인터넷광고		22,388	22,992	2.7
	모바일광고		2,229	4,950	122.1
	온라인 계		**24,617**	**27,942**	**13.5**
옥외광고			7,972	8,850	11.0
기타	생활정보광고		6,702	6,719	0.3
	DM 광고		1,693	1,731	2.2
	취업정보광고		1,281	1,376	7.4
	기타 계		**9,676**	**9,826**	**1.6**
총계			106,893	110,029	2.9

출처: 이데일리 2014. 06. 02.

우리나라의 옥외 광고 방법에 대한 제안
>
<

우리나라의 현행 '옥외광고물 등 관리법'에 따르면, 광고 현수막은 지자체에서 지정한 게시대에 설치해야 하고, 광고물의 표시 면적은 창문이나 출입문 면적의 1/2 범위에서 지자체 조례로 정한다. 어기면 최고 500만 원의 과태료와 이행 강제금이 부과된다. 현행 옥외 광고물 관리 규정은 1962년 처음 제정된 '광고물 단속법'이 시초다. 이후 규제 위주로 몇 차례 작은 변화가 있었을 뿐, 지난 52년간 광고 산업 발전을 반영하는 변화는 거의 없었다. 당연히 현행법대로 판단하면 옥외 광고물의 절반, LED 전광판의 70%가 불법이다. 건물 전체를 광고가 뒤덮어 버려 볼썽사납고, 노후한 간판들 탓에 시민 안전도 불안한 상태로 방치되어 있다.

한편 솜방망이 규정 때문에 대기업들은 각 지자체의 제재와 지역 주민들의 민원에도 아랑곳하지 않고 불법 옥외 광고를 고집한다. 불법을 자행하는 대기업들은 우리가 모두 아는 기업들이다. 법이 제대로 역할을 못 하면 당연히 수정, 보완해야 하거늘 50여 년이 지나도록 그 모양 그 품새이다.

철저한 아날로그 방식이면서 우리네 정서에 어울리는 매체를 옥외 광고 방식으로 선정하고 잘 활용했으면 한다. 나는 거리에 산재한 상점 셔터를 이용한 광고를 제안하고 싶다. 일명 '셔터 광고' 방식이다. 일반 가게의 셔터를 아름다운 디자인이 있는 광고로 변신시켜 주면서 광고료를 받는 방식을 추천한다. 현대는 광고의 홍수 시대. 어디를 봐도 광고, 광고, 광고이다. 버스 옆에도, 전신주에도, 심지어 화장실 변기 앞에도 광고가 있다. 영업이 끝난 가게의 철제 셔터를 대상으로 광고주를 모집해서 빈 공간을 활용하는 아날로그 방식의 셔터 광고가 가장 한국적이라 본다.

대부분의 철제 셔터는 청소를 제대로 안 해서 먼지와 얼룩, 낙서, 소변 등으로 얼룩져 있다. 도시 미관의 흉물이 아름다운 광고 디자인으로 거듭난다면 꽤나 좋은 아이디어이다. 우리나라 밤길이 너무나 어두운데, 셔터 광고에는 멋진 조명이 밤새 비춘다. 부녀자들이 안심하고 골목길을 지나다니는 좋은 효과도 있다.

어둔 도심을 환하고 멋진 디자인으로 변신시키는 셔터. 24시간 활동하는 현대인들에게 어두운 밤에도 기업을 알리는 광고 효과로 아주 적당하다. 가게 주인이 판매하는 상품에 관한 광고도 좋고, 광고를 의뢰한 유명 상표의 광고도 좋겠다. 당연히 가족과 청소년들에게 해롭지 않은 광고여야 한다. 아무리 세상이 디지털 시대라 해도 우리 곁에 가까이 있는 아날로그 옥외 광고 방식은 더욱 인간적으로 느껴질 것이다.

solution
: 유통 9단 김영호의 솔루션

몇 백 년이 된 고풍스런 유럽의 주요 도시는 옛것과 새것이 잘 조화를 이루고 있다. 광고도 건물 외벽이나 입간판 방식으로 정리 정돈되어 있다. 이제 우리에게 필요한 것은 철저한 한국형 아날로그 광고 매체의 발견이다.

> 장사의
> 99%는
> 트렌드다
> <

불황에도 먹히는 PR은 따로 있다

불황의 골이 점점 깊어지고 있다. 경기 침체 상태는 앞으로 몇 년 더 지속될 것이라고 경제 전문가들은 한결같이 말한다. 우리보다 먼저 불황의 그늘에서 살고 있는 일본의 흐름을 보더라도 경제 활성화는 녹록치 않은 문제이다. 일본의 장기 불황에서 봤듯이 잠재 성장률 저하, 가계 부채 증가, 고령층의 노후 불안 등으로 이어지는 부정적 연쇄 반응이 우리에게도 동일하게 나타나고 있기 때문이다. 하지만 항상 동전에는 앞면과 뒷면이 있다. 불황으로 하향 곡선을 긋기 시작한 업계가 있다면, 반대로 매출이 상향 곡선을 보이는 업종도 있다. 세상만사 양지가 있으면 반드시 음지가 있는 법인가 보다.

불경기에 대응하는 가치 쇼핑

매년 두 자릿수 매출 성장률을 기록하던 업종을 손에 꼽으라면 명품 마켓, 아웃도어Outdoor 시장, SPASpecialty store retailer of Private label Apparel 시장 등이었다. 이렇게 승승장구하던 업계에도 어두운 그림자가 보이기 시작했다. 우선 아웃도어 시장은 성장세가 한풀 꺾였는데, 하락세가 눈에 보이고 있다. 불황 무풍 지대였던 아웃도어 업계에서 할인 등 판촉 경쟁이 불붙었다. 매출이 좋을 때에는 특별한 판촉이 없어도 괜찮았겠지만, 지금은 1+1 행사와 사은품 행사도 주저하지 않는 걸 보면 급해진 모습이다.

우리나라 패션 업계의 대표 주자이면서 고성장을 구가하던 중저가 SPA 기세도 약화되고 있다. 소비자들이 새 옷을 구입하기보다는 고쳐 입거나 구매를 미루는 알뜰형 소비로 돌아섰다.

극심한 불황을 타개하기 위한 유통 업체의 자구 노력이 눈부시다. 유럽발 경제 위기로 인한 전체적인 소비 심리 위축에도 불구하고 온라인 쇼핑 업계는 높은 성장세를 보이고 있다. 스마트폰 보급 확대에 따른 모바일 쇼핑과 소셜 커머스의 확산으로 더 높은 성장세를 이어 갈 것이라는 전망이 우세하다. 유행에 민감하고 브랜드 로열티가 높은 스마트 쇼퍼들은 자신에게 가치 있는 상품 구입을 위해 '가치 쇼핑'에 나선다. 인터넷, 모바일, SNS 등 멀티채널Multichannel을 통해 웬만한 유통 업체의 구매자 못지않게 다양한 상품 정보를 탐색하고 할인 기회를 공략한다. 매년 늘어나는 해외 직접 구매족의 증가가 추세를 대변한다. 관세청에 따르면 2013년 해외 직구가 건수로는 1,116만 건, 금액으로는 1조 1,029억 원으로 사상 최대를 기록했다. 해외 직구 거래액이 1조 원을 넘는 시대로 급변 중이다.

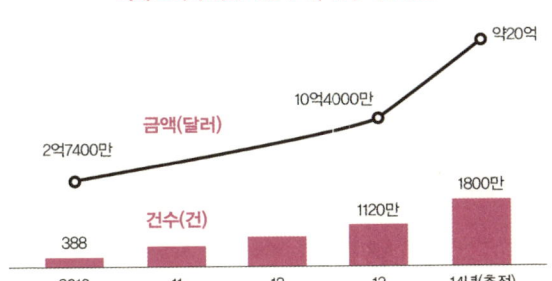

국내 소비자 해외 직접 구매(직구) 시장 규모

출처 : 조선일보 2014. 10. 01.

불경기에도 활황인 렌털 시장, 중고 시장

 불경기에 활황인 또 다른 시장이 있다. 지속적인 불경기, 고공 행진하는 유가, 점점 떨어지는 돈의 가치 등으로 소비자는 새로운 대안을 찾기 시작했다. 바로 필요한 물품을 빌리는 렌털Rental 방식이다. 한정된 주머니 경제를 극복하기 위해 전 세계 소비자들이 렌털 시장에 뛰어들고 있다. 불황에 소비 심리가 꺾이면서 고전을 면치 못하는 다른 유통 업체와는 대조적으로 렌털 산업은 호황세를 이어 가는 중이다.

 한국렌탈협회에 따르면 렌털 시장 규모는 2006년 3조 원에서 10조 원을 넘어설 정도로 급성장했다. 현재 국내 렌털 전문 업체는 2만 5천여 개 수준이라 한다. 특히 IT와 가전 업계 등 제품의 수명 주기가 점점 짧은 제품군과 고가품이라 사용 빈도가 낮은 품목을 중심으로 렌털 시장이 빠르게 성장하고 있다.

 1~2인 가구가 전체 가구 수의 50%를 넘어서는 사회 현상 등으로 인해 제품을 구매하기보다 렌털하려는 수요가 점점 늘어난다. 아무래도 렌털 시장은 혼자 사는 싱글족이나 신혼부부처럼 1~2인 가구나 단출한 가족 구성원을 지닌 세대를 중심으로 전개되는 중이다. 렌털이 인기를 끌면서 렌털 전문 업체뿐 아니라 기존의 TV 홈쇼핑이나 온라인 업체도 경쟁적으로 렌털 산업에 뛰어드는 분위기다.

 두 번째로 커지고 있는 시장은 중고 시장이다. 신제품보다 가격이 절반 가까이 저렴하고, 사용에도 전혀 지장이 없어서 성장세가 대단하다. 특히 에어컨과 선풍기 등 냉방 가전을 비롯해서 가방과 의류를 중심으로 한 중고 명품 판매가 급증하는 추세도 눈에 띈다. 일본 도쿄 긴자에서도 중고 명품숍이 뜬다고 한다. 불황에 새로운 풍속도가 속속 전개되는 중이다.

동네의 중소 프랜차이즈 치킨 전문점도 기존의 배달형 매장 운영 형태에서 3모작으로 변신을 했다. 매장 개장 후 모두 3번의 변신을 시도한다. 배달 매장에서 낮에는 카페형 매장으로, 저녁 시간대에는 호프 매장으로 형태를 바꾼다. 동네 상권에서도 새로운 경쟁자가 계속 나타나는 무한 경쟁 시대에 살아남기 위해선 지속적인 변신과 혁신이 필요하다. 여기에 끊임없는 메뉴 도입을 시도하여 기존 고객에게 새로운 감동을 선사하기에 여념이 없다.

불경기에도 먹히는 마케팅
>
<

불황일수록 작은 가게 경영자들은 더욱 정신을 차려야 한다. 큰 그림은 소비자에게 만족을 주는 것이다. 불황기에 고객을 만족시키기 위해선 끊임없는 마케팅 전략과 전술을 기획하고, 집행하고, 피드백해야 한다. 혹한의 불황에도 먹히는 PR 방식과 마케팅은 있는 법이다.

타임 마케팅

어떤 업종이든 고객이 몰리는 시간과 그렇지 않은 시간이 있다. 계절적인 비수기와 성수기도 있다. 타임 마케팅을 활용하여 고객이 상대적으로 적은 시간대에 매출을 올린다면 전체 매출도 자연스럽게 상승한다. 대형 마트에서 늦은 저녁 시간에만 실시하는 타임 세일이 대표적인 사례다. 최근에는 모바일과 SNS가 널리 퍼짐에 따라 소비자 라이프스타일에 대한 분석과 마케팅 대상에 따른 타임 마케팅이 다양하게 전개된다. 포털 사이트 검색창에는 수시로 특정 업체가 순위로 올라간다.

쿠폰북

쿠폰북 전술은 트렌드에 민감한 백화점이 가장 앞장서서 진행 중인 이벤트다. 극심한 소비 침체에 백화점 구매 고객의 짠물 소비 트렌드가 두드러진 덕분이다. 요즘 알뜰 주부들 손에는 각 유통 업체가 발행한 쿠폰북이 수북하다. 용돈이 적은 대학생들과 20~30대에게도 쿠폰북 보관은 이제 일상생활이 되었다. 외식 문화도 젊은 층을 중심으로 크게 변하고 있다. 소셜 커머스로 반값 식사 쿠폰을 구입하여 외식을 계획하는 소비자가 늘어났다. 최근 백화점에서 발행하는 쿠폰북에 실리는 품목 비중도 바뀌었다. 지난해 쿠폰북에 실린 품목 중 34%를 차지했던 잡화·남성·여성·영캐주얼·아동·스포츠 비중을 낮추고, 식품·생활용품 구성비를 끌어올렸다. 아무리 불황이라도 맛난 음식을 저렴하게 구입하려는 소비자의 욕구는 사그라지지 않는다.

전시회 마케팅

쿠폰북 같은 직접적인 고객 유인책도 있지만, 문화를 통한 고차원적인 고객 유인책도 있다. 고급 백화점들은 전시회를 활용한 문화 마케팅을 잇달아 펼친다. 특별한 전시회가 고객을 유인하는 동시에 상품 구매로 이어지는 효과를 기대하기 때문이다. 특히 구매력이 높은 중장년층의 향수를 자극하는 전설적인 엔터테인먼트 스타들과 관련한 전시회가 주로 열린다. 전시회는 혼자보다 이웃, 친구들과 삼삼오오 찾게 되는 여성 고객들을 노리는 고품격 유인책이다.

1만 원의 행복

예전에 TV에서 진행되었던 프로그램 이름이기도 하다. 주머니 사정이 녹록치 못한 가정의 외식을 만 원짜리 한 장으로 해결하는 마케팅이 전개되고 있다. 외식 업계에서는 '1만 원 마케팅'이 성행 중이다. 기존 2만~3만 원대이던 메뉴를 1만 원에 제공하는 업체들이 늘어나고 있는 것이다. 만 원 한 장으로 가족 모두가 배부르게 먹었으면 좋겠다는 소시민에게 희소식으로 다가온다. 여기서 중요한 마케팅 포인트는 한 장이다.

반조리 식품

외식보다는 재료나 반제품을 사서 직접 조리해 먹는 것도 새로운 소비 행태로 자리 잡고 있다. 즉석 식품에서 한 단계 나아가 배합된 원료를 바탕으로 간단하게 조리해 먹게 만든 제품을 말한다. 간편 가정식 인기도 높아졌다. TV 홈쇼핑에서 간편 조리 식품의 매출이 크게 늘고 있다. 외식 비용을 줄이고 집에서 직접 간편하게 조리할 수 있기 때문에 인기가 높다.

1석 3조 상품

경기 침체의 골이 깊어지면서 이것저것 별도로 구입하기에 부담이 되는 소비자들을 위한 방법이다. 한 번에 여러 가지를 해결하는 다기능 제품이 인기다. 대표적인 분야가 아웃도어와 화장품 업계이다. 아웃도어의 화려해진 색상은 평상시 산책이나 외출용 겉옷으로 걸쳐 입기에도 좋다. 물론 등산복 기능도 가진다. 화장품의 경우 자외선 차단, 피부 커버, 피부 상태 개선 등 3가지 효과를 보는 자외선 차단 화장품이 인기다.

서브스크립션 커머스 이용

서브스크립션 업체들은 홍보를 원하는 브랜드에서 정품이나 미니어처 제품을 무료로 제공받아 소비자에게 제공한다. 매월 1만~2만 원대의 이용료만 내면 화장품과 보디용품, 향수, 생활용품 등 다양한 제품을 매달 받아 볼 수 있다. 당연히 불황에 강한 업태임을 강조하는 전략이 가격 홍보 전략보다 우수할 것이다.

경기 침체가 장기화되고 소비가 얼어붙자 기업들은 기존 고객 지키기 전략을 강화하고 있다. 막대한 마케팅 비용을 쓰면서 새 고객을 확보하는 전략보다는 그동안 잘 키워 놓은 고정 고객마저 경쟁사에 빼앗기면 큰일이라는 위기의식이 작동한다. 컨설팅 기업인 베인 앤 컴퍼니Bain & Company의 분석에 따르면, 기존 고객을 상대로 충성도를 더 높이는 '로열티 마케팅Loyalty Marketing'을 시도한 기업들은 하지 않은 기업들보다 전체 마케팅 비용을 평균 15% 적게 쓰면서도 매출 성장률은 2배 이상 높았다고 한다. 아무리 불황이라도 고정 고객을 보다 충성 고객으로 만들도록 마케팅 비용을 집중해야 한다.

solution

: 유통 9단 김영호의 솔루션

불황일수록 '집토끼' 마케팅이 힘을 발휘한다. 평소 고객 관리에 강한 업체만이 불황에도 호황을 누릴 수 있다. 신생 업체라면 '아낌없이 주는 나무' 전략을 채택해 보라.

창조적 브랜딩의 3가지 법칙

　상품이 아니라 가치를 팔고자 하는 모든 기업, 특히 창업을 한 기업에게 있어 브랜드의 중요성은 아무리 강조해도 지나치지 않다. 하물며 작은 동네 빵집도 브랜드 없이는 살아남기 힘들지 않은가. 기업들이 내놓은 제품이나 서비스의 품질이 우열을 가리기 힘들 만큼 엇비슷해지면서, 이제는 소비자의 마음에 어떠한 인식을 심어 주느냐가 기업의 성패를 좌우한다. 브랜딩을 단순한 마케팅 기법이나 네이밍 등으로만 여겨서는 치열한 글로벌 경쟁에서 살아남기 힘들다. 많은 이들이 브랜딩의 중요성을 알고는 있지만, 정작 '왜Why'에 대한 이해 없이 흉내만 내는 경우가 적지 않다.

제1법칙 : 브랜드 탄생은 선행善行적 홍보에 의해 전달된다
>
<

최근 광고가 도를 넘는 수준인 내용도 많이 보인다. 그러다 보니 공정거래위원회가 칼을 빼 들었다. 특히 소셜 커머스 시장에서 부실한 서비스, 환불과 사용 기간 제한, 영세 업체의 부도와 사기 위험 등 소비자 피해가 커질 우려가 있다며 '소비자 피해 주의보'를 발령하기도 했다.

알다시피 소셜 커머스는 트위터, 페이스북 같은 SNS를 활용해 상품이나 서비스를 할인된 가격으로 이용하는 쿠폰을 판매하는 전자 상거래다. 소셜 커머스 업체는 보통 하루에 한 가지를 50% 이상 할인된 가격에 쿠폰을 판매한다. 이때 서비스 제공 업체가 정해 놓은 최소 판매량이 달성돼야 계약이 성립된다. 문제는 소비자가 반값 할인 쿠폰을 샀더라도 정작 손님이 너무 몰려 예약조차 못 하거나, 광고 내용과 전혀 다른 질 나쁜 서비스가 제공되는 사례가 적지 않다는 점이다. 일부 업체는 할인 쿠폰의 사용 기한을 제대로 고지하지 않기도 하고, 명품 가방을 90%나 할인해 준다는 터무니없는 사기 광고를 내기도 했다.

　미국 젊은 청년이 홍보를 통해 브랜드도 알리고 선행도 성공적으로 진행했던 사례를 보자. 전혀 다른 느낌으로 다가올 것이다. 결론만 말하자면, 선행적 홍보 내용을 스토리텔링으로 자연스럽게 알리는 방식이다.

　스캇 해리슨Scott Harrison이라는 뉴요커가 서아프리카 여행 중에 어려운 처지에 빠진 열네 살 소년을 만났다. 소년은 입안에 가득 찬 1.8kg짜리 종양 때문에 숨조차 제대로 쉬지 못했다. 해리슨은 뉴욕으로 돌아와 자신의 홍보와 마케팅 재능을 가난한 나라의 소중한 생명을 구하는 데 발휘한다. 빈국 원조에 가장 어려운 관문은 홍보였다. 자칫 지루하고 딱딱한 주제인 기부를 어떻게 호소력 있게 전달하느냐가 관건.

　해리슨은 '자선: 물Charity: Water'이라는 구호 단체를 세워 3년 만에 1천만 달러를 기부받았다. 기부자는 5만여 명. 이로써 아프리카와 아시아의 100만 명에게 깨끗한 물을 제공하게 되었다. 뉴욕의 시내버스는 '아프리카에 깨끗한 물을 전해 주자'는 그의 메시지를 담은 무료 광고판을 달고 달린다. 이 단체의 브랜드 파워는 상당하다. 올해 우리나라 탤런트 이민호와 팬들은 아프리카 말라위에 깨끗한 식수를 보급하기 위해 이 단체에 5만 달러를 기부했다. 전 세계 많은 스타와 업체가 민간 구호 단체인 'Charity: Water'에 기부하고 홍보한다.

제2법칙 : 핵심이 아닌 것, 희생시켜라

큰 놈이 작은 놈을 잡아먹는 것이 아니라 빠른 놈이 느린 놈을 잡아먹는다. 즉, 핵심이 아닌 것은 희생시켜야 한다는 법칙이다. 그러기 위해선 우선 광고와 홍보를 전략적 지렛대로 활용해야 한다. 저가 항공사 이지젯Easyjet은 첫 네덜란드 노선 취항 시, 네덜란드 항공KLM이 불공정 행위라며 법원에 소송을 제기해 TV에 계속 보도되도록 만들었다. 이지젯은 광고 예산의 30%만 매체 광고비로 사용하고 나머지는 변호사 비용으로 책정해 놓았다. 다윗이 일부러 골리앗에게 돌을 던진 형국이다.

이처럼 홍보는 소비자 중심이 아닌 아이디어 중심이 되어야 한다. 미국 의류 업체인 파타고니아Patagonia는 세전 이익의 10%를 환경 단체에 기부한다. 어느 제품을 구매할 때 사회적 양심만이 아닌 그 회사의 철학에 동조하는 것이다.

가장 흔한 마케팅 오류로, 올바른 해결책을 생각해 내지 못하는 것이 아니라 사전에 문제를 올바르게 파악하지 못하는 경우도 있다. 그래서 소비자 경험의 관행을 깨어야 한다. 즉, 소비자들이 쇼핑하며 느끼는 불편함을 그대로 두지 말라고 조언한다. 예를 들면 대형 마트의 묶음 판매 방식. 혼자 살거나 둘이 사는 가구는 묶음 상품을 구매할 수가 없다. 어쩔 수 없이 옆집 구매자와 나눠 갖는 불편함이 있다. 또 하나, 대형 마트의 쇼핑 카트가 몸에 부딪히면 상당히 아프다. 부딪혀도 아프지 않은 재료로 만들었으면 하는 불편함도 있다. 그렇다면 이런 소소한 불편함을 개선하고 자사 브랜드를 알리는 홍보 테마로 활용하는 것도 바람직해 보인다.

제3법칙 : 브랜드 성공, CEO의 초심 유지뿐

결국 모든 비즈니스는 브랜딩을 해 나가는 과정이다. 브랜딩 이해에 있어 중요한 것은 브랜드가 명사가 아닌 동사라는 점이다. 브랜드는 단순한 제품의 명칭이 아니라, '감정을 가진 생물'처럼 임직원 모두가 끊임없이 관리해 줘야 할 대상이다. CEO를 포함한 임직원 모두가 직급을 막론하고 전사적으로 동일한 목표를 공유해 소비자에게 한목소리를 내기 위해 꼭 필요한 요소인 것이다.

최근 웬만한 제품들은 기술이 비슷해서 차별화가 없다. TV만 해도 LG든 삼성이든 큰 차이가 없고, 냉장고도 자동차도 비슷한 가격대에서는 품질에 큰 차이가 없다. 그런데도 어떤 건 잘 팔리고 어떤 건 안 팔리는 이유는 뭘까? 바로 브랜드에 대한 '인식' 때문이다. 브랜드의 콘셉트를 설정하고, 그 브랜드를 통해 고객들이 어떠한 체험을 하게 하느냐가 중요한 것이다.

이처럼 소비자에게 브랜드에 대한 인식을 심어 가는 과정을 '브랜딩Branding'이라 한다. 중소기업 브랜드를 전국적인 브랜드로 키우는 일이 얼마나 힘이 들고 시간이 걸리는 과정인지는 내가 제일 많이 알 것이다. 중소기업 중에서 조금 잘나가기 시작하거나, 중견 기업이 더 큰 탐욕을 챙기기 시작하면 브랜드 전략에 금이 간다. 초심 유지와 처음 브랜드를 만들 당시의 마음가짐을 절대 잊어서는 안 된다.

참고로 중소기업 브랜드를 가장 빠른 시간 내에 성공시키는 방법은 대형 유통 업체를 아군으로 포섭하는 것이다. 가장 빠르고 위험이 적으며, 강력한 브랜드로 자리매김하는 길이다. 한마디로 말하면 '대형 유통 업체와 공생하라'이다. 대형 유통 업체는 자체 상품 개발에 혈안이다. 여러 가지 이유가 있지만, 높은 마진율이 가장 큰 이유이다.

두 번째는 국내 TV 홈쇼핑을 이용하는 방법이다. 현재 유명 TV 홈쇼핑의 매출 순위 10위 안에 드는 패션 브랜드는 주로 인기 연예인들이 운영한다. 인기 연예인의 명성에 힘입어 패션 브랜드가 한꺼번에 대박 매출을 올리고 있다.

세 번째는 해외 홈쇼핑을 적극적으로 이용하는 방법이다. 정부에서 TV 홈쇼핑 사업을 허가해 준 이유는 중소기업 제품을 판매하는 주된 통로 역할을 하라는 것이다. 그러다 점점 본질이 변질되어 브랜드 제품이나 명품 같은 고가 제품이 주류를 이루고 있다. 해외 홈쇼핑 진출 방법으로는 외국 홈쇼핑 회사가 직접 납품을 제의하는 경우, 제조 회사가 직접 판매망을 뚫는 경우, 중간 판매업자(벤더)가 계약을 주선하는 경우가 있다.

solution

: 유통 9단 김영호의 솔루션

브랜드 파워가 점차 약해지는 것은 사실이지만, 아직까지 소비자 구매 선택의 바로미터이다. 중소기업의 브랜드 파워는 사회 공헌, 기부 문화와 융합되어 홍보될 때 가장 큰 힘을 발휘한다.

> 장사의
> 99%는
> 트렌드다
<

히트 상품, 가격 책정에 비밀이 있다

불황의 골은 점점 깊어만 가고, 서민들이 느끼는 체감 물가는 점점 높아만 간다. 박근혜 정부의 첫 번째 민생 행보는 대형 마트 방문이었다. 당시 '농축산물 유통 구조 개선'을 통해 서민 물가를 안정시키겠다는 간담회 뉴스가 상단을 장식하였다.

소비자 가격에 대한 비밀

산지 가격과 소비자가 구매하는 가격의 차이는 유통 단계 단순화로 일부 줄일 수도 있다. 하지만 직매입 개념이 희박한 대한민국 유통 시스템으로는 그렇게 단순한 문제가 아니다. 그렇다면 역대 정권에서 성공적으로 진행했을 것이다. 1차 식품의 가격 구조와 유통 구조는 2차, 3차 상품과는 다르다. 우리가 잘 모르는 소비자 가격에 대한 비밀이 있다. 가격 정책을 입안하거나 집행하는 실무자들은 유념해야 한다.

가격과 관련해 투자의 귀재 워런 버핏은 '가격은 지불하는 것이고, 가치는 얻는 것'이라고 말한 바 있다. 결국 소비자들이 가격을 치를 때는 그만한 가치가 제품 속에 담겨 있는가를 판단한다는 말로, 기업의 신뢰 문제와도 직결된다. 아무리 불황이라도 팔릴 제품은 팔린다. 값싸고 질 좋은 제품은 오히려 불황이 반가운 셈이다. 즉, 21세기형 소비자의 소비 패턴이 바뀌었다. 일명 '가치 소비'라 불리는 합리적 소비에 부합하는 상품과 업종은 호황을 누리는 세상이다.

가치 소비란 소비자들이 직접적인 가치 판단에 따라 사전 정보를 토대로 비교해 보고 구매하는 합리적인 소비 방식을 가리키는 말이다. 가치 소비라는 유통 트렌드와 상당히 연관 있는 단어가 하나 더 있다. 바로 '칩시크Cheap-Chic' 제품군이다. 칩시크란 세련된 스타일을 큰돈 들이지 않고 연출하는 행위, 혹은 저렴하면서도 품질과 디자인을 갖춘 브랜드 상품이나 서비스를 의미한다.

경기가 위축된다고 해서 무조건 저가가 우선이 되지는 않는다. 국민소득 2만 달러를 넘어선 상황에서 소비자들은 무조건적인 소비 축소보다는 보다 효율적인 소비를 지향한다. 그런 측면에서 꽁꽁 언 소비자들의 지갑을 열기 위해서는 변화된 소비 심리를 잘 파악해야 하고, 가격에 숨겨진 비밀을 먼저 이해해야 한다. 그럼 초저가 가격 책정, 가치를 전달하는 가격 책정으로 소비자가 지갑을 앞다퉈 열게 했던 사례를 보자.

이마트 9,900원 청바지

2011년 3월 이마트는 1년간의 사전 기획 성과물로 만 원 이하의 청바지를 국내 최초로 선보였다. 국내 1위 청바지 업체의 연간 판매량이 35만~40만 장 수준이다. 이마트가 2주간 판매할 계획인 37만 장의 9,900원짜리 청바지는 엄청난 물량이다. 이마트에 따르면 최소한 1년 전부터 기획해 원가를 낮추고 품질은 올리는 방법을 찾았기에 가능했다고 한다. 원가를 낮추려면 1년 전부터 기획에 돌입해야 한다는 소리다.

유니클로 9,900원 히트텍

유니클로Uniqlo의 히트텍 반값 세일로 주요 매장 인근의 교통이 마비된 적이 있다. 평상시 가격에서 1/2 절감한 가격인 9,900원으로 판매하는 행사 기간 내내 주요 매장의 인근 교통을 마비시킨 일명 '히트텍 대란'. 본 사건만 봐도 소비자들의 새로운 구매 패턴을 쉽게 알게 된다. 히트텍이 반값 세일에 돌입한다는 소식과 함께 그야말로 온·오프라인에선 히트텍 대란이 일어났다. 서울의 홍대점, 명동점, 여의도점 등 주요 점포에서는 대기 시간만 40분~1시간가량 소요됐다. 인기 색상이나 사이즈는 일찌감치 동나 구입하지 못한 소비자들이 불평하는 장면이 그날 저녁 TV 뉴스에 나올 정도로 대단한 사건이었다. 인근 가게 장사에 영향을 줄 정도로 길게 늘어선 구매 희망자들 때문에 주변이 몸살을 겪기도 했다.

현대카드의 연회비 200만 원 카드, 블랙

연회비 100만 원(현재 200만 원), 최대 발급 9,999장으로 한정시킨 카드이다. 2005년 국내에서 처음 VVIP를 대상으로 나온 현대카드 '블랙'은 상당히 성공한 마케팅 사례이다. 카드에 일련번호를 매겨서 고객의 국내 지위를 암시하는 듯한 순위 마케팅을 통해 일종의 우월감을 심어 주는 전략이 숨어 있다. 1번이 정몽구 현대차그룹 회장, 9999번은 정태영 현대카드 사장으로 미리 책정해 놓고 발급하였다.

블랙 카드는 회원이 신청하지 못하고 카드사가 자격 기준을 검토한 후 예비 고객을 초청하는 방식이다. 가입 절차가 거꾸로 된 것이다. 초청장을 받은 고객이 가입 의사를 밝히면 현대카드 대표이사, 리스크본부장, 마케팅본부장, 크레딧관리실장 등 8명으로 구성된 위원회에서 다시 심사를 거쳐 만장일치로 최종 가입 승인을 받아야만 카드를 손에 쥘 수 있다. 2005년 출시 이후 회원은 2천명을 넘지 않도록 유지하고 있다. 비싼 연회비를 뛰어넘는 각종 바우처와 항공기 좌석 업그레이드, 호텔 숙박권, 명품 브랜드 우대권 등의 서비스가 제공된다. 무엇보다 자신만이 가입 가능한 한정판, 순위 마케팅은 돈 있는 고객을 사로잡기에 충분했다. 그야말로 아무나 가입하지 못하는, 특정 계층만을 위해 선별된 '그들만의 리그'였기 때문이다.

마크 제이콥스의 속옷 200달러

여성만을 위한 은밀한 유혹인 속옷에는 어떤 가격 책정의 비밀이 있을까? 마크 제이콥스Marc Jacobs 속옷이 200달러(28만 원)라면 믿을 수 있을까? 속옷이 여자의 자존심이라는 말을 남성 소비자들은 알고 있는가. 여성이 아름답게 보이는 첫 번째 이유가 속옷이라고 굳게 믿는 여성 소비자의 속마음을 알기 전까지는 비밀을 이해할 수 없다. 지금의 아름다운 몸매가 속옷에 의해 보정된 것임을 굳이 알리고 싶은 여성 소비자가 있겠는가.

공짜 경제의 마법
>
<

 소비자의 예상 가격을 뛰어넘는 가격 책정을 통해 성공한 사례를 보았다. 이제부터는 가격이 '0'인 세상을 향해 달려가 보자. 바로 '공짜 경제'이다. 불황의 세상에서 아무리 가격을 깎아 저렴하게 제공해도 소비자는 울상이다. 소비자들은 웬만큼 싸지 않으면 아예 거들떠보지도 않는다. 이럴 때 모든 가격을 공짜로 만들어 제공한다면 어떻게 될까?

 제공하는 상품이나 서비스 가격을 공짜로 하고 뒤로는 짭짤한 이익을 챙기는 기업들이 있다. 인터넷 세상의 무한한 가능성을 제시하는 롱테일Long Tail 경제학의 주창자인 크리스 앤더슨은 '공짜 경제Freeconomics'라고 이름 지었다. 공짜 경제를 활용하는 기업들은 도대체 어떤 가격 책정의 마법을 부리는 것일까.

 질레트Gillette는 품질이 아주 좋은 면도기를 공짜나 다름없는 저렴한 가격에 제공한다. 그런 후 해당 면도기에서만 교환이 가능한 면도날을 별도로 판매한다. 1903년 생산 첫해의 판매량은 단 51개. 하지만 5년 만에 질레트는 면도기 100만 개 이상을 팔아 치우며 일회용 면도기 시장의 수익 모델을 바꿔 놓았다.

 존슨 앤 존슨Johnson & Johnson은 '원터치 호라이즌One Touch Horizon'이라는 혈당계를 기존 혈당계의 절반도 안 되는 가격에 내놓았다. 혈당계는 싸게 판매하지만, 혈당계를 사용하는 사람이라면 꾸준히 구매해야 하는 채혈침과 채혈 시험지를 별도로 판매한다. 존슨 앤 존슨은 2003년 원터치 울트라One Touch Ultra 혈당계를 출시, 해당 분기의 영업 이익을 30% 가까이 늘렸다.

생필품은 이성적 판단이 작용해 절약이 가능하지만, 개인의 욕망이 투영된 이른바 '감성 제품'은 조절이 쉽지 않아 불황에도 영향을 덜 받는다. 트레이딩 업Trading up이라는 트렌드 패턴을 기억하자. 자기가 가치가 있다고 생각하는 것엔 돈을 더 지불하는 상향 구매를 말한다. 지갑이 얇아지는 상황이라 해도 자신이 가치를 두는 것에는 투자하는 지혜로운 소비자가 기다리고 있다. 기존 제품보다 비싸더라도 제품을 사야 할 당위성을 만들어 준다면 성공적인 매출을 취하게 된다. 가격 인하라는 특단의 조처는 제발 취하지 말기 바란다. 단기적으로 효과가 날 수도 있지만, 장기적으로는 자신을 무너뜨리는 독이 될 것임에 틀림없다.

solution

: 유통 9단 김영호의 솔루션

아무리 불황이 지속된다 해도 무조건 '가격 인하'로 승부하지 마라. '칩시크' 전략만이 살 길이다. 가장 좋은 방법은 '공짜'이다. 칭찬도 받고 실속도 챙기는 '두 마리 토끼' 전략을 고민하라.

상품이 아니라 국가 브랜드가
구매 충동을 자극한다

　서울 유명 백화점에서 열린 명품 할인 행사로 인한 북새통이 그날 저녁 주요 뉴스로 나온다. 개점 시간 전부터 사람들은 긴 줄을 선다. 할인 행사를 하는 명품 의류와 잡화를 파는 매장 한 층은 마니아들로 출근길 만원 지하철처럼 발 디딜 틈조차 없다. 아무리 세상이 어수선하고 금융 시장이 요동을 쳐도, 주가 폭락과 경기 침체의 우려에도 식지 않는 명품 열기는 또 다른 마켓과 또 다른 소비자가 있음을 나타내 준다.

명품 매출의 신화

최근 젊은 20~30대 고객들과 중국인 관광객 요우커游客가 신규 명품 고객층으로 등장하였다. 각 백화점은 성장 동력을 명품 마케팅으로 선정하고 지속적인 관심과 투자를 기획하는 중이다. 사실 지난 몇 년간 백화점 내 다른 카테고리 매출은 하향세였지만, 명품 매출만큼은 두 자리 숫자를 기록하며 고공 신장률을 계속 유지하고 있다. 명품 브랜드 매출의 90%는 백화점과 면세점이라는 업태를 통해 나온다. 명품은 백화점으로 소비자를 끌어들이는 가장 주요한 수단으로 포지셔닝 되고 있다.

마트에서도 명품을 구입할 수 있도록 특별 코너를 설치하는 할인점도 등장했다. 교외형 명품 아웃렛이 발달한 외국과 달리 우리나라는 아직 명품을 구입하는 장소가 한정되어 있다. 접근성이 좋은 마트에서 구입하도록 명품 편집 매장을 속속 선보이는 설정이다. 병행 수입이 가능해진 할인점이 일종의 도심형 아웃렛 매장으로 발전시키겠다는 마케팅 전략을 세워 점점 늘어나는 추세이다.

소득 수준 향상이 불러온 명품 구입에 관한 소비자의 식지 않는 열정은 아무리 도덕적, 윤리적 소비를 외친다고 해도 절대 해결될 문제가 아니다. 특히 우리나라 소비자들의 명품 사랑은 세계에서 손가락 안에 든다. 몇 년 전 세계적인 컨설팅 업체인 매킨지 앤 컴퍼니McKinsey & Company가 세계 각국 소비자의 명품에 대한 태도와 소비 성향을 조사했다. 한국의 명품 소비는 지난 1년간 46% 증가한 것으로 조사됐다. 명품 소비가 40% 이상 증가한 국가는 한국과 중국(44%)뿐이었다고 〈월 스트리트 저널Wall Street Journal〉이 소개하기도 했다. 같은 기간 일본의 명품 소비는 6%, 미국과 유럽은 각각 6%와 3% 증가하는 데 그쳤다. 왜 유독 한국 소비자들이 명품에 호의적일까. 그 이유를 '한국 사회의 동질성'에서 찾았다는 점에 유의하자. 조사를 했던 기관은 한국 사회가 동질적이다 보니 명품 소비에서도 남에게 뒤처지지 않으려는 추종 성향이 강하다고 견해를 밝혔다.

중국인의 놀라운 명품 사랑

사실 명품 사랑의 최고봉은 중국이다. 글로벌 컨설팅 업체인 베인 앤 컴퍼니에 따르면, 중국 내 소비 시장의 성장 둔화에도 아직까지 세계 명품 소비량의 47%를 차지한다. 소비액이 1,020억 달러에 달하는 세계 최대의 명품 소비국이 중국이다. 중국 부유층들이 글로벌 명품 브랜드에 눈을 뜨면서 너도나도 럭셔리 제품

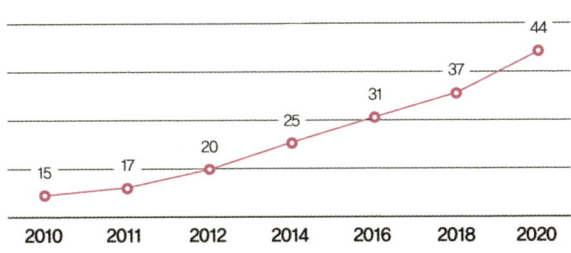

을 찾는다. 명품 브랜드가 신분 상징의 수단으로 인식되면서 중국 소비 시장은 글로벌 명품 브랜드의 최대 격전장이 되고 있다. 중국의 명품 소비자 구조는 다른 나라와 상당히 다른 면을 보여준다. 주요 소비층이 45세 이하로 80%를 차지한다. 미국과 일본의 30%, 19%와 비교된다. 즉, 20~40세의 젊은 소비자층이 명품 소비의 주력이다. 앞으로 중국의 명품 수요는 지속적으로 이어질 것이라는 뜻이기도 하다.

반면 명품 1위 국가인 일본을 보자. 최근 명품 1번지라 할 도쿄 긴자 거리에 큰 변화가 일고 있다. 일본 경제의 장기 불황 그림자가 긴자 일대를 중저가 거리로 변신시키는 중이다. 일본 소비자들이 명품 소비를 줄이면서 긴자 거리의 명품 매장들도 잇달아 철수하기 때문이다. 명품 브랜드가 빠져나간 공간에는 유니클로, 아베크롬비 앤 피치Abercrombie & Fitch, 갭Gap, 자라Zara, 에이치앤엠H&M

등 중저가 의류 매장들이 속속 들어섰다.

한국의 브랜드를 최고로 만들어야
>
<

그렇다. 명품 시장에는 불황이 없다. 명품 소비를 도덕적 잣대로 바라보는 시대는 지나갔다. 이제부터 세계적인 명품 시장을 최대한 활용할 방안을 찾아보자. 혹자는 잘 키운 명품 브랜드 10개만 있으면 대한민국을 먹여 살릴 수도 있고, 국가 브랜드도 다섯 손가락 안에 들 것이라고 한다. 어지간한 명품 업체의 매출액이 연간 수조 원에 이르니 틀린 말은 아닌 듯하다.

　힘을 한곳에 집중할 수 있는 방법이 있음을 국가브랜드위원회에 알려 주고 싶다. 업의 개념을 잘 해석하면 어려운 난제도 쉽게 풀린다. 국가 브랜드를 최고로 만들기 위한 실천 방안으로 세계적인 명품 브랜드를 창조하는 전략을 제안하고 싶다. 그렇다면 어떤 방법을 통해 세계적인 명품 브랜드 마케팅이 가능할까?

　첫째, 해외 유명 브랜드를 인수하는 전략이다. 성주그룹은 독일 가방 브랜드 엠씨엠MCM을 인수해 명품 중심지인 뉴욕의 플라자 호텔에 개장하는 등 세계 각국 매장을 운용한다. 이처럼 외국의 유명 브랜드를 인수하는 방법이다.

　둘째, 하청 기업에서 주인 기업으로 변신하는 전략이다. 2007년 전 세계 휠라Fila 사업권을 거꾸로 인수한 휠라코리아 전략이다. 휠라 브랜드의 일부 제조 기능만 가지고 시작한 휠라코리아가 휠라 본사를 인수한 획기적인 사례를 잊지 말고 실천하자.

셋째, 일본 겐조Kenzo처럼 역사와 문화를 통한 자체 브랜드 창조 전략이다. 겐조는 동양의 역사와 문화를 그대로 보여 주면서 서구 사회에 어필하는 브랜드로 성장했다. 우리나라만의 전통과 역사에서 아이디어를 찾아 글로벌 명품 브랜드를 자체적으로 탄생시키는 것이다.

명품 브랜드는 꼭 백 년이 넘어야 된다거나 명품은 유럽, 미국에서만 탄생된다는 고정 관념을 넘어서야 한다는 전제 조건은 필수이다. 창립 40여 년밖에 안 되었지만 세계적인 명품이 된 이태리의 가족 기업 에트로Etro가 대신 잘 웅변해 준다. 에트로의 트레이드마크인 페이즐리Paisley 무늬는 고대 인도의 직물에서 유래했다. 대부분의 사람들이 에트로가 매우 오래된 기업이라고 착각하게 만드는 전략이다. 첫째는 직물과 가방 분야, 둘째는 남성복, 셋째는 재무 관리, 막내는 여성복을 맡는 등 가족 기업으로서 세계적인 명품 브랜드를 창조해 나가고 있다. 우리나라에서도 가족 기업을 통한 세계적인 명품 브랜드 창조가 충분히 가능하다는 대목이다.

: 유통 9단 김영호의 솔루션 *solution*

대한민국과 일류 기업이 살길은 일류 브랜드 10개를 하루빨리 만드는 것이다. 현재는 삼성, 현대, LG 정도만 보유하고 있는 중이다. 오천 년 장인 정신을 가지고 가족 기업 형태로 디자인과 스토리 창조 과정을 통해 세계 명품 브랜드의 길로 들어서자. 대기업만 할 수 있는 사업이 절대 아니다.

장사의
99%는
트렌드다

최고의 마케팅 PR은 소비자 보호에서 시작된다

몇 년 전에 국내 언론은 단 한 줄의 해외 뉴스를 대서특필로 소비자에게 전달했다. 현대자동차의 아반떼(수출명 엘란트라)와 기아자동차의 쏘렌토R이 미국의 대표적 소비자 전문지인 〈컨슈머 리포츠Consumer Reports〉가 선정한 '최고의 소형 세단'과 '가족을 위한 스포츠 유틸리티 차량'에 각각 선정됐다는 소식이었다. 〈컨슈머 리포츠〉는 품질 신뢰성, 성능, 안전도 등을 종합 평가해 총 10개 차

급별 최고의 차량과 추천 차량을 선정해 발표했다. 이번 평가 결과를 국내 언론은 대단히 큰 뉴스로 호들갑스럽게 전달한 것이다.

또 다른 사례이다. LG전자의 야심작인 필름패턴편광 Film Patterned Retarder 방식의 3D TV가 풀 HD를 구현하지 못한다고 발표해 당혹스러움을 안겨 줬던 〈컨슈머 리포츠〉가 최근 에어컨은 최고 수준으로 평가해 웃음을 선사했다는 내용이다. 한 줄의 평가에 우리나라의 대표적인 가전 기업인 LG전자는 울기도 하고 웃기도 한다.

우리나라 소비자는 누가 보호하나?
>
<

어쩌다가 외국 잡지의 한 줄 평가에 대기업들의 희비가 교차해야 할까. 이런 핫뉴스의 중심에 있는 〈컨슈머 리포츠〉는 어떤 잡지인가. 1936년에 설립된 미국 소비자협회라는 비영리 단체가 창간한 〈컨슈머 리포츠〉는 세계에서 가장 공신력이 있는 잡지이다. 광고 없이 회비와 기부금, 잡지 판매 수입만으로 운영되어 신뢰성과 권위를 인정받고 있다.

미국 사례를 드는 이유는 간단하다. 미국 일개 잡지가 어느 국가 기관보다 강력한 파워를 지닌 까닭은 무엇이며, 동시에 대한민국 소비자 보호를 위한 권위 있는 기관이나 정보지는 어디에 있는지 묻고 싶어서다. 우리나라의 대표적인 소비자 보호 기관은 단연코 한국소비자원이다. 소비자를 보호하는 법인 소비자기본법은 1980년 제정된 이후 26년간 단 8차례 개정만을 거치면서 소비자 보호의 기본법으로 존재한다. 한국소비자원에서는 주로 대형 사고가 난 후에야 부랴부랴 소비자 주의보를 발령하는 경향이 커 보인다. 그야말로 애프터서비스만 존재한다.

우리나라에는 공적 조직이 한국소비자원만 있는 것은 아니다. 국가의 도움으로 경영하는 각종 민간 소비자 단체가 상존하는데, 그 숫자도 적지 않다. 소비자 보호를 위해 탄생한 민간단체로는 녹색소비자연대, 한국YWCA연합회, 한국여성소비자연합, 소비자시민모임, 전국주부교실중앙회, 한국소비생활연구원, 한국소비자연맹, 한국여성단체협의회, 한국YMCA전국연맹, 한국소비자단체협의회 등이 있다.

소비자 보호 단체들이 하는 업무는 대동소이한데 왜 이리 많은지 모르겠다. 더군다나 민간 소비자 보호 단체 중에는 40여 년 동안 한 사람이 원장으로 자리한 단체도 있다. 누가 인정했는지 종신형 원장 제도를 시행하는 곳이다. 대부분의 민간 소비자 단체의 장은 여성이 맡고 있기도 하다. 구태의연한 관습은 하루빨리 수정, 보완해야 할 시스템에 틀림없다.

골탕 먹는 한국의 소비자를 보호하라
>
<

결론만 먼저 말하자면, 21세기 소비자 보호는 비포서비스Before Service가 정답이다. 이러저런 실상을 보면서 21세기형 소비자를 위한 소비자 보호는 어느 정도 수준일까 생각하게 된다. 이미 디지털 세상을 넘어서 소셜 네트워크 세상, 모바일 세상으로 치닫고 있다. 이런 세상에 무방비로 내몰린 소비자를 보호해야 하는 법은 언제 개정됐는지 알 수가 없다. 대한민국 소비자를 어떤 법이 어떻게 보호해 주는지 아무도 모른다는 표현에 가깝다. 새로 변경된 소비자기본법에는 소액 다수의 피해자를 발생시킨다는 소비자 피해의 특성을 감안하여 '소비자단체소송' 제도가 도입되었다. 하지만 아직도 발동된 경우를 언론을 통해 들은 적이 없다. 이런 이야기를 하는 이유를 사례별로 조목조목 보기로 하자.

오픈 마켓 소비자 피해 급증

공정거래위원회는 G마켓, 옥션, 11번가 등 국내 3대 오픈 마켓 사업자가 법을 위반한 것에 대한 과태료 처분을 매년 연례행사처럼 진행한다. 국내 오픈 마켓의 시장 규모는 점차 커지는 데 비해 운영자의 소비자 보호 시스템은 아직까지 요원해 보인다. 가장 간단한 오픈 마켓 판매자의 신용 등급조차 오픈하지 않는 이유도 아리송하다. 판매자의 개인 정보라는 이유로 공개를 꺼린다. 사기성 판매가 의심되는 상황에서도 기본 정보를 소비자가 알 수 없는 구조인 셈이다. 오픈 마켓에 적용되는 '전자상거래 등에서의 소비자 보호에 관한 법률', '방문판매 등에 관한 법률', '할부거래에 관한 법률' 등 3가지 특수 상거래 법률에서 1차적으로 행정 질서벌인 과태료 처분을 규정하고 있는 솜방망이 처벌도 문제다. 한국소비자원에 올라온 최근의 소비자 불만 1위가 온라인 관련 영역임을 알고 있다면 특단의 조처가 선행되어야 할 것이다.

친서민 vs 친소비자, 통큰치킨의 역설

상생 여론에 밀려 7일 천하로 끝난 '통큰치킨' 사건은 누구나 아는 대표적인 소비자 피해 사례이다. 치킨 가격 담합을 조사해 달라는 민원이 단시일 내에 봇물처럼 몰린 계기가 되었다. 소비자들이 당장 오늘 저녁 간식으로 먹을 치킨을 직접 선택할 권리를 뺏겼다는 불만으로부터 야기된 사건이다. 청와대까지 개입하여 조기에 진화된 사건이지만, 소비자 보호의 양상이 아직 요원하다는 반증이 아닌가.

원가의 4~5배로 책정되는 수입 브랜드 가격

미국 현지에서 505달러(약 58만 원) 하는 유모차가 서울 강남의 백화점 유아용품 매장에서는 123만 원에 팔리고 있다는 뉴스이다.

뒷전으로 물러난 소셜 커머스 업체들의 소비자 보호

몇 년 전부터 20~30대를 중심으로 활발하게 움직이는 소셜 커머스 업체가 판매하는 상품에 문제가 생기고 있다. 특허 침해한 선풍기를 판매하지 않나, 브랜드를 도용하거나 제조사를 속인 짝퉁 상품을 팔아 물의를 일으키기도 한다. 원산지와 진품 여부를 판별하는 심의 관리에 문제가 많아 보인다.

상조업 불법 횡포에 소비자들만 골병

대표이사가 공금을 횡령했다는 뉴스가 끊이지 않고 나오는 상조 회사. 부도, 계약 해지 거절 등 소비자 피해가 늘어나고 있다. 한국소비자원에 접수된 피해 사례 중 60% 이상이 계약 해지 시 납입금 환급을 거절하거나 과다한 위약금을 요구하는 경우였다. 이런 상황이라면 심각한 단계 아니겠는가.

300억 원대 모바일 상품권 사기

휴대 전화로 주고받는 모바일 상품권을 싸게 사서 비싸게 되파는 방식으로 높은 수익을 남길 수 있다고 속여 4천여 명에게서 300억 원대의 돈을 챙긴 사기극이 경찰에 적발됐다. 모바일 사회가 되면서 그렇지 않아도 말썽 많은 상품권 시장에 모바일 상품권이 새로운 사기 상품의 강자로 등극하고 있다. 법 자체가 없어진 상품권 시장은 언젠가 큰 사회악으로 변질될 가능성이 많다.

사전에 특단의 조처가 필요해 보인다.

보험 사기의 진화, 인터넷 카페 사기

보험 회사 대리점 사장이 주도한 사기단 69명과 위장 사고를 내고 보험금을 타낸 인터넷 동호회원 23명 등 기업형 보험 사기단이 잇따라 경찰에 적발됐다. 보험과 관련한 사기 사건은 하루가 멀다하고 저녁 뉴스에 오른다. 그것도 점점 지능화된 사건이다. 일반 시민을 보호할 사전 대책이 필요한 시점이다.

다단계 4조 원 사기

2004년부터 5년 동안 다단계 사업을 '저금리 시대의 재테크 사업'으로 선전하며 투자자를 끌어모았다. 은행 이자의 일곱 배인 연 35%의 확정 금리를 주겠다고 미끼를 던졌다. 5만여 명의 투자자를 모아 4조 원에 이르는 거액을 가로챈 금융 다단계 사건이다. '의료 기구 임대 사업'을 명목으로 다단계 업체 10여 곳을 운영했다. 다단계의 주 종목이 바뀐 것이다. 생활용품에서 고금리 금융 상품으로 말이다. 당연히 사회적 악영향이 상당하다.

소비자 불만족을 야기하는 너무나 다양한 사건, 사고가 넘치고 넘친다. 거꾸로 말하면 당신이 운영하는 회사에 기회가 있는 것이다. 소비자 보호에 관한 실제 사례를 감동스런 스토리로 만들

사기 유형별 피해건수

단위: 건, 경찰청

	2013년	월평균	2014.1~6	월평균
스미싱	29,761	2,490	1,317	220
메모리해킹	463	39	97	16
파밍	3,128	261	1,628	271
총계	33,352	2,780	3,042	507

출처 : 금융위원회 정책보도자료 2014. 08. 13.

어 SNS를 통해 알려 보자. 소비자 알기를 장기판의 졸로만 여기며 말로만 고객 만족을 외치는 악덕 기업에 쐐기를 박아라. 앞으로는 고객 만족을 외치면서 뒤로는 온갖 나쁜 짓을 서슴지 않는 나쁜 기업과 당신이 운영하는 착한 기업을 소비자 스스로 비교하고 평가하는 장을 만들어라.

  소비자 기만이나 사기를 미연에 방지해야 할 의무가 있는 한국소비자원의 전 원장께서 모 신문에 칼럼을 쓰셨다. 칼럼 〈정보로 무장한 소비자가 필요하다〉의 내용을 보면, 소비자의 행동 강령이 나온다. 간단히 말해 스스로 똑똑한 소비자가 되라는 이야기다. 스스로 똑똑하지 못하면 사기를 당하고, 국가는 뒷북만 칠 테니 알아서 피해 가라는 의미로 해석된다. 대한민국에 사는 소비자는 스스로 똑똑해지지 않으면 그 누구도 보호해 주지 않는다. 대한민국은 공공 안전만이 아니라 상거래를 비롯한 어느 부문에서도 당신을 보호해 줄 능력을 갖추지 못한 조직이다. 언제까지 대한민국 소비자는 봉이어야 하는지 모르겠다.

solution

: 유통 9단 김영호의 솔루션

공공 조직이 보호해 주지 않는다면 당신이 발 벗고 나서서 소비자를 보호하는 전략을 세워라. 그것도 상식선이 아닌 깜짝 놀랄 정도로 수준을 높여서 말이다. 그럼 세상은 저절로 당신에게 보은의 혜택을 내릴 것이다.

공짜 마케팅의 새 트렌드를 읽어라

광고를 보면 커피값을 준다는 애플리케이션이 한때 유행했다. 불황의 시대에 공짜 마케팅 전략이 여러 업체, 여러 업종에서 전개되고 있다. 공짜 마케팅 전략의 가장 대표적 사례는 역시 구글이다. 단순한 검색은 물론 위성 사진, 번역, 학술 논문, 스마트폰 소프트웨어 등 무수히 많은 유용한 서비스를 이용자에게 한 푼도 받지 않고 제공한다. 그럼에도 구글은 어마어마한 수익을 낸다.

공짜 경제가 보이기 시작한다

집단 지성을 이용한 무료 정보 제공과 서비스가 사람을 모이게 했고, 모인 사람들은 보다 고급 정보를 알기 위해 주머니를 연다는 말씀. 비즈니스 전문 SNS인 링크트인LinkedIn도 같은 맥락이다. 링크트인은 기본 서비스 대부분을 모든 사용자에게 공짜로 제공한다. 그러나 기업 인사 담당자들이 특정 조건의 인력을 찾기 위해 상세한 검색을 원할 때는 유료 서비스에 가입해야 한다. 일반 개인도 자신의 온라인 이력서를 확인한 사람들에 대해 더 자세히 알고 싶다면 돈을 지불해야 한다.

공짜 경제가 점점 눈에 띄기 시작했다. 가장 먼저 IT 업계를 중심으로 공짜 경제가 주축을 이루었다. 공짜 경제란 기존에 돈을 받고 팔았던 제품이나 서비스를 (거의) 공짜로 제공하는 대신 소비자의 관심과 시장 인지도를 얻는 새로운 사업 방식이다. 공짜 경제를 활용하는 기업들이 노리는 것은 단순한 관심과 인지도만은 아니다. 결과적으로 공짜 경제를 통해 기존의 소비자 범위를 넓히고 새로운 수익을 만드는 것이 기업들의 목표다. 사회 전체적으로 공짜 상품이 일반화되는 트렌드를 만드는 기업으로서의 좋은 이미지 획득과 공짜 제품 제공을 통해 수익을 창출하는 사업 모델을 뜻하기도 한다.

기업들이 매장 판촉 행사를 진행하면서 왜 1+1 서비스를 할까?

하나를 사면 하나는 공짜라는 세일즈 프로모션을 기업들은 무엇을 노리고 실현할까?

첫 번째, 재고를 줄이기 위해 세일을 한다. 이런 경우 큰 효과가 생기지 않는다.

두 번째, 유통 업계에서 프로모션을 위해 세일을 한다. 남들이 다 하는 방식으로는 큰 의미 부여가 안 된다.

세 번째, 기업의 신제품을 소비자들에게 경험시킨다. 짧은 기간에 많은 사람들을 대상으로 전개하기에 가장 임팩트가 큰 방식이다. 다만 신제품을 공짜로 주다 보면 자칫 향후 돈 주고 사는 소비심리에 역행할 가능성도 있다.

네 번째, 인기 있는 품목에 자사의 비인기 품목을 끼워서 판다. 요즘 소비자들은 현명해서 비인기 품목까지 갖고 가려 하지 않는다. 어떻게 보면 소비자를 쓰레기 처리하는 사람으로 만드는 역효과를 낼 가능성도 높다.

공짜 마케팅의 4가지 모델

21세기형 새로운 비즈니스 모델이라 할 공짜 마케팅은 《비즈니스 모델의 탄생》이라는 책을 쓴 저자 알렉산더 오스터왈더Alexander Osterwalder에 의해 4가지 모델로 분류되었다.

프리미엄 전략

공짜인 프리Free와 유료를 의미하는 프리미엄Premium을 합친 말이다. 프리미엄Freemium은 무료와 유료 서비스를 섞은 비즈니스 모델을 뜻한다. 비즈니스 전문 SNS 링크트인이 대표적인 사례. 링크트인은 기본 서비스 대부분을 모든 사용자에게 공짜로 제공하지만, 기업 인사 담당자들이 특정 조건의 인력을 찾기 위해 상세한 검색을 원할 때는 유료 서비스에 가입해야 한다.

보험형 전략

보험형은 적은 금액을 정기적으로 지급한 고객에게 거액의 서비스를 무료로 제공한다. 프리미엄 전략과는 정반대다.

광고 모델형 전략

콘텐츠를 무료로 제공하는 비용을 광고료로 충당하는 모델이다. 스웨덴 스톡홀름에서 시작된 무가지 〈메트로Metro〉가 대표적인 예다. 전철 입구에서 나눠 주었던 무가지 신문과 동일한 전략이다.

미끼형 전략

애플의 OS 무료 배포 방식이다. 일회용 양날 면도기를 개발한 킹 캠프 질레트King Camp Gillette가 최초로 고안해 낸 사람으로 꼽힌다.

고객 충성도를 높이기 위해서는 고객 만족이 필수 요소이다. 원래 팔고자 하는 제품과 잘 연결되면서 타깃으로 하는 소비자의 욕구도 파악하여 공짜 상품을 선정하거나 부가적인 혜택을 주어야 한다. 공짜 마케팅에서 제공되는 공짜 선물은 반드시 두 가지 특성을 지녀야 한다. 첫째, 사람들이 돈을 주고 살 만한 가치를 느껴야 한다. 둘째, 사람들이 필요로 하기보다는 그들의 꿈을 이루어 주는 것이어야 한다. 공짜 마케팅이라도 꼭 필요하거나, 더 나아가 사용자의 꿈을 어느 정도 충족시킬 제품이나 서비스여야 효과를 발휘한다는 점을 기억하라.

우리나라의 공짜 비즈니스 모델

우리나라에도 공짜 비즈니스 모델이 많을까? 물론이다. 우리가 흔히 아침 출근길이나 길거리에서 받아 보는 무가지 신문이 비슷한 원리를 적용하고 있다. 무가지 신문 회사는 사람들에게 공짜로 신문을 나눠 주고, 스폰서를 해주는 기업들의 광고를 통해 돈을 번다. 지금부터 공짜 경제, 공짜 마케팅 현장을 들여다보기로 하자.

무료 화장품 제공 비즈니스

화장품을 무료로 제공해 주는 샘플랩samplelab이라는 회사가 있다. 여러 화장품 회사에서 출시한 신제품의 샘플을 자사 매장에 한데 모아 놓고 방문 고객에게 무료로 제공한다. 고객은 방문하기 전에 휴대폰이나 인터넷을 통해 미리 회원에 가입해야 하고, 매장을 나설 때는 설문지도 작성해야 한다. 여러 종류의 화장품 샘플을 무료로 이용하는 대신 자신의 개인 정보를 제공하는 것이다. 연회비 2만 원을 내면 매장을 방문할 때마다 새로 나온 상품을 무료로 5~10개까지 가져갈 수 있다. 그야말로 화장품 관련 신상품 체험 전시장이다. 이런 비즈니스는 일본 하라주쿠에서 제일 처음 문을 열었다. 첫날 1,500명 이상 방문하며 큰 인기를 끌었다고 한다.

그렇다면 무료로 샘플을 제공하는 화장품 회사는 무엇을 얻는가? 답은 간단하다. 화장품 회사 입장에선 본격적인 제품 출시에 앞서 소비자들의 반응을 미리 파악하고, 상세한 고객 정보도 얻는다. 샘플을 회사가 직접 고객에게 나누어 줄 때 발생하는 마케팅 비용도 줄인다.

샘플랩은 화장품 회사로부터 마케팅 수수료를 받는다. 공짜 경제 비즈니스를 펼치면서 체험 마케팅을 접목시킨 사업 모델이다. 기업의 신상품을 무료로 소비자에게 제공하고 테스트 기회로 삼는 신상품 체험 사업은 새로운 공짜 경제에 한몫을 하리라 보인다. 소셜 커머스의 어느 업체는 일정 기간 동안 명품 화장품을 공짜로 증정하는 이벤트를 열기도 한다. 프리 커머스Free Commerce 형식이다. 대신 무료로 받은 고객은 파운데이션 등 총 11개의 제품별로 자신이 사용한 화장품의 간단한 상품평과 별점을 작성해야 한다.

콜라보레이션형 공짜 마케팅

웅진코웨이는 렌털 가입자 수를 늘리고 싶어 하고, 외환카드는 어떻게든 카드 가입자 수를 늘리려 고민 중이다. 웅진코웨이는 카드 속에 잠자고 있는 포인트에 주목했다. 특정 카드로 한 달에 일정 금액 이상을 쓰면 카드사가 일정 비율을 포인트 형태로 계좌에 입금함으로써 렌털 비용을 충당하는 방법을 고안했다. 고객은 잊어버리기 쉬운 포인트를 남김없이 사용한다. 외환카드는 카드 사용액에 따른 수수료를 받을 뿐 아니라 카드 마케팅에 필요한 비용도 절약한다. 렌털료는 선결제로 빠져나가므로 웅진코웨이는 렌털료를 걱정 없이 받는다. 전혀 관계없어 보이는 두 업체가 공짜라는 키워드를 통해 콜라보레이션 Collaboration이 가능하다는 것을 실증으로 보여 준다.

대학생들을 위한 공짜 복사, 공짜 노트 서비스

기업의 광고가 실린 광고지를 무료로 제공하고, 대학생들은 이 면지로 활용하여 복사를 하게끔 도와주는 사업 모델이다. 광고주들에게는 광고가 실리는 '매체'로서의 개념, 학생들에게는 '이면지 무료 복사'라는 개념으로 접근한 비즈니스이다. 복사비를 아끼고자 하는 대학생들에게 대단히 환영받고 있다.

대학생들에게만 주는 무료 혜택이 또 있다. 무료로 광고가 삽입된 노트를 전달하는 서비스이다. 대학생은 공짜 노트를 얻어 좋고 기업은 광고해서 좋다. 기업이 노트 안에 홍보 지면을 사용하는 조건으로 지급한 후원금이 학생들에게 공짜로 쓰는 노트로 전달되는 방식이다. 무료 대학생 노트 서비스는 2007년 노스웨스턴 대학교 켈로그 경영대학원생이 1인 기업으로 시작한 비즈니스 아이템이다. 2008년 20만 권을 시작으로 현재 미국 대학에 2010년 1학기 기준 200만 권 이상의 노트를 배포하는 대학생 매체로 성장했다.

solution

: 유통 9단 김영호의 솔루션

공짜 마케팅에는 함정이 많아서 여러 번 고민하고 선택해야 한다. 인터넷 포털 업체들이 웹툰으로 공짜 만화를 제공하면서 수십 개에 달했던 만화 잡지들이 자취를 감추었다. 대기업이 공짜 마케팅을 애용하다 보면 골목 상권이 없어지는 폐단도 있음을 항상 신경 쓰면서 이용하기 바란다.

에버랜드만의 고객 만족 서비스에서 힌트를 얻자

우리나라에서 에버랜드를 모르는 사람은 거의 없다. 에버랜드는 전 세계 400여 개의 테마파크 중에서 디즈니랜드Disneyland, 유니버설 스튜디오Universal Studio 등을 제외하면 최초로 누적 입장객 2억 명을 돌파하였다. 대단한 실적을 지닌 국내 최고의 테마파크라 하겠다. 향후 숙박 시설과 아쿠아리움 등 겨울에도 활용할 복합 레저 타운으로 변신하여 디즈니랜드와 유니버설 스튜디오 등 해외 테마마크와의 경쟁력에서 우위를 선점하겠다는 전략을 공포한 바 있다.

서비스 수준을 높여라

에버랜드를 소개하는 이유는 21세기형 서비스의 최고를 향해 전진하기 위해 서비스를 계량화하고 표준화했다는 점을 높이 샀기 때문이다. 21세기형 서비스는 손에 잡히면서 눈에 보이는 형태로 고객에게 전달된다. 에버랜드는 알다시피 온 가족이 놀러 가는 테마파크이다. 전 세계 유명 테마파크와 비교해도 손색이 없다. 에버랜드를 운영하는 회사가 국내 굴지의 재벌 회사여서 서비스도 잘할 것이라는 막연한 이유로는 설명이 안 된다.

   우리나라에 있는 수많은 소상인들이 운영하는 사업체가 서비스 경쟁력이 충만하다면 이처럼 어려운 상황을 맞이하였을까. 현재 판매하는 상품이나 서비스가 일류 기업과 차이가 있는 점을 그대로 유지한 탓에 대형 유통 업체에 자리를 내주었다. 향후 뺏긴 자리를 되찾기 위해선 21세기형 서비스를 상품에 녹여 내야 한다. 지금까지 보지 못했던 차별화된 상품 제안만이 유일한 해결책이라고 강조하고 싶다. 대한민국 소상인들이 재생할 수 있는 유일한 활로이자 가장 극적인 솔루션은 '창조적 서비스' 모델을 스스로 만드는 것이다.

　에버랜드는 고객 만족을 넘어 고객 감동의 일화가 많다. 세계적 테마파크 순위에서 10위 안에 꼭 들어가는 인기의 비결은 무엇일까? 에버랜드 서비스가 개장 초부터 최고 수준은 아니었을 것이다. 끊임없는 자기반성과 벤치마킹 등을 통해 서비스 문화를 창조한 것이다.

　에버랜드 눈썰매장의 간이 화장실에서 젊은 주부가 시어머니에게 물려받은 금반지를 잃어버렸다. 한 직원이 손에 고무장갑을 끼고 변기통을 전부 뒤져서 찾아 주었다. 하루는 시골에서 계원들과 놀러 온 할아버지가 일행에서 벗어나 산속으로 혼자 올라갔다. 할아버지는 실수로 옷에 묻힌 배설물을 다른 계원들 몰래 닦아야 했다. 그 이유를 알아채고 할아버지의 옷을 빨아 주었다. 이처럼 무수히 많은 고객 감동 사례가 있다.

에버랜드의 서비스 경쟁력
>
<

외국인들은 으레 한국 사람들의 무뚝뚝하고 무게 잡는 분위기를 지적한다. 에버랜드에서 일하는 직원들은 다르다. 늘 밝은 표정으로 근무한다. 월급이 다른 직장인들보다 월등히 많아서는 아니다. 에버랜드의 서비스 경쟁력은 원천이 어디에 있을까? 이제부터 해

법을 알아보기로 하자.

에버랜드는 애프터서비스가 아니라 비포서비스에 역점을 둔다. 1년 전 고객들로부터 나왔던 불만과 제안 사항을 데이터베이스화해서 재발을 막는 '고객불만 예보제도'가 있다. 고객 불만 제로에 도전하는 노력의 결실이 해를 거듭할수록 선순환되는 셈이다. 날씨와 기온을 고려한 입장객 예측, 환경 안전 예보 등 과학적 관리 제도도 도입했다.

무엇보다 직원들의 자발적 서비스 교육을 위해 많은 투자를 한다. 에버랜드 서비스 교육을 진행한 서비스 교관 출신이 교육 업계에 많은 이유이다. 에버랜드는 서비스 아카데미라는 교육 조직을 갖고 있다. 자체 직원뿐만 아니라 공무원들까지 참여해서 고객 서비스에 대해 배운다.

에버랜드는 자발적인 서비스를 위해 직원들의 근무 태도를 서비스팀에서 몰래카메라로 찍는다. 몰래카메라에서 불친절로 적발된 직원은 서비스팀과 집중적인 인터뷰를 갖는다. 불친절의 원인을 알아내서 문제점을 즉시 해결해 줌으로써 직원의 만족도를 먼저 높인다. 자연히 만족스러운 고객 서비스 단계까지 가도록 분위기를 만드는 것이다. 손님으로 가장해 테스트를 하며 서비스의 질을 높이는 미스터리 쇼핑Mystery Shopping도 한다.

불량 서비스를 몰래 발견하는 이유는 직원을 감원하기 위해서가 아니다. 자신이 못 보는 잘못된 행동을 제3자의 눈으로 알려주기 위함이다. 대개 자신의 단점을 쉽게 발견하지 못하는 이치와 마찬가지다. 선배나 동료가 다른 직원의 잘못된 습관을 알려 주고, 당사자는 흔쾌히 받아들여 더 나은 서비스를 창조토록 노력하는 분위기를 만드는 데 걸린 시간이 꽤나 될 것이다.

　에버랜드의 비포서비스 시스템을 골목 상권과 전통 시장 상인들에게 적용하는 방안을 적극 추천한다. 본인들이 얼마나 서비스와 무관한 접객과 고객 관리를 하는지, 스스로 반성하고 개선 방안을 찾아내는 과정이 반드시 필요하다.

에버랜드 서비스 사례
>
<

아래 사례는 수년 전에 가족과 함께 에버랜드를 방문했다가 직접 겪은 경험담이다. 해외 유명 테마파크를 많이 다녀 봤지만, 대기 고객에 대처하는 에버랜드의 능력이 가장 뛰어나서 21세기형 서비스의 모범이라 여겨진다.

　휴일에 에버랜드를 방문한 경험들이 있을 것이다. 대부분 놀이 기구를 이용하려면 거의 1시간 정도 기다려야 한다. 기다리기보다 더 불편한 것은 뒷사람들의 무례이다. 외국과는 달리 바짝바짝 달라붙는 뒷사람들 때문에 신경이 많이 쓰인 경우도 있다. 홍콩 디즈니랜드를 갔을 때도 중국 본토에서 온 관광객들이 등 뒤에 바짝 붙어 따라오는 바람에 상당히 기분이 언짢았다. 사실 미국의 디즈니랜드에서도 놀이 기구를 타려면 많이 기다리지만, 뒷사람이 바짝 달라붙는 경우를 본 적은 없다.

또 하나 불편한 점은 놀이 기구를 이용하기 위해 기다리는 시간이다. 새치기하는 사람이 많이 사라졌다곤 해도 기다림은 '빨리 빨리'를 외치는 한국인들에게는 참기 힘든 곤혹이다. 에버랜드에는 지루한 시간을 가장 즐거운 시간으로 바꿔 주는 서비스를 제공하는 코너가 있었다.

많은 놀이 기구 중에서 가장 고객을 밝고 환하게 만드는 것이 '아마존 익스프레스'였다. 2명씩 한 조로 5조(10명)가 보트를 타고 약한 급류를 따라 한 바퀴 도는 기구다. 이 기구를 타기 위해 무료하게 줄을 서 있는데, 갑자기 중앙에서 한 사나이가 나타났다. 그의 입에서 나오는 끝없는 재담과 익살스런 연기와 춤! 기다리는 고객의 지루함을 덜어 주기에 충분했다. 그것도 기다리는 시간이 얼마나 지나갔는지도 모르게 쉬지 않고 계속. 기다리는 시간을 유쾌하게 만드는 재담꾼은 방문객의 혼을 쏙 빼놓기에 모자람이 없었다. 거의 2시간 넘도록 자리를 뜨지 못한 채 '21세기형 왕 중 왕 서비스맨'의 재담과 연기를 보면서 많은 감흥을 받았다. 서비스맨의 재담과 완벽한 몸동작을 보면서 진정한 21세기형 프로 서비스맨이 나아가야 할 방향을 발견하였다.

자신이 하는 일에 목숨을 건 듯한 착각에 빠지게끔 직무에 충실한 서비스맨을 에버랜드 대표 서비스맨으로 선정해도 좋겠다. 그와 함께했던 4인조 서비스맨들에게도 칭찬의 박수를 보낸다. 날씨가 쌀쌀함을 넘어 춥기까지 한 날씨인데도 아랑곳없이 혼신의 힘을 쏟아 보여 준 서비스맨은 각국 나라에서 온 관광객으로부터 인기가 초절정이었다. 외국 관광객들이 줄을 서서 기다리다가 그의 멘트가 끝나기가 무섭게 달려가 함께 사진을 찍자고 했다.

비포서비스 체제를 갖추어라

소상인들이 운영하는 점포에도 이런 제도를 도입하면 어떨까. 당연히 등을 돌렸던 고객들이 줄을 서서 입점하려는 사태(?)까지 일어날 것이다. 단언컨대 판매하는 음식이나 상품의 질이 조금 떨어지더라도 고객 한 사람 한 사람에게 진정성을 갖고 서비스하면, 다시 말해 내방한 모든 고객에게 즐거움을 제공하는 점포가 나타난다면 언제나 지속적으로 애용할 것이다.

21세기형 서비스를 제대로 이해하고 행동에 옮기는 점포를 찾기가 보물찾기처럼 힘든 이유는 무엇일까. 대부분의 가족 레스토랑에서는 기다리는 시간 동안 커피를 주거나 간단한 빵을 제공하는 서비스를 한다. 이런 즐거움을 몸으로 보여 주는 서비스로 제공하면 어떨까 생각해 본다.

자신의 일터에서 즐기면서 일하는 직장인은 과연 얼마나 있을까 싶다. 21세기 서비스맨은 스스로 즐기면서 보는 사람도 즐겁게 만드는 사람이어야 한다고 감히 주장한다. 그것이 바로 '쌍방향 어뮤즈먼트Amusement 서비스' 개념이다. 한 걸음 더 완성된 서비스 중심 기업이 되려면 우수 사원의 노하우가 자발적으로 후배들에게 전수되는 체제가 되어야 한다. 앞으로 서비스 마케팅 기업은 비포서비스 체제를 제대로 갖추었는가에 따라 승부가 날 것이다.

최근 21세기형 서비스 경쟁력의 모델을 만들기 위한 시도가 계속되고 있다. 그중에서 서비스를 과학적으로 규정하고 계량화하는 방법을 연구하는 회사가 늘고 있다. 서비스는 친절해야 한다는 고정 관념으로는 절대 성공할 수 없는 세상이 되었다. 우선 큰 그림을 그리고 확고한 비즈니스 모델을 만들어 새로운 서비스가 상품에 스며들게 해야 한다. 여기에 IT 기술을 적극 활용해서 제공하는 서비스 상품만이 새로운 영역을 개척한다.

우리나라 서비스 기업 경영자가 항상 기억해야 할 사항이 있다. 가슴에서 우러나온 진정한 서비스를 받았을 때 고객들은 쉽게 감동한다는 사실이다. 예상치 못했던 아주 작은 친절에서 말이다. 교과서적인 창업 서적만 읽어서는 독창적 서비스 세계를 만들지 못한다. 21세기형 서비스 기업으로 우뚝 서야만 생존한다. 서비스를 기존 상품에 녹여 자신만의 독창적인 상품으로 만들어 제공해야 한다는 점을 잊지 말기 바란다.

solution
: 유통 9단 김영호의 솔루션

에버랜드의 비포서비스 시스템을 골목 상권과 전통 시장 상인들에게 적용하는 방안을 적극 추천한다. 본인들이 얼마나 서비스와 무관한 접객과 고객 관리를 하는지 알아야 한다. 스스로 반성하고 개선 방안을 찾아내는 과정이 반드시 필요하다. 가슴에서 우러나온 진정한 서비스를 받았을 때 고객들은 쉽게 감동한다. 예상치 못했던 아주 작은 친절에서 말이다.

> 장사의
99%는
트렌드다
<

광고의 핵심은 접촉이다

2014년 대한민국 서울, 대부분의 시민은 손에 스마트폰을 들고 다니면서 여러 가지 활동을 한다. 스마트폰이 핸드폰 역할만 하는 기기라고 누구도 이야기할 수 없는 세상이다. 실시간으로 소셜 네트워크라는 방식을 통해 세상의 소리를 듣기도 하고, 자신의 의사를 표현하기도 한다. 거의 실시간으로 전개되는 쌍방향 커뮤니케이션이다. 포스트 매스 미디어 Post Mass Media 시대라는 말이 더 이상 낯설지가 않다. 급변하는 미디어 환경은 우리의 생활 전반에 걸쳐 엄청난 영향을 미치고 있다.

소비자와 접촉하는 세일즈 프로모션
>
<

전통적 방식의 광고로는 더 이상 소비자를 광고 목표에 도달시키지 못한다. 변화되는 미래형 커뮤니케이션 환경 중에서 가장 큰 내용은 대인적 상호 작용성이다. 프로모션의 본질적 특성은 소비자와 쌍방 형성하는 상호 작용이다. 즉, 1인 미디어의 발달과 함께 맞춤형 쌍방향 커뮤니케이션이 대세로 포지셔닝 되고 있다. 앞으로 대인 지향적이며 쌍방향적인 특성을 동시에 갖추지 않으면 전통적인 광고는 소비자에게 외면을 받을 것이 틀림없다.

    기업이 펼치는 마케팅 활동 중 현재 가장 관심을 끄는 것이 프로모션 활동이다. 프로모션 활동 중에서 지금까지 주도적인 역할을 해왔던 광고와 인적 판매의 효과는 소비자의 개성화와 다양화에 따라 점점 감소하는 경향을 보인다. 시장과 소비자의 변화에 따라 가장 주목받는 프로모션 수단 중의 하나가 세일즈 프로모션 Sales Promotion, SP이다. 실제로 미국, 일본 등 선진국의 4대 매체 광고비와 SP비는 각각 5 : 5의 비율을 보이고 있다. 매체의 퍼스널화, 네트워크화, 다양화에 따라 SP의 비율은 점점 증가될 것으로 예상된다. SP에 주목할 수밖에 없다.

보다 많은 소비자가 더 많은 제품을 구매하고 사용하도록 만드는 것이 SP의 궁극적인 목표이다. 제품을 마주한 상태에서 지갑을 열게 만드는 것, 경쟁사의 제품 대신 자사의 제품을 고르게 만드는 것, 이것이 바로 세일즈 프로모션이 강력한 힘을 발휘하는 대목이다. 점점 똑똑해져 가는 소비자가 경쟁 브랜드 대신 자사 브랜드를 손에 쥐게 하려면 소비자와의 접점에서의 마케팅 활동이 중요시되는 시점이다. 마케팅 관리자는 자사의 소비자가 브랜드와 접촉할 수 있는 모든 접속 지점들을 전략적으로 관리해야만 한다. 이러한 자사 브랜드 가치를 올리기 위한 창조적 아이디어의 중심에 세일즈 프로모션이 있다. 뉴스에 민감하고, 항상 고객 입장에서 유심히 관찰하고 분석하는 마인드만 갖추면 창조적 아이디어는 그리 어렵지 않다고 생각된다.

우리나라와 다른 나라의 세일즈 프로모션
>
<

우리나라에서 진행되는 대표적인 SP를 보자. 가장 북쪽에 위치한 강원도 철원군에서 가장 남쪽인 제주도까지 천편일률적인 세일즈 프로모션이 있다. 동네 어디에서나 볼 수 있는 음식점 개점 이벤트다. 대로변에 위치한 점포 앞의 스피커에서는 커다란 볼륨으로 댄스 음악이 울려 퍼지고, 옆에서는 커다란 풍선 인형이 흐느적거리며, 거의 반라의 여자 둘이 광란의 춤을 춘다. 바로 '스트리트 댄싱걸' 이벤트다. 50만 원 이내에서 개점 이벤트를 진행하려다 보니 반라 여성의 댄스만큼 눈을 끄는 이벤트가 없다는 변명을 이해하려 해도 너무하지 않은가. 미성년자들도 많은 동네 한복판에서 벌어지는 반라의 춤판을 지나가면서 봐야 한다면 소음 공해 더하기 시각 공해 수준이 아닐까.

선진국은 어떤 형태로 창의적인 세일즈 프로모션을 진행하는지 알아보자. 추천하는 SP 현장으로는 세계 3대 축제 중의 하나인 '에딘버러 축제Edinburgh Festival'가 있다. 흔히 에딘버러 축제라고 하면 한 기간 동안 발생하는 모든 문화 축제를 통칭해서 말한다. 이 기간 동안 각기 성격이 다른 축제가 많이 열린다. 그러다 보니 축제를 알리기 위해 기발한 방식으로 소비자에게 접근한다. 수천 개의 팀이 자신들의 공연을 비교적 자유롭게 선전하고, 나아가 자신들 공연에 대한 인지도를 높이는 행사가 프린지Fringe 공연이다. 우리나라 '난타', '점프'도 프린지 공연을 통해 세계적으로 유명해졌다고 한다. 창의적인 아이디어를 얻고자 한다면 8월에는 영국 에딘버러를 방문하기 바란다.

사실 유럽 여러 도시에서 열리는 축제 현장에 참가할 기회가 있다면 우리나라 지자체에서 전개되는 축제와 얼마나 양적, 질적 수준에서 차이가 나는지 쉽게 알 것이다. 넘쳐 나는 예산을 흥청망

청 사용한다는 표현이 적절해 보이는 축제가 전국에서 열리는 것이 안타깝기만 하다.

또 다른 프로모션 방식으로는 육, 해, 공을 모두 사용하는 경우이다. 예를 들어, 하늘 위에서 바라본 콘텐츠를 알려 주는 방식이다. 주로 커다란 논밭에 양각, 음각을 이용하여 만든 콘텐츠를 헬리콥터에서 촬영하여 전달하는 방식을 사용한다. 혹은 바다 위에서 자신들의 의견을 개진하는 행위를 하는 환경 단체들의 시위, 각 도시에 있는 유명한 동상을 이용한 홍보 등 해외 토픽을 통해 알려지는 프로모션은 정말로 창의력의 산물이란 생각이 든다. 우리나라를 홍보해야 하는 한국관광공사 담당자라면 창의적인 방법을 기획하여 해외 토픽을 통해 전 세계인이 알게 한다면 어떨까. 가장 성공한 세일즈 프로모션이 아닐까.

21세기형 세일즈 프로모션의 키워드
>
<
21세기형 세일즈 프로모션의 키워드는 무엇인지 네 가지로 정리해 본다.

'최' 씨 집안
'최고, 최초, 최대'를 키워드로 삼아라. 스페인 발렌시아에 있는

'걸리버 파크Gulliver Park', 영국 런던 의사당 앞에 있는 아주 커다란 종이배, 미국 시카고에 있는 어마하게 큰 마릴린 먼로 동상 등을 참고하여 자신의 브랜드를 알려라.

우리나라에서 최고를 가장 잘 활용한 기업으로는 유통 대기업인 홈플러스를 지목할 수 있다. 이름 하여 '기네스 세일즈 프로모션'이다. 새로운 대형 마트가 지방에 개점하는 날이면 어김없이 우리나라에서 가장 큰 물건을 매장 건물 앞에 전시하는 행사를 벌여 신문 기자를 저절로 모았다. 높이 3.7미터에 길이 4.7미터의 쇼핑 카트를 전시하기도 하고, 지름 4.2미터에 무게가 6.7킬로그램인 축구공, 길이 2.2미터에 높이 3.8미터인 킥보드, 가로와 세로가 각 4.2미터에 높이 1미터인 DDR 등이다. 좁디좁은 국토를 자랑하는 대한민국에서 가장 높거나 넓은 상품을 특별 제작하여 소비자들을 즐겁게 해주는 기획력은 단연 돋보였다고 인정한다.

일탈

대가는 단연코 버진그룹의 리처드 브랜슨Richard Branson 회장이다. 새로운 사업을 알리거나 핵심 점포를 개점하는 행사에서 리처드 브랜슨 회장이 직접 시연을 한다. 열기구를 타고 내려오거나, 고공 낙하를 하거나, 탱크를 몰고 뉴욕 타임 스퀘어로 돌진하기도 한다. 그룹 회장으로서 몸을 가리지 않는 도전 정신이 돋보인다. 고객이 전혀 예측치 못하는 SP를 통해 예비 고객과 언론을 깨워 흔든다.

성性

중국의 콘돔 제조 회사는 '클린턴 콘돔'을 만들어 'Don't be stupid'라는 슬로건으로 판매에 열을 올리기도 했다. 전 세계에는 즐거움과 놀라움을 주는 화장실이 곳곳에 있다. 타이완의 토일렛 레스토랑Toilet Restaurant은 고객을 많이 끌어모으고 있다. 모두 성을 적절하게 자신의 브랜드 홍보에 이용하는 방식이다.

모바일

무선 인식 기술의 발달, 위치 추적 기술의 발달, 점점 진화하는 스마트폰 등의 영향으로 소비자는 계속해서 움직인다. 움직이는 소비자를 붙잡기 위해 4발 자전거 같은 이동 수단을 통한 세일즈 프로모션이 대세이다.

다양하고 기발한 세일즈 프로모션이 가야 할 최종 지향점은 새로운 문화 창조이다. 매년 11월 11일은 전국 모든 젊은이들의 축제인 '빼빼로 데이'이다. 일개 제조 회사가 만든 세일즈 프로모션이 전국적인 문화로 자리매김하였다. 당신의 세일즈 프로모션이 단순한 일회성 홍보를 넘어 거국적인 축제로 거듭나도록 멀리 보고 기획하길 바란다. 마치 뚜르 드 프랑스Tour de France 경주가 자전거 축제인 것처럼 말이다.

　세일즈 프로모션은 철저하게 '행동'에 초점을 맞추는 전략이라는 점을 잊어서는 안 된다. '행동이 태도에 우선한다'는 측면을 실무에 반영해야 한다. 정부는 수년 동안 안전벨트 착용을 홍보했지만 효과가 전혀 없었다. 처벌 법안이 제정된 이후부터는 모든 운전자가 안전벨트를 착용했다. 운전 중 휴대폰 사용이 얼마나 무서운 사고로 이어질지 아무리 계도해도 안 고쳐지고 있다. 이 경우 당신은 어떻게 세일즈 프로모션으로 활용할 것인가.

유통 9단 김영호의 솔루션

1인 미디어의 발달과 맞춤형 쌍방향 커뮤니케이션 세상에서는 소비자와 호흡을 함께하는 체험형 프로모션만이 호응을 받을 것이다.

> 장사의
99%는
트렌드다
<

기업 생존의 키는 에코 디자인에 있다

최근 디지털, 모바일 세상으로 접어들면서 디자인 경영의 중요성이 더욱 크게 부각되고 있다. 특히 서비스 분야의 디자인 경영은 상당히 앞서 가지 않으면 안 되는 세상으로 점점 다가간다. IT 기술의 발달로 디자인에서의 여러 제약 조건들이 사라지고, 많은 정보와 데이터가 실시간으로 교환됨에 따라 전략적인 서비스 디자인 경영에 대한 요구가 커졌다. 그중 에코 디자인Eco Design에 관한 관심이 고조되고 있다.

디자인 경영의 필요성
>
<

에코 디자인 관련 규제는 유럽연합EU이 가장 심한 편이다. 2009년 EU는 사용 단계에 따라 에너지 소비량이 변동하는 모든 제조품에 에코 디자인 수행을 강제하는 법률Energy related Products, ErP 지침을 발효했다. 법률에 부합하지 않는 제품은 EU 시장에 진출할 수 없다. 기업 생존과 발전을 위해서는 더더욱 에코 디자인에 경영자 관심이 집중되어야 한다. 디자인 경영의 필요성을 3가지로 간략히 정리하자면 다음과 같다.

첫째, 21세기는 세계 경제의 글로벌화와 더불어 지식과 기술이 중심이 되는 고부가 가치 경쟁 체제로 빠르게 변모하고 있다. 급변하는 환경에서 인간의 창의성과 감성 가치에 바탕을 둔 혁신적인 디자인이야말로 첨단 기술과 함께 새로운 국가 경쟁력을 창출할 핵심 요소이다.

둘째, IT 기술의 발전과 신소재의 개발 등으로 상품 간의 차별화가 눈에 띄지 않게 되었다. 단지 가격만으로 고객을 불러 모으는 시대는 지나갔다. 곧 디자인이 경쟁력의 핵심이 되었음을 암시한다. 소비자들의 소비 패턴이 '기능적 소비'에서 '기호적 소비'

로 이행되면서 디자인은 소비자의 핵심적 구매 기준이 되고 있다.

20세기형 디자인이 눈에 보이는 상품만을 위한 디자인이었다면, 21세기형 디자인은 눈에 보이지 않는 서비스형 디자인이 될 것이다. 선진국에서는 '서비스 디자인'이라는 장르가 나타났다. 많은 사람들이 찾는 시설에서 서비스 디자인은 시작된다. 병원, 금융 회사, 통신 회사 등 서비스 기업들이 고객을 만족시키는 방법을 디자인을 통해 실현하고 있다. 결과물을 즉각 발견하기 힘든 부분이 있지만, 심도 있는 서비스 설계로 고객은 절대 만족 상태로 바뀌게 된다.

서비스 디자인 사례

이제 서비스 디자인의 성공 사례를 소개하고자 한다. 무엇이 선진국형 서비스 디자인인지 음미해 보기 바란다.

카이저 퍼머넌트

미국의 대형 의료 기관인 카이저 퍼머넌트Kaiser Permanente는 서비스 개선 방법을 찾기 시작했다. 우리나라와 마찬가지로 환자와 가족들이 접수창구나 대기실에서 엄청난 불편을 겪는다는 사실에 대한 개선책이었다. 어린이나 노인, 이민자들처럼 보호자가 필요한 환자들이 병원을 방문할 경우도 문제였다. 환자와 보호자가 서로 떨어져 있어야 했다. 환자 혼자 진찰실에서 반나체로 20~30분간 누워 있는 상황도 있었다.

해법으로 찾아낸 방법이 서비스 디자인의 개선이었다. 보다 편안한 대기실, 환자와 가족 3~4명이 함께 들어갈 만큼 큰 진찰실을 준비했다. 간호사들이 교대 근무하는 동안 환자들이 겪는 불편도 개선했다. 앞 간호사에게 했던 말을 교대한 간호사에게 다시 해야 하는 불편을 해소하기 위해 환자 정보를 인수인계하는 컴퓨터 프로그램을 개발했다.

프라다

몇 년 전 명품 브랜드인 프라다Prada의 뉴욕 매장은 드레싱룸을 개선했다. 이곳을 찾은 손님들이 옷을 입어 보기 위해 드레싱 룸에 들어가면 매직 거울을 만나게 된다. 거울에 장착된 카메라는 손님의 뒷모습을 촬영해 4초 뒤에 보여 준다. 새 옷을 입은 자신의 뒷모습을 확인하기 위해 거울을 향해 뒤돌아설 필요가 없다.

눈에 보이지 않는 서비스 영역을 개발하여 디자인으로 승부를 보려는 선진국 사례를 보면서 새로운 사업 영역을 찾아야 한다. 서비스 디자인 경영을 통해 시스템을 다시 재디자인하고 설계한다면 당신의 객장은 고객으로 인산인해가 될 것이다.

에코 디자인 사례
>
<

최근 일본에서는 서비스 디자인의 일종으로 에코 디자인 경영이 유행하고 있다. 하나밖에 없는 지구를 살리고, 환경도 보호하고, 매출에도 좋은 영향을 주는 에코 경영 현장을 보기로 한다.

무인양품

무인양품無印良品의 의류 제품은 비닐 포장 대신 끈으로 묶여 진열된다. 비닐은 환경을 해치는 물질이지만, 끈은 친환경 소재이다. 소비자들은 옷을 사기 전에 직접 손으로 만져 보고 어떤 소재로 만들었는지 알기 원한다. 비닐을 벗겨 놓는 편이 훨씬 구매에 수월하기도 하다. 이른바 1석 2조 아닌가. 더 나아가 에코 경영을 하는 회사임을 만천하에 알리는 홍보 역할까지 해서 1석 3조로 늘어난다. 무인양품은 '브랜드가 아니라 양질의 상품이 중요하다'는 가치 아래 설립되었다. 로고와 장식을 최소화하고 포장을 간소화하는 등 원가 관리를 통해 비용을 낮췄다. 이런 전략이 최근 소비자들의 기호에도 맞아떨어져 글로벌 패션 브랜드로 급성장하는 중이다.

이온

소매 업체 이온Aeon은 차가 다니는 도로와 매장 입구 사이에 설치한 보호대를 바꿨다. 운전에 서툰 주부들이 실수로 보호대를 들이받으면 차가 찌그러진다는 불만을 제기했기 때문이다. 이온은 철이 아닌 재생고무를 사용하여 자원 재활용이라는 이점과 함께 디자인적으로 한층 상향된 이미지까지 전달하였다. 옥상에는 정원을 만들어 고객과 직원들에게 쉼터를 주었다. 매장 벽면에는 녹색 식물 커튼과 태양광 설비를 설치해 냉난방 비용을 감소시켰다. 정원과 벽면의 녹색 식물들이 외부의 뜨거운 열을 흡수하고, 내부의 열이 밖으로 새어 나가지 않도록 중간막 역할을 했다. 소비자들이 장바구니를 들고 다니도록 격려해 환경에 유해한 비닐 봉투 사용을 줄였다. 비닐 봉투 제조에 들어가는 비용이 감소한 것은 당연하다.

일본을 비롯한 전 세계에서 진행되는 친환경 정책만으로는 2%가 부족해 보인다. 지금은 친환경이라는 요소가 당연시될 정도로 소비 시장 깊숙이 침투한 것은 사실이다. 소비자들이 환경 보호의 중요성을 인식하고 되도록 친환경 상품을 구입하려고 한다. 반면 환경을 보호한다는 명목으로 자신이 지불해야 하는 평균 이상의 금액은 부담스러워한다. 편의성 같은 부가 가치가 희생당하는 것도 원치 않는다. 소비자들이 이중 잣대를 지니고 있다는 점을 간과해서는 안 된다. 오히려 사용함에 따라 자신이 누릴 부가 가치도 그만큼 커져야 소비자들은 친환경 상품을 선택한다. 냉정한 소비자의 선택을 받기 위해서는 친환경은 물론이고 플러스알파인 서비스 개념도 함께 도입되어야 한다.

우리나라의 서비스 디자인 경영

불황이 지속적인 외부 환경에서 기업이나 가정은 어떻게든 비용을 절감하기 위해 노력해야 한다. 그런 측면에서 왜 우리나라 화장실에 있는 대부분의 변기는 아직도 적은 물 내리는 레버와 많은 물 내리는 레버로 구분해서 설치하지 않는지 모르겠다. 물 하나라도 아끼는 습성을 가지려면 일상생활에서 하나씩 고쳐 나가야 한다. 왜 이런 작은 것부터 수정하려는 마음가짐을 가지지 못할까.

마침 우리나라 기업에서 물을 전혀 사용하지 않는 워터리스 Waterless 소변기를 발명했다. 소변기 표면을 유약 처리해 냄새가 금방 발생하지 않는다. 물을 잔류시키지 않고 배출하면서 악취를 막는 특허 기술도 적용했다. 하루 한 번만 청소를 해주면 물을 내리지 않아도 되는 소변기이다. 에코 디자인의 모범을 보여 준다. 보통 소변기는 물 한 번 내리는 데 2 l 를 사용한다. 워터리스 소변기는 물 부족 국가라는 환경 문제에 대응하는 에코 디자인이라 하겠다. 동시에 사용자에게는 경제적 이익까지 준다.

친환경적인 서비스 디자인 경영을 보여 주는 업체가 우리나라에 하나둘씩 나타나고는 있지만, 아직까지 대표적인 기업은 보이지 않는다. 디자인을 회사 경영과 홍보에 집중하는 금융 업체는 있어도 에코 디자인에 집중하는 대기업은 찾기 힘들다. 앞으로 기업 이미지를 상향시키면서 매출에도 도움을 주는 1석 2조의 정책을 먼저 벌이는 선도 업체가 21세기를 이끌 기업이 될 것이다.

solution

: 유통 9단 김영호의 솔루션

대부분의 소비자들은 환경 보호의 중요성을 인식하고 있고, 되도록이면 친환경 상품을 구입하려고 한다. 다만 자신의 부가 가치가 희생당하는 것은 원치 않는다는 이중 잣대를 지니고 있다.

> 장사의
> 99%는
> 트렌드다
<

똑똑한 3D 방망이를 선점하는 것이 광고다

    영화 〈아이언맨 3Iron Man 3〉에 나오는 슈트 제작 공정을 흥미롭게 봤던 기억이 있다. 몸의 각 부위가 차곡차곡 쌓이면서 전체 골격이 완성되는 재밌는 장면이다. 영화 속 가상 장면만이 아니라 현실에서 구현될 날이 멀지 않았음을 기억하자. 2015년은 3D 프린터의 혁명적 원년이 될 것이다.

왜 3D 프린팅 기술인가?

3D 프린팅 기술이 갑자기 부각된 배경에는 두 가지 사건(?)이 있었다. 먼저 세계경제포럼World Economic Forum이 불을 지폈다. 2013년 10대 유망 기술로 3D 프린팅 기술을 꼽은 것이다. 그다음 버락 오바마Barack Obama 미국 대통령이 배턴을 이어받았다. 2013년 초 국정 연설에서 3D 프린팅 기술을 '거의 모든 제품의 생산 방식을 바꿀 잠재력을 가진 기술'로 지목하였다.

주목할 점은 3D 프린팅 기술이 결코 먼 미래의 얘기가 아니라는 것이다. 미국의 3D 시스템즈3D Systems 사는 레이저 소결 방식 Selective Laser Sintering, SLS이라는 기술을 가지고 있다. 재료를 층층이 쌓고 레이저로 열을 가해 응고시키는 방식이다. SLS 방식의 특허가 2014년 1월 말 만료했다. 2월부터 3D 프린터 가격이 크게

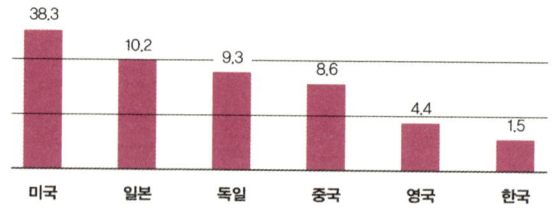

3D 프린터 국가별 점유율 (단위:%)

미국 38.3 / 일본 10.2 / 독일 9.3 / 중국 8.6 / 영국 4.4 / 한국 1.5

자료 : WOHLERS 리포트
출처 : 더스쿠프 2014. 01. 07.

인하될 것이라는 의미이다. 재료, 설계, 유통 면에서 국내외 산업계가 커다란 변혁기에 진입할 것이다. 물론 그 중심에 3D 프린팅 기술이 있다.

왜 3D 프린팅 기술이 화두인가? 지금이 '제품 잉여'의 시대이기 때문이다. 잉여란 쓰고 난 나머지를 일컫는 말이다. 제품이 넘쳐 난다는데, 유감스럽게도 소비자들은 원하는 상품을 찾기가 고역이라고 한다. 백화점과 대형 마트에는 제품이 차고 넘쳐도 내게 꼭 맞는 '그것'은 딱히 없다. 인터넷 서핑을 하며 제품을 뒤지고, 여행지에선 벼룩시장을 기웃거린다. 이런 수고를 감내하는 이유는 하나다. 나만의 제품을 찾기 위해서다.

3D 프린팅 기술은 제품 잉여 시대를 넘어설 무기가 될 것이다. 나만의 개성, 나만의 아이덴티티를 대변하는 상품을 3D 프린터로 만들어 '쇼잉Showing'을 할 수 있기 때문이다. 뛰어난 아이디어가 있더라도 돈이 없거나 제조사를 찾지 못해 제품 출시를 포기해야 했던 사람들도 생산이 가능한 시대가 왔다. 그것도 큰돈 들이지 않고 말이다. 1차 산업 혁명과 2차 산업 혁명을 합친 '디지털 제조 혁명'의 세상으로 접어들고 있음을 잘 보여 주는 사례다. 이젠 시제품 제작을 위한 초기 비용을 들일 필요가 없다. 제품 출시 후 판로를 걱정하지 않아도 된다. 자신의 아이디어가 3D 프린터를 통해 제품으로 만들어지는 '팹랩Fab Lab'의 시대가 왔다.

다양한 3D 산업

팹랩은 제작Fabrication과 실험실Laboratory을 합친 말이다. 3D 프린터 같은 디지털 장비를 모아 놓은 공작소를 뜻한다. 누구나 아이디어만 있으면 비용을 들이지 않고 시제품을 만들 수 있는 공간이다. 2000년대 초반 미국 매사추세츠 공대MIT 미디어랩에서 시작된 팹랩은 현재 전 세계 36개국 127곳에 이른다. 원래 팹랩은 2001년 MIT 주변 보스턴 지역의 빈곤층과 인도의 작은 마을을 상대로 한 상생 프로젝트의 일환으로 출발했다. 당시엔 3D프린터뿐만 아니라 비닐 커트기, 재봉틀, 선반, 컴퓨터, 제어 절단기, 3차원 스캐너도 활용했다.

팹랩은 스타트업Start-up과 밀접한 관계를 갖고 있다. 상상 속 아이디어를 구현한다는 점에서 닮았다. 특히 팹랩은 디지털 장비와 오픈 소스 하드웨어 등을 활용해 간단하게 시제품을 제작할 수 있는 환경을 갖췄다. 소셜 펀드로 필요한 자금도 쉽게 모을 수 있다. 요즘 우리가 말하는 '창조 경제', '공유 경제'인 셈이다. 자신의 아이디어가 3D 프린터를 통해 하나의 제품으로 만들어지는 세상이라는 얘기다. 이제부터 기업 주도의 대량 생산이 아닌, 소시민들이 직접 원하는 상품을 만들어 내는 다품종 소량 생산이 가능해진다. 소비자이면서 생산자인 프로슈머의 영역을 확장시킬 것이다.

먼저 발달하기 시작한 분야 중 하나가 식품이다. 개인의 집 부억에 3D 푸드 프린터가 출현하였다. MIT 졸업생들이 만든 '디지털 초콜리티어Digital Chocolatier'는 다양한 초콜릿을 만드는 기계다. 필립스 디자인Philips Design이 내놓은 푸드 프린터는 개인의 영양 성분을 기호에 따라 조절할 수 있다. 햄버거, 케이크 등 원하는 음식도 가능해졌다. 스페인 회사 내추럴 머신Natural Machines은 2013년 말 '푸디니Foodini'를 공개했다. 공업용, 의료용 3D 프린터에 플라스틱, 금속 같은 재료를 넣는 대신 신선한 재료를 5개의 캡슐에 넣고 음식을 프린팅하는 방식으로 알려졌다.

  3D 스캐너 산업도 눈부시게 발달하고 있다. 스마트폰과 결합해 3D로 스캔이 가능해졌기 때문이다. 스위스의 취리히 연방공과대학의 연구원들이 개발 중인 스마트폰 3D 스캐닝 애플리케이션을 깔기만 하면 별다른 도구 없이 3D 도면을 얻을 수 있다. 3D 스캐너가 스마트폰이나 태블릿 PC 등과 결합해 더욱 강력한 휴대성, 확장성, 자율성을 만들어 내는 것이다.

3차 산업 혁명이 시작된다
>
<

이제부터 3D 스캐너 산업의 발달은 세계 3차 산업 혁명을 견인할 것이다. 18세기 말 영국으로 시계추를 돌려 보자. 스코틀랜드의 기술자였던 제임스 와트James Watt는 스팀 엔진을 산업화하는 데 성

공했다. 증기 기관이나 기계를 이용해 동력을 사용한 1차 산업 혁명이다. 2차 산업 혁명은 컴퓨터와 인터넷이 주도하지 않았던가. 인터넷을 통해 1차 산업 혁명보다 좁아진 세상을 만들어 냈다.《메이커스》의 저자 크리스 앤더슨은 우리가 1차 산업 혁명과 2차 산업 혁명을 합친 디지털 제조 혁명이 만드는 세상으로 들어가는 중이라고 주장한다. 그의 말대로라면 10년 후엔 디지털과 제조업이 공존하는 세상이 펼쳐질 것이다. 이런 세상에서는 누구나 '3D 디자이너'이다. 나만의 제품을 만들고 사용할 수 있다. 기발한 아이디어만 있으면 마음껏 제품 생산이 가능하다. 제조사를 찾지 못해 제품 출시를 포기하는 일이 없어진다. 나만의 제품, '그것'을 마음대로 만드는 3차 산업 혁명이 시작되는 것이다.

이제 세상 사람들이 가져야 할 것은 창조력과 상상력뿐일지 모른다. 3D 프린터의 발달이 답답한 교실에서 공부하는 학생을 해방시키는 사건을 일으킬 수도 있다. 영화 속 얘기가 아니다. 교실 혁명을 포함한 3차 산업 혁명은 우리가 알지 못하는 사이에 바짝 다가왔다. 지금까지 교실에서 배웠던 모든 콘텐츠가 무용지물이 되고, 학생들에게는 창의력과 상상력을 키우는 수업만이 필요한 세상이 온다. 개인이 제품을 생산하고 유통하게 될 것이다. 1인 기업, 혹은 신생 벤처 기업인 스타트업이 대기업을 위협하는 스마트 시대가 열렸다는 얘기다. 그런 변화는 우리 눈앞에 와 있다. 2015년, 그 혁명이 시작된다.

: 유통 9단 김영호의 솔루션

세계 3차 산업 혁명을 알리는 신호탄인 3D 프린팅 기술을 통해 세상은 훨씬 더 인간 중심으로 전개될 것이다. 세상에서 하나뿐인 당신만을 위한 맞춤형 완제품이 바로 당신 기업을 알리는 첨병이 될 것이다.

소셜 미디어 시대에 차별화된 PPL 전략은 무엇인가?

영화 〈미션 임파서블 4Mission Impossible 4〉에서 주인공이 아이패드2를 이용해 러시아 크렘린 궁에 무사히 잠입하는 장면이 눈에 띈다. 이 영화에서는 특수 요원들이 전부 아이폰4를 사용한다. 마지막 장면에 나오는 미션 지령도 아이폰4를 이용해서 받는다. 애플이 참여한 PPLProduct Placement 전략이다. 물론 삼성전자 입장에서는 눈엣가시처럼 보이겠지만 말이다.

모바일 커머스 시장에서의 PPL

> <

간접 광고인 PPL은 제대로 이용하기만 하면 경쟁 업체를 무력화시킬 만큼 강력한 힘을 가진다. 이제 PPL은 새로운 유통의 핵으로 떠오르고 있다. PPL이란 마케팅 전략의 하나이다. 영상 산업의 규모가 대형화되고 정교해지면서 영화나 드라마 등에 자사의 특정 제품을 등장시키는 홍보 방식으로, 성공 사례는 상당히 많다. 드라마 〈미생〉에 등장한 숙취 해소 음료, 영화 〈트랜스포머Transformer〉 시리즈에 나오는 자동차가 대표적이다. 최근에는 예능 프로그램까지 PPL을 활용하는 등 다양한 방법으로 안방극장을 점령하려 한다.

몇 년 전까지만 해도 간접 광고는 불법이었다. 2010년에 개정된 '방송법 시행령'에 따라 오락, 드라마, 교양 프로그램에 한해 허용되었고, 협찬사 상품명을 바꾸거나 라벨을 종이로 가릴 필요 없이 그대로 노출해도 상관없게 되었다. 다만 방송 프로그램 시간의 5%, 전체 화면 크기의 4분의 1을 초과하면 안 된다는 규정만 있다. 상품 언급과 구매 권유 행위도 금물이다. 간접 광고가 허용되기 전에는 협찬 차량의 엠블럼이나 특정 브랜드를 가리기 위해 모자이크 처리를 해야 했다. 이제는 간단한 규정만 지키면 얼마든지 간접 광고가 가능하다. 그래선지 방송 프로그램에서 보이는 협찬사의 PPL이 도를 넘는 경우가 종종 있어 문제가 되기도 한다.

향후 2~3년 내에 모바일 커머스 시장은 상당한 생활의 변화를

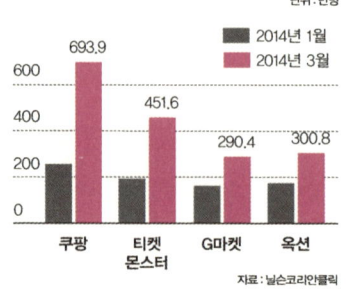
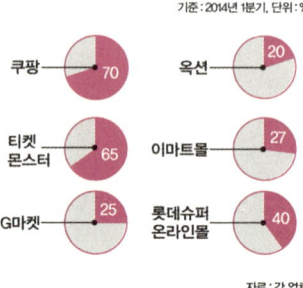

가져올 것이다. 스마트폰 3천만 시대가 열리면서 인터넷을 누구나 손안에 가지게 되었다. 지금까지는 TV에 나오는 주인공이 착용한 상품을 구입하려면 멀리 떨어진 책상까지 가야 했다. 컴퓨터를 켜고 인터넷에 접속하여 쇼핑몰에 들어가 해당 상품을 구입해야 하는 정말 불편한 구입 과정을 거쳤다. 이제는 손안의 스마트폰으로 즉시 결제와 구입이 가능하다. 더 나아가 스마트 TV를 보면서 바로 상품 구매가 가능한 세상으로 가고 있다. 스마트폰에 내려받은 드라마 관련 쇼핑 앱으로도 즉각 구매가 되는 새로운 유통이 열렸다. 방송 중인 출연자들의 패션 아이템이 머리부터 발끝까지 모두 구매가 가능한 모바일 커머스 세상이 되고 있다.

PPL 마켓을 선점하기 위한 전략

새롭게 시작된 종편 방송에 따른 수많은 방송 콘텐츠 제작, 100억 원을 훨씬 뛰어넘는 드라마 제작비 등으로 인해 PPL은 필수 불가결한 요소이다. 이제는 드라마나 영화에 자연스럽게 배치하여 노출했던 PPL 1세대에서 드라마 대사에 해당 제품을 넣거나 주인공이 직접 사용하는 적극적인 PPL 2세대로 이동 중이다. 향후 PPL 마켓을 선점하기 위한 방법으로는 소셜 미디어 시대에서 가장 중요한 키워드인 '신용이 밑바탕이 된 소통'을 선정하고 싶다. 그럼 PPL 마켓을 선점하기 위한 전략을 설정해 보자.

해외 시장을 염두에 둔 PPL 전략을 수립하라

지금까지 방송 콘텐츠의 수혜 대상을 대한민국에 국한시켰다. 이제 대상을 해외로 넓히면 마케팅 효과가 2배 이상으로 생길 것이다. PPL 시장을 선점하면서 더욱 큰 포지셔닝을 하기 위해선 한류 바람을 타고 해외로 진출해야 한다. 해외에서 마케팅 효과가 발생하여 거꾸로 국내로 되돌아오는 부메랑 효과를 염두에 두고 전략을 수립하기를 적극 추천한다. 그러면 소비 대상층, 브랜드 인식의 대상층이 상당히 넓어질 것이다. 최근 드라마 〈별에서 온 그대〉에 나오는 천송이가 '치맥'을 외치자 13억 중국 시청자들이 국내 치킨 프랜차이즈 점포로 달려간 사례가 이를 증명해 준다.

버츄얼 주인공을 만들어 영원히 살아 숨 쉬게 하라

2014년 상반기 출판계의 최고 화두는 '도민준'이다. 작가 이름도, 책 이름도 아니다. 다름 아닌 드라마 〈별에서 온 그대〉의 남자 주인공 이름이다. PPL 때문에 드라마 속 도민준이 보는 책이 불티나게 팔리면서 대형 서점은 아예 전담 코너를 마련하기도 했다. 시청자는 도민준을 계속 만나고 싶어 한다. 그래서 버츄얼Virtual 주인공이 필요한 것이다. 드라마가 끝났다고 도민준이라는 캐릭터가 죽지는 않는다. 시청자, 특히 마니아층에게는 살아서 숨 쉬고 영원히 늙지 않는 우상으로 머물게 만들어 주면 된다.

도민준은 소셜 네트워크에서는 살아서 숨 쉰다. SNS로 반응하고, 교신하고, 대화한다. PPL 관련 상품이나 서비스도 안내한다. 방송에서는 못 했던 브랜드를 직접 소개하기도 한다. 도민준이 자주 가는 식당, 카페, 백화점 등을 알려 주기도 한다. 서울대 모 교수가 한국 드라마를 보는 중국인들의 교육 수준이 낮다는 논문을 썼다가 유력 일간지를 통해 중국 시청자들에게 사과를 한 사례도 있지 않은가.

공짜 정보의 가치에 집중하라

PPL의 정보 기능을 강화해야 한다. 단순한 신상품 홍보보다는 소비자에게 라이프스타일을 제안하는 기능을 중심으로 PPL이 작동하도록 사전 기획한다. 타이밍과 시의 적절한 PPL만이 살아남는다는 사실을 상기하라. 이를 위해 미리 가상의 상품을 만들어서 알려 준다. 해외 토픽, 국내 빅뉴스를 이용하는 방법도 있다. 정보 가치에 중점을 둔 PPL은 소셜 네트워크를 최대로 활용하여 퍼뜨려라. 젊은 대학생 1천 명을 조직하여 온라인과 오프라인을 통한 체험 마케팅을 전개하는 방안도 가능하다. 이와 동시에 드라마에서 가장 많이 나오는 상품군을 철저히 사전 분석한다. 자동차, 핸드폰, 의상, 가방, 음식, 가구 등 의식주 중에서 가장 많이 노출되는 품목 위주로 리스트업한 후 드라마와의 연계성을 점수로 환원하는 작업을 선행한다. 드라마가 전개되는 카페나 음식점 같은 장소 마케팅도 더해서 전략적으로 활용해야 한다.

SNS 분석으로 미리 선별한 주요 고객을 상대로 전개하라

SNS에 떠도는 이야기 중 어떤 데이터가 의미 있고 중요한가를 분석하는 기술을 발전시킨다. 일종의 빅 데이터 활용이다. 빅 데이터를 활용해서 타깃 고객층에 마케팅을 전개하는 것이다. 사회 인맥을 분석하는 기술이 SNS 분석 기술과 융합하면 마케팅 전략이 좀 더 정교해진다. 누가 트위터나 페이스북 등에서 영향력이 있는지를 분석해서 집중적으로 공략한다. 영향력 있는 사람에게 해당 제품을 미리 사용토록 유도하는 전략이다.

소셜 커머스를 최대한 활용하라

방송 콘텐츠에 노출되는 PPL을 직접 소셜 커머스 업체와 제휴하여 일정 기간에만 할인하여 홍보하는 방법을 통해 트렌드를 만들어 버리는 전략이다. 웹 2.0에 기반을 둔 오픈 마켓처럼 웹 3.0에 기반을 둔 소셜 커머스의 잠재력은 상당하다. 이미 미국에서 큰 성공을 거두고 유럽까지 진출한 그루폰은 일정량의 공동 구매 수량을 초과하면 가격을 50% 할인해 주는 서비스로 성공했다. 구매자들은 50%의 할인을 받기 위해 트위터나 페이스북 같은 SNS를 통해 지인들에게 스스로 제품 홍보를 했다. PPL의 영향력을 직접 공동 구매로 이어지게 만드는 B2B2C Business to Business Business to Consumer 마케팅이다.

: 유통 9단 김영호의 솔루션

충성도 높은 모바일 쇼핑객을 위한 PPL 성공 유무는 사전 기획의 탄탄함에 달려 있다. 누구나 예측하는 PPL 전술로는 소비자의 반감만 살 뿐이다. 빅 데이터 기술의 발전으로 PPL 전략의 실시간 수정, 보완이 가능해졌다.

Chapter 3

마켓 유지?
마켓 트렌드 창출이
답이다

복합 쇼핑몰 시대, 키오스크가 미래형 마켓이다

　복합 쇼핑몰이 대세다. 백화점, 할인점 같은 매장과 함께 다양한 위락 시설까지 갖추고 있어서 쇼핑과 여가를 동시에 즐기려는 사람들이 몰린다. 한국은 이제 막 태동기에 접어들었지만, 미국에는 이미 1천 개가 훨씬 넘는 복합 쇼핑몰이 있을 정도로 관련 산업이 발전했다.

교외형 복합 쇼핑몰은 경쟁 중
>
<

최근 대형 유통 업체들이 핵심 비즈니스로 삼고 서울을 중심으로 교외형 복합 쇼핑몰에 집중 투자하고 있다. 신세계는 서울 동서남북의 네 개 방향에 걸쳐 교외형 복합 쇼핑몰 벨트를 구축 중이고, 롯데는 타운형 복합 쇼핑몰 전략을 펼치고 있다. 롯데백화점은 경기도 파주에 위치한 축구장 37개 넓이의 땅에 4천억 원을 들여 복합 쇼핑몰을 만들기로 하면서 신세계와 본격적인 경쟁을 시작했다.

사실 미국에서는 복합 쇼핑몰이 대세가 된 지 오래다. 나는 미국의 복합 쇼핑몰 비즈니스의 핵심을 파악하고자 로스앤젤레스 인근 14곳을 이 잡듯 뒤져 조사했다. 하루에 한 개 쇼핑몰을 조사한다는 원칙으로 한 달가량 조사를 진행했다.

미국 대부분의 복합 쇼핑몰은 백화점, 할인점, 전문점 등을 모아 놓고 있다. 최근에는 게임장, 테마파크, 온천 시설 등 각종 위

신세계그룹의 교외형 복합쇼핑몰 개발 계획

위치	경기하남 신장동	인천 청라국제도시	대구 서구 관저동	경기 안성 공도읍	경기 의왕 학의동	경기 고양 삼송동
투자 비용(원)	약 1조	미정	약 6000억	약 4000억	약 4000억	약 4000억
개장 예정	2016년 하반기	2016년 이후	2016년 하반기	2016년 상반기	2016년 이후	2017년 상반기
용지 면적(m²)	11만8000	16만5300	35만	20만	10만	9만6555

출처 : 매일경제신문 2013. 10. 29.

락 시설을 갖춰 놓고 쇼핑과 여가를 즐기는 생활 공간으로 자리 잡고 있다. 미국 중소 도시에 있는 복합 쇼핑몰은 형태가 비슷하면서도 심플하다. 캘리포니아에 있는 대부분의 복합 쇼핑몰은 단층이며, 'ㅁ형' 또는 'ㅁ+ㄷ형' 구조로 쇼핑몰 안쪽 가운데를 주차 공간으로 만들었다.

복합 쇼핑몰 사업은 아무나 할 수 있는 사업은 아니다. 거대 자본과 인력이 뒷받침되어야 가능하다. 유통 대기업만이 가능한 비즈니스이다. 하지만 소자본을 가지고도 복합 쇼핑몰 비즈니스에서 활약할 수는 있다. 자영업자라면 입점 업체가 되어 복합 쇼핑몰과 비즈니스를 함께 할 수 있다.

이미 몇 년 전부터 복합 쇼핑몰이 언제 어디에 들어설지 정보가 나온다. 복합 쇼핑몰이 건립되기 전에 미리 본부와 접촉하여 무엇을 준비해야 입점이 가능한지, 복합 쇼핑몰의 특징과 콘셉트는 무엇인지 알아내도록 한다. 새롭게 변할 소도시의 건설 계획 단계부터 관심을 가지길 바란다. 일찍 일어나는 새만이 먹이를 먹는다. 항상 정보의 안테나를 높이 세우기 바란다.

미국 복합 쇼핑몰의 특징
>
<

미국과 마찬가지로 우리나라도 대기업을 중심으로 복합 쇼핑몰 업

태가 곧 주류가 될 것이다. 만약 당신이 안정적인 창업을 원한다면 유통 대기업이 새롭게 개점하는 복합 쇼핑몰에 테넌트Tenant, 즉 임차인으로 합류하는 방법을 추천한다. 물론 입점이 말처럼 쉽지 않겠지만, 뜻이 있는 곳에 길이 있기 마련이다. 테넌트 개설팀과 사전에 미팅을 하면서 어떤 준비를 해야 입점이 가능한지, 그 타당성을 사전에 타진해 본다. 그런 측면에서 복합 쇼핑몰 천국인 미국의 실내외 복합 쇼핑몰의 공통적인 특징을 정리해 알아보기로 하자.

첫째, 일단 대부분의 미국 쇼핑몰은 야자수로 영역을 표시한다. 상품군별, 서비스군별의 영역을 야자수로 나누어 놓고 고객이 알기 쉽도록 했다. 철책이나 펜스를 이용하지 않고 야자수 방식을 채택한 것이 특이하다.

둘째, 복합 쇼핑몰 중앙에는 대부분 회전목마가 있다. 자연스레 회전목마 주변으로 모인 가족 고객들은 신나는 음악을 들으며 쇼핑몰에 동화된다. 쇼핑몰 중앙에 랜드 마크Land Mark처럼 대관람차가 있는 곳도 많다.

셋째, 복합 쇼핑몰 곳곳에는 어메니티Amenity라는 공간이 있다. 고객의 편의와 휴식을 위한 공간을 말한다. 우리나라 쇼핑몰의 인색한 휴식 공간에 비하면 천국이라고 느껴질 만큼 여유 공간이 넓은 게 특징이다. 쇼핑몰 중간중간에 있는 아주 넓은 휴식 공간을 보면 속이 시원해진다. 쇼핑몰 사이사이에 분수와 관련된 시설물을 배치하였고, 돈을 던져 소원을 비는 곳도 있다. 고객 편의와 휴식을 위한 공간은 쇼핑몰이 제공하는 최소한의 예의라고 생각한다. 고객이 편안하게 쉬어야 쇼핑도 활기찰 것이고, 자연스레 지갑도 열리기 마련이다.

넷째, 쇼핑몰 공간 여기저기를 전동 세그웨이Segway를 타고 돌아다니는 경비원이 곳곳에서 보인다. 2인 1조로 사람들이 많은 곳을 집중적으로 돌아다니면서 범죄를 미연에 방지한다.

다섯째, 복합 쇼핑몰을 개장하는 방식도 눈에 띈다. 개장일에 맞춰 쇼핑몰의 전체 매장이 동시에 오픈하는 방식이 아니다. 시차를 두고 매장을 하나씩 오픈하기도 한다.

쇼핑몰을 돌아다니다 보면 이동식 간이 매장이 많다. 이동식 간이 매장을 '키오스크Kiosk', 다시 말해 매대라고 하며 주로 액세서리류를 판매한다. 키오스크는 간이 매장으로 보기 어려울 정도로 세련되고 뛰어난 외관을 갖추고 있다. 이것이 소자본으로 복합 쇼핑몰 비즈니스에 참여 가능한 사업 모델이기도 하다. 특별한 아이템 선택을 통해 키오스크 비즈니스의 핵심을 잡아야 한다.

복합 쇼핑몰의 운영은 대형 유통 업체가 하기에 소시민들은 입점 영업에 신경을 써야 한다. 그것도 매장을 갖춘 입점 방식이 아닌 키오스크 입점 방식에 목표를 두기 바란다. 입점을 하기 위해선 단계가 필요하다. 을의 입장에서 한시적 입점을 한 뒤, 매출 실적과 신용이 쌓이면 한 단계 높은 입점 단계로 점차 발전하는 시스템이다. 한 번에 가장 좋은 매장 장소와 수수료율로 입점 계약을 해

주지는 않는다. 미국의 복합 쇼핑몰 운영관리부에 직접 방문해서 입점을 하려면 어떤 절차가 필요한지 문의하여 알게 된 사실이다.

우리나라의 복합 쇼핑몰에 입점하려면 ?

복합 쇼핑몰 입점에 관한 상담을 직접 해본 결과 몇 가지 사항을 알아냈다. 우선 입점하려는 아이템을 비롯해서 이것저것 작성해야 할 내용을 알려 준다. 해당 업체 관리자의 친절한 입점 프로세스를 들으면서 참으로 과학적인 관리 기법을 적용하였다고 생각했다. 무엇 하나 빼먹지 않고 천천히 해당 쇼핑몰의 경영 방침을 알려 준다. 미국 경제 사회의 기본인 신용이 쌓일 때까지 절대적 시간이 필요해 보인다. 우리나라의 복합 쇼핑몰에 입점하려면 무엇을 어떻게 준비해야 하는지 지침을 주는 듯싶었다.

첫째, 쇼핑몰 콘셉트에 어긋나는 브랜드, 숍, 이동용 판매대인 키오스크 들은 입점을 불허한다.

둘째, 일단 키오스크 방식의 입점이 성공한 뒤 숍으로 입점하는 수순을 밟는다. 그런 다음 영구 입점 스토어 Permanent Store로 변신이 가능하다. 절대 바삐 사업을 전개하지 않아도 된다.

셋째, 본부의 경영과 마케팅 방침대로 밀고 나간다. 그래서 하고자 하는 사업 아이템의 선택이 정말 중요하다.

이런 점이 한국형 디벨로핑Developing과 미국형 디벨로핑의 차이로 보인다. 만약 미국에 이민을 갈 예정의 젊은 30대 가장이라면 우선 유명한 쇼핑몰의 움직이는 키오스크 매장부터 시작하라. 팔고자 하는 아이템은 당연히 테넌트 관리팀과 미리 상의해야 한다. 가능성이 높은 아이템 2~3가지를 들고 가서 경쟁력 있는 업종을 최종 선택하는 방식을 권한다.

본인이 운영하는 키오스크 매대가 성공적으로 운영된다면 그때부터 조금씩 장사가 아닌 사업적인 마인드로 접근한다. 키오스크 매대에 상품을 납품하는 방식을 고려해 보기 바란다. 키오스크 매대의 프랜차이즈화에 성공한다면 상당한 부를 쥘 수도 있다. 미국 전역에 있는 복합 쇼핑몰 1천여 곳에 자신이 공급하는 상품을 파는 키오스크가 입점한다고 생각해 보라. 상당한 매출 실적과 개인적인 부를 이룰 기회이다. 상당히 설득력 있고 유익한 정보일 것이다.

solution

: 유통 9단 김영호의 솔루션

우리나라도 미국처럼 복합 쇼핑몰 중심으로 유통이 재편될 가능성이 높다. 자영업자 입장에서는 온리 원Only One 품목과 서비스를 제공할 수 있는 키오스크 방식의 입점이 정답이다. 키오스크의 작은 경영은 프랜차이즈 사업 같은 큰 경영으로 그림이 점점 커질 것이다.

전통 시장 활성화가 신규 마켓을 만든다

지금까지 아케이드 방식으로 도움을 주었던 전통 시장 지원 방식에 변화가 일고 있다. 중소기업청 산하 소상공인시장진흥공단은 전국의 전통 시장을 돕기 위해 탄생한 조직이다. 소상공인시장진흥공단에서 다양한 볼거리, 먹거리가 풍성한 전통 시장 15곳을 선정해 '2013년 시장 투어 사업'을 진행한다고 밝힌 바 있다. 주변 관광지를 연계해 전통 시장별 특성을 살린 테마형 관광 상품을 개발, 운영하는 사업이다. 하드웨어적 도움에서 소프트웨어적 도움으로 전환되어 가는 정책이라 느낌이 좋다.

관광형 전통 시장의 온리 원 활성화 전략

관광과 전통 시장을 엮는 프로그램 개발은 상당히 진일보한 지원책이다. 그런 의미에서 향후 관광을 테마로 하는 시장 지원책에 도움이 되고자 '관광형 전통 시장의 온리 원 활성화 전략'을 제안하고자 한다.

전통 시장과 업의 개념이 비슷한 업을 묶어야 시너지 효과가 난다

전통 시장의 업 개념이 무엇인가? 누구나 동의하는 그것이다. 바로 정이 넘치는 사람들과 흥정이 가능한 장터이다. 먹거리, 볼거리, 이야깃거리 등이 넘쳐 나는 곳이 우리네 전통 시장의 업 개념이다. 주 고객층은 중장년층이겠지만 시장 활성화를 위한 선도 고객은 젊은 층이 되어야 한다. 젊은 소비자층까지 끌어들이기 위해 한국인 모두가 좋아하는 테마를 전통 시장과 함께 묶어서 전개해야 한다. 그중 하나가 온천이다. 도심 온천과 전통 시장을 결합하는 전략이다.

대표적인 사례로 일본 도쿄의 도심 오다이바에 있는 오에도大江戸

온천은 끊이지 않는 중장년층 고객으로 성황을 이룬다. 오전 11시에서 다음 날 오전 9시까지 하루 22시간 운영한다. 다양한 테마형 욕장, 야외 족욕장 등 다양한 편의 시설을 갖춘 도심형 온천이 전통 시장과 딱 맞는 업의 개념이 되리라 믿는다. 반나절은 전통 시장에서 장 보고, 반나절은 가족들과 온천에서 피로를 푸는 1일 관광 프로그램을 제안한다. 쇼핑으로 심신이 지친 소비자를 위한 휴식!

벼룩시장을 통해 새로운 마켓 테마를 제안하라

물질 잉여 시대에 소비자의 눈길을 끌 만한 상품은 무엇일까? 무엇보다 골동품, 옛 향수를 불러일으키는 제품, 흥정이 가능한 시장일 것이다. 영국 런던의 포토벨로 마켓Portobello Market은 유럽의 대표적인 벼룩시장이면서 전통 시장이다. 금은 가공품, 앤티크 제품, 각종 액세서리, 클래식한 차 관련 물품, 옛날 카메라 등의 골동품에서 컵케이크 같은 간식까지 없는 게 없는 곳이다. 동화책에나 나올 법한 골동품들이 2km에 걸쳐 빼곡히 쌓여 있다. 영화 〈노팅 힐Notting Hill〉에서 남녀 주인공이 사랑을 속삭였던 곳으로 유명하다. 우리네 전통 시장에도 벼룩시장 테마존Theme Zone을 끌어와야 할 것이다. 영화 촬영 장소로, 연인들의 데이트 장소로 활용되도록 분위기를 조성해 보자. 지금까지 생각만 했던 상상의 장소를 전통 시장에서 만들어 보자.

파머스 마켓, 피셔맨즈 워프를 통해 전통 시장의 새로운 활로를 본다

세계 관광객들이 미국 샌프란시스코나 로스앤젤레스에 가면 반드시 방문하는 곳이 있다. 샌프란시스코 피셔맨즈 워프Fisherman's Wharf와 로스앤젤레스 파머스 마켓Farmer's Market이다. 미국 대부분의 도시는 파머스 마켓을 통해 전통 시장을 보호하는 정책을 집행하고 있다. 지역 농민이나 수산업 종사자들이 직접 가꾸고 생산한 먹거리를 가져와 소비자를 만나는 곳이다. 미국의 파머스 마켓은 최근 10년 동안 2배로 증가했다. 획일적인 현대식 매장에서의 쇼핑에 식상해진 소비자가 찾는 곳으로 발전하는 중이다. 소비자들은 사람들과의 교류가 가능한 옛날 방식의 쇼핑 환경에 매력을 느낀다. 가족에게만은 안심 먹거리를 공급하겠다는 주부들의 결심도 한몫한다. 우리네 전통 시장에서 벤치마킹해야 할 관광형 테마이다.

최근에는 로컬 푸드에 관심이 높아진 만큼 농부들과 직접 소비자가 만나는 공간이 절대 필요하다. 지역 농부와 지역 소비자가 만나는 곳, 바로 파머스 마켓이고 피셔맨즈 워프이다. 무농약 방식으로 재배한 친환경 농축산물을 직접 도시 소비자와 연결한 오프라인 방식이면서, SNS를 최대한 활용하는 온라인 방식을 마케팅 믹스 전략의 일환으로 전개하면 된다. 해당 지역만의 관광 자원과 결합하여 시너지 효과가 배가되는 효과가 있다.

푸드코트의 위치도 중요하다. 로스앤젤레스의 파머스 마켓처럼 역사와 전통이 있는 마켓이 될 수 있도록 푸드코트를 중앙에 위치시켜 젊은이들을 끌어들여야 한다. 젊은이들이 좋아하는 크레페, 피자 등 간이 음식은 필수 입점 품목이다. 앞으로 전통 시장 외관을 수정하는 사업이 있다면 푸드코트를 시장 중앙에 위치시켜야 할 것이다.

적극적인 흥정은 전통 시장만의 특징이다

전통 시장과 대형 마트의 가장 큰 차이점이 무엇인가? 전통 시장만 갖고 있는 가격 흥정이다. 가격을 두고 상인들과 소비자 사이에 팽팽한 긴장감이 흐르는 묘미가 있는 곳. 일본 도쿄 우에노의 아메야요코アメヤ橫시장이 그런 곳이다. 쇼핑객과 관광객으로 정신이 없는 곳이다. 가격을 흥정할 수 있는 흔치 않은 시장이어서 전 세계 관광객으로 1년 내내 만원이다. 이곳에서는 고객과 가격을 흥정해 최종 소비자 가격을 결정하는 방식을 채택하고 있다. 고객들에게 어렸을 적의 향수를 불러일으키고, 외국인 관광객들에게는 즐거움을 선사한다. 전 품목, 전 세대를 모두 아우르는 다품목을 보유하고 있다. 고객의 30% 이상이 외국인이거나 도쿄가 아닌 타지에서 일부러 찾아온 관광객들로 채워진다.

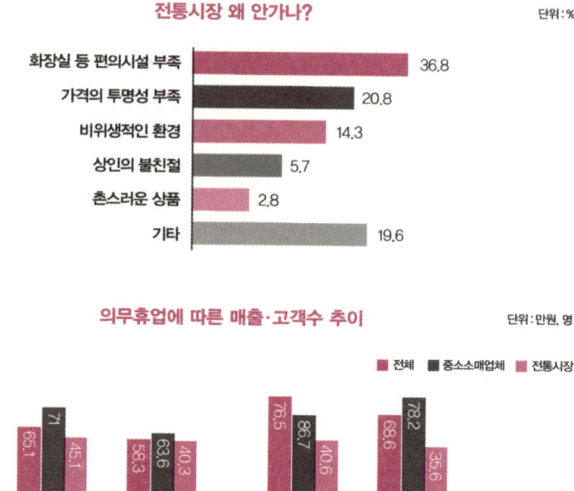

전통 시장을 살리는 전략

>
<

골목 상권 살리기 분위기에 편승하여 대형 마트와 SSM에 내려진 의무 휴무제. 전통 시장과 중소 상인을 살리기 위한 정부의 고육책이지만, 제도의 실효성이 의문이다. 정치권에서 내는 목소리도 한결같다. 대형 마트에 쇼핑 나온 소비자의 감정에 호소하는 전략은 더 이상 먹힐 것 같지 않다. 21세기 들어오면서 전 세계는 인터넷과 모바일이라는 새로운 세상으로 변했다. 오프라인에 있

는 전통 시장이 성장하기 위해선 판을 완전히 바꿔야 한다. 그야말로 '새판 짜기' 전략이 필요하다. 새판 짜기 전략을 통해 마켓이 새롭게 탄생할 것이다.

정부는 2002년부터 1,500여 개 전통 시장 대부분에 아케이드, 주차장, 진입로, 공동 창고, 교육장, 안내 센터 등을 세우는 건설 비용으로 국비 수조 원을 투입했다. 그래도 전통 시장은 좀처럼 회생의 기미가 보이지 않는다. 무너져 가는 전통 시장의 경제를 살리려면 어떤 정책과 전략이 필요할까.

과감히 주장하건대, '중앙 매입'과 '지역 판매' 시스템을 구축해야 한다. 매입을 담당하는 중앙본부를 신설하고, 전국 각 시장은 판매에 집중하는 것이다. '이에는 이, 눈에는 눈' 전략이 중앙 매입·지역 판매 방식이다. 대형 마트와 SSM은 중앙본부에서 매입 관련 업무를 처리한다. 각 지점은 판매 기능에 집중한다. 마찬가지로 전국에 있는 1,500여 개의 전통 시장은 판매 기능에만 치중하고, 매입 기능은 중앙본부에서 맡는다.

새로운 기구를 만들지 않아도 가능하다. 중소기업청 소속인 소상공인시장진흥공단의 성격을 재정립해 구매 중심의 조직으로 개편하면 된다. 혹은 지자체 조직 중 지역 경제 활성화를 담당하는 부서를 매입 담당 부서로 바꾸면 그만이다. 중앙 매입·지역 판매 시스템이 정착되면 전통 시장에 들어가는 인적, 물적 자원을 중앙에서 기획하고 통제할 수 있다. 양질의 상품과 서비스는 저렴한 가격으로 공급된다.

　장점은 또 있다. 중앙 매입, 지역 판매 시스템이 정착되면 1,500여 개의 지점을 가진 거대한 유통 조직이 탄생한다. 공동 구입, 공동 물류, 공동 상품권, 공동 인력 수급, 공동 이벤트, 공동 바겐세일 등의 전략을 수립하여 집행할 수 있다. 여기에 금융과 보험 기능까지 추가한다면 전통 시장은 '지역 서비스 센터'로 발돋움할 것이다.

　홍보도 강화된다. 중앙본부에서 온라인 웹진, SNS 홍보, 오프라인을 통한 뉴스레터 발행을 맡으면 일관성 있고 효율성이 높은 홍보 전략을 세울 수 있다. 1,500여 개의 전통 시장은 지역성과 생활권이 다른 고객을 대상으로 마케팅에 집중할 수 있다. 전통 시장의 상인 한 사람이 해야 할 일이 대폭 줄어들어 매장의 평당 효율도 끌어올릴 것으로 보인다.

전통 시장을 살리는 3가지 전술
>
<

전통 시장을 살릴 큰 그림을 그렸으니, 이제 세부적인 전술을 모색해야 한다. 전통 시장을 탈바꿈시킬 전술을 구체적으로 재정립하면 다음과 같다.

　첫째, 전통 시장의 영업은 밤에 초점을 맞춰야 한다. 대형 유통점이 잠든 밤을 활용해 전통 시장만의 쇼핑 문화를 만들자는 주장이다. 우리나라 가구의 절반 이상은 1인 또는 2인 가구다. 밤에 먹고 마시며 사람을 만나고 쇼핑하는 데 익숙하다. 홍콩의 대표적인 전통 시장 레이디스 마켓Ladies' Market은 관광객이 넘치는 야시장이다.

둘째는 SNS의 활용이다. 애플리케이션과 QR 코드를 활용해 시장의 갖가지 정보를 제공한다면 적은 예산으로 전통 시장의 장점을 알릴 수 있다. 최근 들어 국내 스마트폰 가입자가 4천만 명을 돌파했다. 스마트폰을 활용한 SNS 마케팅은 이제 전통 시장이 외면해선 안 될 홍보 전술이다. 스마트폰 시대에 발맞춰 전통 시장 활성화 대책도 바꿔야 한다. 전통 시장에 투입되는 상인회 총무를 SNS에 능숙한 젊은 인력으로 교체해야 한다. 전통 시장의 이벤트, 특가 세일 상품 안내 등 정보를 실시간으로 전달해야 한다.

셋째는 전통 시장을 문화 콘텐츠의 발신지로 만드는 것이다. 어둡고 비좁은 곳이라는 이미지를 바꾸기 위해 영화나 드라마 촬영소로 거듭나야 한다. 연예인의 이벤트가 펼쳐지는 장이 될 수도 있다. 전통 시장의 1년 치 주말 프로그램을 계획해 홍보하는 것도 필요하다. 그 스케줄에 맞춰 한국을 방문하는 외국인 관광객도 생겨날 것이다.

우리는 일본의 전략을 배워야 한다. 일본은 무너져 가는 전통 시장을 살리기 위해 '마치쯔쿠리町作り' 전략을 쓰고 있다. 특성 있는 마을 만들기라는 전략 아래 상점가를 주민들이 생활하는 공간, 일하는 공간, 즐기는 공간이 되도록 재창조하고 있다. 이제부터 전

통 시장을 신명 나는 곳으로 탈바꿈시켜야 한다. 매입과 판매를 분리하는 시스템을 도입하면 전통 시장은 새로운 역사를 써 내려 갈 것이다. 전통 시장 살리기는 돈만으로 해결하지 못한다. 전통 시장에 지금 필요한 것은 돈이 아니라 상상력과 도전 정신이다.

solution

: 유통 9단 김영호의 솔루션

전통 시장을 살리는 유일한 길은 전통 시장 업의 개념을 새롭게 만들어 완전히 판을 다시 짜는 것이다. 첫 번째가 매입과 판매를 분리하는 작업이다. 과감히 중앙본부를 신설하는 전략이 시급하다.

> 장사의
99%는
트렌드다
<

때론 불편함을 팔아라

장기적인 경기 침체와 세월호 사건이 겹쳐 소상공인의 88%가 경영 악화와 매출 감소로 어려움을 겪고 있다. 국민 경제를 이끌어야 할 국회와 정부가 근본적이고 적극적인 대책을 마련해야 한다. 소상공인과 전통 시장 대표들이 모여 소비 심리 회복과 내수 경제 활성화를 촉구하는 궐기 대회가 전국 여기저기에서 열리고 있다. 지금과 같은 불경기에 궐기 대회만으로는 큰 해결책이 되지 못한다. 지금까지의 관행과 변화에 민감하지 않았던 과거를 철저히 반성하고 미래 지행적인 마케팅을 도입하려는 시도를 해야 한다. 그런 측면에서 예전부터 갖고 있던 고정 관념에 도전장을 낸 색다른 사례를 알려 드리고자 한다. 이른바 '고객을 괴롭혀라' 전략이다.

서서 마시는 주점
>
<

일본의 한 주점. 종업원이 지나가는 손님에게 외친다. "한 잔만 하고 가세요." 퇴근하고 집으로 가던 직장인이 출출하던 차에 잘됐다 싶어 주점으로 쏙 들어간다. 가게 안에는 서서 먹고 마시는 손님들로 가득하다. 그렇다. 일본에서는 서서 먹고 마시는 음식점이 인기다. 사람들은 음식점에 들어가면 자리부터 찾아 앉는다. 음식은 앉아서 먹는 것이라고 생각해서다. 일종의 고정 관념인데, 요즘 일본에서는 서서 먹고 마시는 음식점이 인기다.

모든 걸 서서 해결해야 하는 이곳에선 종업원들이 손님에게 이렇게 말한다. "한 잔만 하고 가세요." 그러면 손님은 딱 한 잔만 마시고 간다. 이런 음식점이 인기를 끄는 이유는 무엇일까. 경기 침체와 연관 지어 생각할 수 있다. 한 푼이라도 절약하려는 소비자의 마음을 서서 먹고 마시는 음식점이 간파했다는 얘기다. 콘셉트가 흥미로워선지 체험하려는 고객이 늘어나고 있다.

일본 직장인들의 발걸음이 끊이지 않는 이유는 세 가지다. 서서 먹다 보니 상대적으로 술자리가 일찍 끝나고, 술을 적게 마시니 술값이 덜 나와 좋고, 적당하게 술에 취해 기분 좋게 집에 갈 수 있다. 딱 한 잔만 하고 싶은 손님의 마음을 헤아린 서서 마시는 주점의 경영 철학은 단순하다. 술을 파는 곳이라면 술에만 집중해야 한다는 것이다. 일본 주점은 술 중심이다. 술맛이 좋으면 인테리어가 궁색하고 가게가 다소 비좁아도 괜찮다. 어차피 딱 한 잔만 마시고 가면 그만이기 때문이다.

서서 마시는 주점은 고객이 머무는 시간이 짧아 원가 절감 효과를 얻는다. 인건비, 인테리어비, 운영비가 많이 들지 않는다. 색다른 고객 대응 방식이라 입소문이 빠르게 퍼지는 장점도 있다. 일부 주점은 맥주를 제외한 일본 전통술의 가격을 500엔으로 통일했다. 고객이 평균적으로 머무는 시간은 대략 40여 분, 고객 1인당 소비액은 1,200엔. 1일 손님 회전율이 3회전임을 감안해 계산한 술값이다.

서서 마시는 주점은 서는 게 원칙이지만, 일부 여성이나 장애인을 위해 의자를 마련하기도 한다. 서서 마시는 주점을 다녀온 사람들은 선불로 안주를 시키는 재미가 색다르다고 한다. 옆 사람과 금방 친해질 수도 있고, 시장에 온 듯한 분위기가 묘하다는 체험담을 늘어놓기도 한다.

서서 먹는 식당들
>
<

일본에 서서 마시는 주점만 있는 건 아니다. 좌석 없이 서서 먹는 타치쿠이立ち食い 소바점도 인기다. 250엔~500엔이라는 저렴한 가격으로 손님을 끌어들인다는 발상이 경기 침체를 타파하고 있다. 특히 관동 지역에 들어선 82개의 후지소바富士そば 점포는 하루 방문객이 약 5만 명에 달할 정도로 반응이 좋다. 객단가는 450엔. 500엔짜리 동전 하나로 식사를 해결할 수 있다. 280엔짜리 우동을 팔면 점포엔 약 200엔의 순이익이 남는다. 원가율이 27%에 불과하다는 점도 경쟁력이다. 무엇보다 타치쿠이 소바점의 성공은 회전율을 높여 이익을 극대화한 것이 주효했다. 손님이 음식을 주문해서 먹고 떠나기까지 걸리는 시간은 10분에 불과하다.

도쿄의 긴자에는 서서 먹는 이탈리안 레스토랑이 있다. 브랜드 명은 '나의 이탈리안.' 우아하게 고기의 육즙을 음미해야 할 레스토랑에서 서서 음식을 먹는 모습은 무척 색다르다. 놀라운 점은 데이트하는 연인도 많다는 사실. 레스토랑을 창업한 사카모토 타카시坂本孝 씨는 외식업에 뛰어들기 전까지 북오프Book Off라는 일본의 유명한 중고책 전문 체인점을 운영했다. 그의 나이 69세에 새로운 도전을 한 것이다.

북오프라는 중고책 체인점은 불황이 깊어지던 1991년 일본에 새로운 개념을 가지고 등장해 선풍적인 인기를 끌었다. 현재 북

오프는 연매출 600억 엔이 넘는 거대 체인점으로 성장했다. 기존 헌책방이라는 개념을 확 바꾼 사업 개념이 특이하다.

첫째, 판매 시설의 현대화다. 지금까지의 헌책방에 대한 이미지를 싹 바꿨다. 환한 조명과 넓은 통로, 깔끔하게 진열된 책들을 보고 소비자들은 헌책방을 산뜻한 문화 공간으로 받아들였다. 둘째, 사용자 중심의 판매 정책을 채택했다. '헌책 삽니다'가 아니라 '당신의 책을 팔아 드립니다'라는 역발상 정책을 통해 책장에 꽂혀 있던 헌책을 소비자들이 직접 가져오도록 만들었다.

이처럼 서서 먹는 레스토랑의 사업주는 역발상 경영으로 새로운 마케팅을 전개하는 인물로 유명하다. 그의 지론에 다르면 '고객 제2주의'다. 고객은 둘째이고 직원이 첫째라는 얘기다. 최고의 직원을 뽑아 최고로 대우해 주면 고객 서비스가 자연스럽게 좋아진다고 믿는다. 서서 먹는 음식점이 손님과 직원에게 최고의 서비스를 제공하는 셈이다.

고객 입장에서 보면 서서 먹기 때문에 약간의 불편을 감수해야 한다. 대신 비슷한 고급 요리를 경쟁사에 비해 3분의 1 가격으로 제공받는다. 좁지만 서서 먹는 재미를 즐겨야 하는 이유이다. 《미슐랭 가이드 MICHELIN Guide》에서 별 세 개를 받은 요리점의 쉐프를 스카우트하여 음식을 만든다는 사실과 이곳을 이용하는 고객의 3분의 2가 여성이라는 점은 우리에게 시사하는 바가 크다. 21세기는 새로움에 도전하는 사업주와 새로운 제안을 약간의 불편과

맞교환하려는 여성 소비자가 주축이 될 것이라는 점을 알려 준다.

서서 먹거나 마시는 점포 운영은 발상의 전환이어서 새로운 소비자에게 신선한 체험이 된다. 사실 과도한 서비스로 인해 심적으로 피곤한 소비자에게는 청량음료와 같은 신선함이다. 마치 나쁜 남자에게 끌리는 여자의 심리라 할까. 먹고 마시는 아이템이라면 손님에게 불편을 파는 경영을 시도할 수 있으리라. 일주일에 한 번, 한 달에 몇 번을 미리 정해서 간헐적으로 불편을 제공하는 방식도 가능하다.

: 유통 9단 김영호의 솔루션

불황이 장기화될 여지가 크다. 이럴 때는 얼핏 보면 사소한 듯 보이지만 결코 사소하지 않은 고객의 수요와 불편을 파고드는 전략이 필요하다. 철저하게 소비자의 불편을 재미나 돈 절약과 맞바꾸는 것이다.

> 장사의
99%는
트렌드다
<

마켓 트렌드의 극과 극은 통한다?

최근의 대한민국 유통 트렌드를 정리하자면, 극과 극이 상충하지만 그러면서도 새로운 대안을 찾아가는 정반합正反合이 진행 중이라고 하겠다. 소비자와 유통 업체 모두에게 극과 극으로 비추어질 현상은 또 다른 유통 업태의 탄생을 예고하는 듯하다.

대한민국 유통 트렌드, 극 대 극

변화는 하루가 다르게 발전하는 IT 기술과 모바일 세상으로의 급속한 접근으로 인해 생각보다 빨라질 수도 있다. 이중에서 대한민국 유통 트렌드를 관통하는 키워드는 '극 대 극'이다. 정반대 현상은 유통 분야뿐만 아니라 사회 전반에 걸쳐 당분간 진행될 전망이다.

복합 VS 단순

대한민국 정치, 사회, 문화, 예술 등에 도도히 흐르는 핵심 키워드는 단연 '복합', '융합', '통합'이다. 우리들 일상생활에 점점 자주 등장하는 단어인 콜라보레이션을 모르면 살아가기 힘든 세상으로 변하고 있다.

최근의 파격적인 콜라보레이션은 소비자들에게 색다른 이미지를 심어 준다. 동시에 개별 브랜드에서 창조해 낼 수 없는 새로운 이미지를 타 브랜드와의 결합을 통해 창출하고 있다. 그런 점에서 모든 산업 전반에 걸쳐 강력한 트렌드로 자리매김하고 있다.

하지만 일정 공간에 수많은 제품을 진열할 수는 없다. 매출은 올려야 하고 매장 크기는 한정되어 있다면 어떻게 난관을 돌파할 것인가? 상품을 미리 서열을 매겨 서열대로 진열하면 어떨까. 파레토의 법칙을 적용해서 잘 팔리는 상품 20%만 모아서 파는 순위 마케팅을 적용해야 할 것이다.

패스트 VS 슬로

우리네 의식주 라이프스타일에 가장 밀접한 단어는 단연코 '빨리빨리'이다. 즉, 패스트Fast 전략이다. 식품은 패스트푸드가, 의류는 SPA 브랜드가, 주거는 땅콩 하우스가 인기리에 선택되고 있다. 반면 새로운 삶의 가치를 추구하고자 하는 깨어 있는 집단이 보이기 시작했다. 의식주와 라이프스타일에서 가장 빠른 삶을 버리고 가장 느린 삶으로 회귀하고 있는 중이다.

아무런 상품 소개서도 없이 새로 구입한 IT 제품을 이리저리 사용하면서 사용법을 익혀 버리는 소비층인 슬로 어답터Slow Adopter. 지역 생산과 전통적인 방법, 소규모 생산을 강조하고 여러 사람이 함께 음식을 먹기를 권장하는 슬로 푸드Slow Food. 지역 내 장인에 의해 전통 방식으로 천천히 생산하여 오래 입고 윤리적인 소비까지 지향하는 슬로 패션Slow Fashion. 쾌적한 교통편도, 고급스러운 음식점이나 숙박 시설도, 신나는 놀이 기구나 거창한 볼거리도 없이 현대 문명의 흐름을 거슬러 느림을 추구하는 슬로 시티Slow City. 이 모두가 새로운 대안으로 진행 중이다.

힐링 VS 킬링

현재 대한민국은 심리학 전문 용어인 '힐링Healing'이 온 국민의 일상생활 용어가 되었다. 힐링은 몸과 마음의 건강을 내세웠던 웰빙Well-being과 휴休를 뛰어넘어 다양한 분야의 중심 마케팅 키워드로 부상했다. 몇 년간 힐링 산업이 지속적으로 발전할 것으로 보인다. 점점 더 모든 산업으로 영향력이 파급될 것이며, 특히 서비스 산업 분야에서 두각을 나타내리라 예상된다.

한편 무엇을 하기에는 모자라고 그렇다고 멍하게 있자니 아까운 자투리 시간을 죽이는 킬링Killing 상품이나 서비스가 인기리에 탄생하고 있다. 킬링용 '60초 상품'이 그것이다. 소비자의 막간을 공략하여 애매한 시간을 이용하도록 도와주는 어플리케이션과 서비스가 새로운 지평을 여는 중이다. 애니팡Anipang, 캔디팡Candy Pang, 캔디 크러쉬 사가Candy Crush Saga 같은 60초짜리 모바일용 게임이 계속해서 탄생하여 3개월 이후에는 새로운 도전자에게 자리를 물려준다. 킬링 상품이 부지불식간에 다가오는 것이다. 힐링과 킬링을 동시에 채택하는 소비자가 있어 재미있다.

소유 VS 향유

워낙 못살던 시절의 국민들이 어떻게든 자기 집만큼은 가져야 한다는 인생의 목표를 향해 무던히 땀 흘리던 시절이 있었다. 일찍이 에리히 프롬Erich Fromm은 소유에 집착하는 소유적 인간과 살아있는 존재 가치를 느끼는 존재적 인간에 대해 말했다.

현재 가진 것을 잃고 싶지 않거나, 가진 것보다 더 많이 얻으려는 인간의 본성에 반기를 드는 새로운 현상이 '향유'이다. 소유에서 오는 즐거움보다는 사용에 따른 즐거움과 순간적인 쾌락을 즐기는 향유족이 늘어 가고 있다. 영원히 존재하지 못하는 인간에게는 소유 대상 자체도 영원하지 못하다.

소유는 인간에게 잠시나마 행복을 가져다줄 뿐이라고 주장하는 렌털 지상주의자들이 늘고 있다. 그래선지 국내 렌털 시장이 양적, 질적으로 점점 커지고 있다. IT 업계를 중심으로 신제품 출시 주기가 빨라지고, 1~2인 가구가 전체 가구의 50%를 넘어서는 사회 현상 등으로 인해 제품을 구매하기보다 렌털하여 쓰려는 수요가 점점 늘어나는 중이다.

대량 생산 VS 개별 맞춤

자본과 기술의 발달로 각국의 대량 생산 시스템은 날로 발전한다. 자본 집약도가 높은 기업일수록 제품 원가가 낮아진다. 대량 생산, 대량 소비를 위해 생산 관리 이론과 인간 관리 이론으로 중무장한 업체가 주관이 되는 공급 시스템에 도전하는 개인 맞춤 시장이 있다. 고객의 다양한 기호와 니즈를 파악하여 일대일 맞춤 서비스로 틈새를 공략하는 점포들이다. 제품이나 서비스의 생산 단계에서부터 참여한 고객이 원하는 대로 해준다. 백화점이나 특급 호텔을 중심으로 제공되던 일대일 맞춤 서비스가 최근 들어선 일반 점포에서도 많이 생겼다.

대한민국 유통은 판매자 중심인 유통 1세대에서 다양한 상품 구비와 저렴한 가격, 서비스를 혼합한 유통 2세대를 거쳤다. 지금은 세분화된 고객 니즈를 충족시키는 3세대 유통으로 진화하는 중이다.

생존 VS 상생

아무리 불확실성이 커지고 전 세계가 불황의 늪에서 헤맨다 해도 기업에게는 무조건 살아남아야 한다는 생존 법칙이 적용된다. 한면으로 아무리 단계별로 1명씩 탈락하는 서바이벌 프로그램이 많아져도 '우리', '함께'라는 키워드가 주류인 공생 사회로 가려는 세력이 점점 커지고 있다. 그렇지 않다면 자본주의 사회가 붕괴될지도 모르는 지경까지 왔다.

2000년도를 넘어서면서부터 본격적으로 시작된 대한민국 일류 기업의 사회 공헌 활동은 최근 들어 초기 단계에 들어서는 듯 보인다. 사회 공헌 활동을 추진하기 위해 사내 제도를 정비한 비율이 60% 이상에 이르기 때문이다.

우리나라에서도 자발적인 사회적 기업이 지속적으로 탄생하고, 아울러 상생 사회를 향한 큰 발걸음도 꾸준히 지속될까 걱정이다. 그동안 국민들의 성원으로 번 돈을 멋지게 사회 공헌에 사용한다면 재투자의 개념이 될 것이다.

우리 국민 10명 중 8명은 비싸더라도 사회 공헌 활동을 잘하는 기업의 제품을 구입할 의향이 있다고 나타났다. 전국경제인연합회는 최근 만 19세가 넘는 성인 남녀 800명을 대상으로 '기업 사

30대그룹 CSR활동 인지도 TOP 20

순위 그룹명	프로그램명	내용	점수
1. 한국전력공사	전기요금 청구서로 미아찾기	청구서에 미아사진 게재	61.25
2. 삼성	드림클래스	대학생, 중학교 방과 후 학습 지원	51.25
3. KT	IT서포터즈	정보소외계층 대상 IT교육 사업	38.75
4. 한진	3대 박물관 한국어 서비스	세계적 박물관서 한국어 작품 안내	37.5
5. CJ	CJ도너스캠프	소외계층 아동을 위한 교육지원	36.25
5. CJ	문화재단	대중문화예술분야 인재 발굴·지원	36.25
7. LG	LG사이언스홀	청소년 과학학습 탐구 기회 제공	32.5
8. 현대자동차	로보카폴리 교통안전교실	만화캐릭터 활용해 교통안전 체험	31.25
8. SK	프라보노	사회적 기업·단체 지원사업	31.25
10. 금호아시아나	문화예술지원사업	음악 영재 양성, 클래식 지원	30
10. 한진	글로벌 플랜팅 프로젝트	세계 전 지역에 나무 심기	30
12. 삼성	임직원 재능기부 캠페인	삼성 임직원의 멘토링 활동	27.5
13. SK	해피스쿨	청소년 전문 직업교육 프로그램	25
13. NH농협	농협 인재육성 장학생	농업인 자녀 장학금 지원	25
13. 동부	동부화재 임직원 프로미봉사단	저소득 가정 주거환경 개선	25
16. 한국수자원공사	글로벌 물 나눔	식수부족국 식수개발, 주민생활 지원	23.75
17. KT	양방향 멘토링 플랫폼 드림스쿨	ICT 기반, 저소득층 청소년 교육	22.5
17. 금호아시아나	아름다운 교실 프로젝트	중국 학교 교구재 지원	22.5
19. 한국석유공사	에너지빈곤층지원사업	에너지 빈곤층 난방 지원	21.25
19. 두산	두산연강예술상	공연·미술 분야 예술가 활동 지원	21.25

출처 : 더스쿠프 2014. 08. 06.

회 공헌에 대한 인식 조사'를 실시한 결과, 78%가 '사회 공헌 활동이 우수한 기업의 제품은 비싸더라도 살 의사가 있다'고 응답했다고 밝혔다.

사회 공헌, 사회 기부라는 행위는 1년에 한 번, 아니면 일생에 한 번 하는 요식 행위가 아니다. 1년 365일, 매일매일 습관처럼 시행하는 행위라는 인식을 심어 주는 것이 중요하다. 기부는 남을 기쁘게 하지만 사실은 나를 기분 좋게 만드는 의식임을 다시 한 번 느끼고, 모두가 동참하는 문화로 발전했으면 한다.

프리미엄 VS 공짜

불경기에 소비자들의 지갑은 움츠러들고 있지만, 프리미엄(명품)을 향한 소비 열기는 식을 줄 모르는 대한민국. 특히 유아용품과 여성 가방군에서는 전 세계 대표적인 명품 공화국으로 자리매김해도 손색이 없다. 우리나라 소비자들의 명품 사랑은 세계에서 다섯 손가락 안에 든다.

다른 쪽에선 세계 경제의 주름살에 찌든 서민들에게 많은 위안과 행복을 가져다 줄 '공짜 마케팅'이 활발하게 전개된다. 무상으로 받은 화장품을 유료로 회원들에게 주는 서비스인 서브스크립션 커머스, 광고만 보면 커피값을 주는 애플리케이션, 탄소 배출권을 확보하기 위해 공짜로 냉장고를 공급하는 업체, 기업의 광고가 실린 광고지를 무료로 제공하여 대학생들이 이면지로 복사하게 도와주는 사업 등이 등장했다. 대동강 같은 공공 자원을 내 것처럼 이용해서 돈을 계속 벌어들일 수만 있다면 공짜 마케팅이 불황기에는 대세이다.

: 유통 9단 김영호의 솔루션

거의 모든 분야가 양극화로 내닫고 있다. '도 아니면 모' 전략이 아니다. 동일 소비자가 시간과 공간에 따라 양극단적인 선택을 한다는 점에 주목해야 한다. 지킬 박사와 하이드처럼 동일 인물이 두 가지 형태의 소비를 즐긴다는 점을 철저히 이용해야 한다.

홍콩 시티슈퍼에서 푸드마켓 트렌드를 엿보다

우리나라에도 프리미엄 푸드마켓Premium Food Market이 열리고 있는 중이다. 그중 'SSG 푸드마켓'은 신세계백화점이 야심차게 만든 새로운 업태이다. 우리나라에 프리미엄 푸드마켓이라는 새로운 시장을 개척하기 위한 도전에 박수를 보낸다. 신세계백화점의 SSG 푸드마켓 런칭은 패션 등 다른 유통 분야에 비해 뒤처졌던 식품 유통 분야에서 브랜드 커뮤니케이션 디자인을 진일보시켰다고 평가받고 있다. '이성과 감성의 조화 위에 전통 시장의 새로운 재해석'이라는 캐치프레이즈를 가지고 진행된 리테일 디자인은 뉴욕의 첼시 마켓Chelsea Market과 홀 푸즈 마켓Whole Foods Market을 조금 더 고급스러운 버전으로 섞어 놓은 모양새다.

SSG 푸드마켓의 전략
>
<

서울 청담동이라는 지역 수요를 반영해 고급 식재료와 우리나라에서는 쉽게 찾기 힘든 수입 식재료들을 두루 갖추고 세련된 분위기를 연출하여 기존의 식품 매장과는 다른 전략이 보인다. SSG 푸드마켓을 찾은 고객들은 '청담동 며느리'의 이미지를 찾으려는지도 모른다. 이곳에서 쇼핑을 하면서 과거 유학 시절에 먹던 음식의 재료를 다시 한국에서 만나는 느낌을 받을 것이다. 곳곳에 수입 식재료들이 배치되어 있어 편리하게 선택하게 했다. 호주산 와규和牛, 미국의 스톤월 키친Stonewall Kitchen 제품, 일본식 콩 과자인 마메후쿠豆福 등 외국 식품과 함께 국산 제품으로는 대부분 유기농 식재료를 진열하고 있다.

　이곳의 특징 중의 하나는 매장 구성과 진열 방식이다. 매장은 총 4개의 구역으로 나뉘어 과일·야채, 정육·수산, 델리 & 사이드 디시Deli & Side Dish와 그로서리Grocery로 구성되었다. 쇼핑 동선은 4

개의 구역을 차례로 지나야만 계산대를 만나도록 한 방향으로 만들었다. 이른바 룸투룸Room-to-Room 방식이다. 가격은 동네 슈퍼나 대형 마트와 비교하면 비싼 편이다.

우리나라에서의 새로운 시도여서 앞으로 프리미엄 식품관의 기본적 형태가 되리라 예상된다. 앞으로 식품만이 아니라 전 상품에 걸쳐서 특정 고객층만을 위한 전문관 형태의 판매 방식이 점점 자리를 잡으리라 보인다. 당연히 먹는 식품 산업에도 프리미엄 시장이 형성되는 것이다.

홍콩 시티슈퍼의 전략

우리나라에 프리미엄 푸드마켓의 선두 주자로 SSG 푸드마켓이 있다면 홍콩에는 1996년부터 비슷한 업태가 선을 보였다. 이름 하여 홍콩의 '시티슈퍼City'Super'. 홍콩을 방문한 우리나라 방문객들의 대부분이 들른다는 슈퍼마켓형 백화점이다.

시티슈퍼는 1996년 홍콩의 타임스 스퀘어Times Square에 첫선을 보였다. 이미 대형 마트를 비롯해 여러 슈퍼마켓들이 홍콩의 유통시장에 진출 완료된 상태였다. 홍콩 소비자들의 주머니가 두둑해질수록 더 나은 식품을 찾으리라고 선견지명을 한 시티슈퍼 회장이 지금까지 전례가 없던 색다른 콘셉트의 슈퍼마켓을 개장하였다. 유기농 먹거리와 함께 라이프스타일 편집숍, 선물 코너 등 다양한 제품을 고객에게 제시하는 일류 백화점이라고 보는 편이 낫다.

지금까지 슈퍼마켓이나 대형 마트 쇼핑이 철저히 효율 위주였다면, 시티슈퍼는 슬로 쇼핑Slow Shopping에 주안점을 두었다. 전 세계 각국에서 가장 품질이 좋은 상품만을 엄선해서 진열, 판매하는 식품관에 발을 들여놓은 고객들이 어떤 상품인지, 어떤 방식으로 요리해야 맛이 있는지를 생각하느라 시간 가는 줄 모르게 만들었다. 물론 새로 나온 상품에 맞게 시연을 해주는 직원도 있다. 비단 먹거리에만 국한되지 않고 음악, 책, 의류, 액세서리 등도 갖추었다. 전반적인 라이프스타일 변화를 이끌어 오도록 매장을 설계하여 홍콩의 핫플레이스로 자리매김한 것이다.

한 가지 더 칭찬해 주고 싶은 점은 프리미엄 푸드코트이다. 대부분 프리미엄화한 최상급 음식으로, 고급 식당에서 먹는 양질의 음식을 만나게 하였다. 우리나라의 경우 아무리 멋지게 만든 복합쇼핑몰을 가더라도 식사 시간이 되면 짜증이 난다. 음식의 질은 형편없는데 터무니없이 비싸기만 한 가격 때문이다. 홍콩 시티슈퍼에서는 전혀 다른 경험을 하게 된다. 획일적인 메뉴 대신 각 매장에서 섭외한 최고 요리사들로 푸드코트를 채운다.

이제 우리나라에서도 프리미엄 슈퍼마켓 시대가 시작됐다. 전 세계 구석구석에서 최고 품질의 상품을 선별해서 고급 서비스를 제시해 주길 바란다. 고객들이 고급 식문화를 체험하게 해주길 기대한다. 프리미엄 푸드마켓은 프리미엄 잡화나 패션과는 성격이 다르다. 과시형 소비가 아니라 철저하게 자신과 가족만을 위한 입안의 향연이다.

solution

: 유통 9단 김영호의 솔루션

우리네 의식주 생활에서 가장 먼저 프리미엄 마켓이 형성되는 분야가 식품이다. 집과 의복 선택은 기본적인 역할에 치중한다면 나와 가족이 먹는 식탁 위 안전에 관해서는 좀 더 철저하게 점검한다. 조금 비싸더라도 고품질, 고위생 상품을 선택하려는 주부들이 점점 늘어 가는 트렌드는 이제 대세이다.

> 장사의
99%는
트렌드다
<

일본과 한국 백화점의 새로운 변신

    그동안 국내 백화점들이 벤치마킹 대상으로 삼았던 일본 백화점은 저출산, 고령화 시대에 접어들면서 새로운 고객 창출에 실패해 쇠락의 길을 걷고 있다. 1999년 311개로 정점을 찍었던 일본의 백화점 숫자는 2011년 261개로 줄어들었다. 2011년 9월까지 일본 백화점 업계의 총매출액은 4조 4천억 엔으로, 전년 동기 대비 3%가 감소했다. 현재 일본 백화점 업계의 전체 매출은 20년 전 최고

전성기(1991년)의 약 63% 수준에 머문다. 그렇다면 이런 불황기를 우리나라 백화점은 어떤 전략을 통해 극복할 수 있을까 생각해 본다. 우선 일본 오사카와 우리나라 백화점의 사례를 비교해 보자.

일본 백화점들의 불황 타개책

일본 오사카 소재 백화점들은 불황을 극복하기 위해 패션 잡지와 이벤트, 기간 한정 브랜드 등을 활용하여 매장 정보의 발신에 집중하고 있다. 불경기 속에 주요 백화점이 확장 공사를 시작하면서 일부 매장 면적이 줄어든 가운데 새롭게 선보이는 브랜드와 상품으로 고객 이탈을 막으려고 노력한다. 즉, 점포나 매장의 '미디어화'에 가속도를 두고 있다. 고객을 위한 정보 발신 기지의 역할에 치중하는 듯하다. 정보의 기지로서 우선 쇼핑 정보가 가득한 무가지 제작에 집중한다.

한큐한신백화점阪急阪神百貨店과 다카시마야백화점高島屋百貨店은 400페이지에 달하는 페이지와 발행 부수 약 70만 부를 자랑하는 〈스위트Sweet〉라는 월간지 안에 별책 기획을 편성하거나, 공동 판촉의 일환으로 제조사와 한정 상품을 준비하기도 한다. 매장의 신선도를 높이기 위해 무가지 카탈로그로 정보를 제공하는 방식이다. 오프라인 유점포 백화점이 무점포 방식인 카탈로그를 이용해서 프로모션과 홍보를 동시에 하는 복합 미디어화에 충실하고 있다는 것이다.

한큐한신백화점은 새롭게 리모델링한 오사카 우메다점 본관에 한정 기간에만 출점하는 공간을 총 6개 층에 전개했다. 전체 매장 면적이 30% 줄어들었지만, 18~25세의 젊은 여성 고객을 대상으로 하는 매장은 신축 이전보다 4배나 넓어졌다. 내점객에게 신선한 인상을 주면서 확장 공사가 완료된 후에 유치할 신흥 브랜드도 발굴한다. 매장 면적의 20%인 1만 6천m^2를 다목적 홀로 사용하여 상품 정보 외에도 패션쇼 같은 이벤트를 개최하고 있다.

저비용 운영으로 화제를 낳았던 다이마루백화점大丸百貨店의 오사카 신사이바시점 북관도 '미디어화'에 주력하고 있다. 젊은 여성 고객을 타깃으로 지하층 매장에 입점하는 브랜드가 주최하는 이벤트를 기획하고, 별도로 연 4회 무가지를 발행한다. 개업 전에는 전용 텔레비전 광고도 방송한다.

일본 백화점에서 매장의 미디어화와 브랜드 선별이 가속화되는 배경에는 SPA 방식이 뚜렷한 어패럴Apparel 업계와 인터넷 쇼핑몰의 영향력이 숨어 있다. 단기간에 동일한 상품을 대량으로 판매하는 패스트 패션이나 자체 의류 브랜드의 재고 부담을 회피하기 위한 방편의 일환이면서, 체험력이 절대 부족한 인터넷 쇼핑몰 고객을 오프라인 매장으로 끌어모으기 위한 고육책이라고 보는 것이다. 잡지나 이벤트와 연동하여 잇따라 브랜드를 교체하며 매장의 정보 발신을 멈추지 않는 미디어화는 어패럴 업계의 사정을 감안한다면 당분간 지속될 것으로 보인다. 인터넷에서는 불가능한 체험 공간을 상품의 진열 공간을 재배치해서라도 실제 매장에 구성해 구매로 연결하기 위한 노력으로 분석된다.

우리나라 백화점들의 불황 타개책

그럼 우리나라 간판 백화점인 롯데백화점과 신세계백화점의 불황 타개책을 알아보자. 먼저 롯데백화점 대표의 인터뷰 기사에 의하면, 불황에서 탈출하는 답을 고객 분석에서 찾아 젊은 고객층 개발에 집중하고 있다고 한다. 이제부터 롯데백화점은 '고객 관계 관리Customer Relationship Management, CRM' 등을 통해 소비자를 세밀하게 분석하고, 이에 따라 주 고객층에 맞춘 마케팅을 전개할 것이다. 여기에 대학생을 중심으로 젊은 고객층 확보에 힘을 쏟을 것이라고 발표하였다.

신세계백화점은 롯데백화점과 달리 엔터테인먼트에 집중한다. 쇼핑 공간의 테마파크화에 집중하겠다는 오너 의견에 따라 향후 경쟁 업체를 테마파크나 야구장으로 규정하였다. 쇼핑과 함께 체험과 엔터테인먼트가 어우러진 생활·문화 공간을 만드는 데 주력할 예정이다. 신세계백화점의 전략 변화는 테오도르 레빗Theodore

Levitt 전 하버드대 교수의 '마케팅 마이오피아Marketing Myopia' 전략에 기초한 듯 보인다.

마케팅 마이오피아 전략은 레빗 교수가 1800년대와 1900년대 중반까지 미국에서 가장 번성했던 철도 사업이 1970년대 들어 줄 파산하며 위기에 처한 상황을 예로 들었다. 미국 철도 사업이 성장을 멈춘 이유는 고객에게 서비스를 제공하는 교통수단 중 하나로 생각하지 않고 철도 사업 자체에만 국한해 버렸기 때문이라고 레빗 교수는 평가했다. 이런 이유로 미국 철도 회사들은 서비스와 비용 체계를 개선하지 못하고 비행기나 버스 같은 교통수단에 기존 고객들을 빼앗겼다는 주장이다.

우리나라 유명 백화점 3사가 2010년대에 들어서면서 집중적으로 차별화시키는 공통 전략이 있다. 바로 백화점 지하층에 있는 식품관이다. 디저트 매장의 차별화가 곧 백화점 차별화 전략이라 보면 별반 틀리지 않는다. 각 백화점 지하 식품관은 최근 전국의 골목 상권 식당에서 해외 유명 레스토랑까지 등장한 '최고의 맛집 공간'으로 변신하고 있다.

백화점 오너부터 임직원, 외부 인사까지 동원해 맛집 유치에 나서는 이유는 매출 증대와 집객集客 효과가 탁월하기 때문이다. 전년 대비 매출이 신장하는 효자 매장이 식품관 매장이다. 소비자들의 입맛이 글로벌화함에 따라 웬만한 식품 브랜드로는 성이 차지 않는다. 각 백화점 식품부는 해외 브랜드 판권 전문가, 유명 요

한국에 들어오는 해외 유명 디저트

구분	브랜드명	비고
현대	피에르 에르메	프랑스 대표 고급 제과 브랜드
	제니베이커리	'마약쿠키' 별칭 붙은 홍콩 쿠키
신세계	베니에로	토스카나 레시피로 만드는 뉴욕 3대 치즈케이크
	레이디엠	미국 케이크 브랜드
	로이스	일본 생초콜릿 브랜드
롯데	가렛팝콘	미국 시카고의 명물 팝콘
	윗즐스 프레즐	미국 대표 프레즐
	빌스	호주 핫케이크 브랜드

출처 : 매일경제신문 2014. 07. 09.

리사, 식품 바이어 등으로 구성된 테스크포스팀을 결성하여 국내외 식품 업계의 동향을 세밀하게 파악하면서 자사만의 온리 원 전략을 수립 중이다.

한 가지 더 우리나라 백화점 업계가 차세대 사업으로 집중하는 분야는 온라인 쇼핑 사업이다. 백화점 3사 모두 글로벌 전자 상거래 업체인 아마존의 벤치마킹에 적극 나서고 있다. 21세기 쇼핑 방식으로 떠오르고 있는 '커넥티드 스토어 Connected Store' 방식에 대처하기 위한 '옴니채널 Omni-Channel' 전략이다. 소비자들이 온라인과 오프라인의 유통 채널을 상호 오가며 쇼핑할 수 있는 환경을 만들어 주는 전략을 말한다. 우리나라 백화점 업계가 모든 유통 업태를 보유한 전천후 업체여서 가능한 전략이라 보인다. 예를 들면, 인터넷 쇼핑몰에서 장을 보고 집 앞 편의점에서 구매한 제품을 찾아가거나, 스마트폰 앱으로 구매하고 가까운 자사 업태에서 집이나 사무실로 배송받는 식이다.

일본 백화점은 매장의 정보 발신처로서의 역할에 치중하는 한편, 우리나라는 유점포와 무점포 업태를 모두 지닌 장점을 토대로 옴니채널 전략을 구사하거나, 식품관을 차별화하는 등 다양한 전략을 펴고 있다. 일본과 비교하면 상당히 다른 전략을 추구하는 것이다. 어느 전략이 맞는지는 몇 년 후면 알 수 있으리라.

20세기 백화점 사업이 부동산업이었다면, 21세기 백화점 사업은 어떤 산업에 가까울까. 향후 대한민국 유통을 이끌 대표 주자인 백화점 업태가 시금석이 될 것이 분명하다. 상당히 새롭게 조명해야 할 부분은 21세기형으로 업의 개념을 다르게 해석하는 일이다.

solution

: 유통 9단 김영호의 솔루션

우리나라 백화점은 자체 TV나 라디오 채널을 개발하여 미디어 사업에 힘을 쏟으며 좀 더 소비자에게 다가가면 어떨까. 온라인이나 오프라인 매장 자체가 멀티미디어 중의 하나이기 때문이다.

아웃렛 마차에 빨리 올라타라

최근 주말이면 서울 외곽의 고속화 도로가 막히는 현상을 볼 수 있다. 주말을 맞아 가족 여행으로 고속도로나 국도 근처에 있는 아웃렛 매장을 방문하는 소비자가 점점 늘기 때문이다. 영동고속도로가 지나는 경기도 여주의 신세계 프리미엄 아웃렛과 경기도 이천의 롯데 프리미엄 아웃렛 등이 대표다.

성장하는 교외형 프리미엄 아웃렛

주로 도시 외곽에 위치한 명품 아웃렛 매장의 매출이 심상치 않다. 만약 아웃렛 업태에서 사업을 기획한다면 명품 아웃렛 매장에 없는 상품군을 판매하는 업태를 찾아보자. 즉, 명품 아웃렛이 패션 의류와 잡화에만 치중한다면, 식품이나 서비스를 공급하는 수단을 탐색하는 것이다. 프리미엄 아웃렛 근처에 있는 관광 명소와 문화 예술 공간에 볼거리를 제공하는 방법을 통해 신사업에 도전하는 것도 좋다.

프리미엄 아웃렛은 현대인의 라이프스타일을 고려한 쇼핑 공간이다. 요즘 새롭게 부상하는 유통 업태가 프리미엄 아웃렛이다. 이유는 아웃도어 쇼핑에 있다. 일반적으로 백화점이나 대형 마트 쇼핑은 햇빛과 하늘을 보지 못하는 실내에서 이뤄진다. 반면 프리미엄 아웃렛은 자연을 벗 삼아 쇼핑을 한다. 현대인의 라이프스타일과 맥을 함께하는 쇼핑으로, 성장 여력이 아직 충분하다. 아웃도어 의류 산업의 발달과도 무관하지 않다. 아무래도 교외형 아웃렛 사업은 지속적으로 발전할 가능성이 높다.

원래 아웃렛을 처음 개발한 나라는 미국 덱스터 신발 회사Dexter Shoe Company를 설립한 해롤드 알폰드Harold Alfond라는 사람이다. 1930년대에 잘못 만들어지거나 물량이 넘치는 품목을 공장 근로자들에게 싼 가격으로 판매하였다. 이런 방식이 일반 소비자를 대상으로 확대된 것이 아웃렛이다.

우리나라에서는 이랜드그룹이 1994년에 '2001 아웃렛'이라는 매장을 서울 영등포구 당산동에 개점하면서 도입됐다. 지금과 같은 교외형 아웃렛이 아닌 도심형 재고 소진 매장의 형태였다. 아웃렛은 교통이 좋고 인구가 밀집한 도심에 있는 도심형과 도심 밖에 위치한 교외형으로 나뉜다. 도심형 아웃렛은 2001년에 서울 가산동(옛 구로공단)에 마리오 아웃렛이 들어서면서 시장 확대가 본격화되었다. 이후 가산동에는 W몰, 패션 아일랜드, 하이힐 등 다른 아웃렛들도 들어서며 패션 타운이 형성되었다.

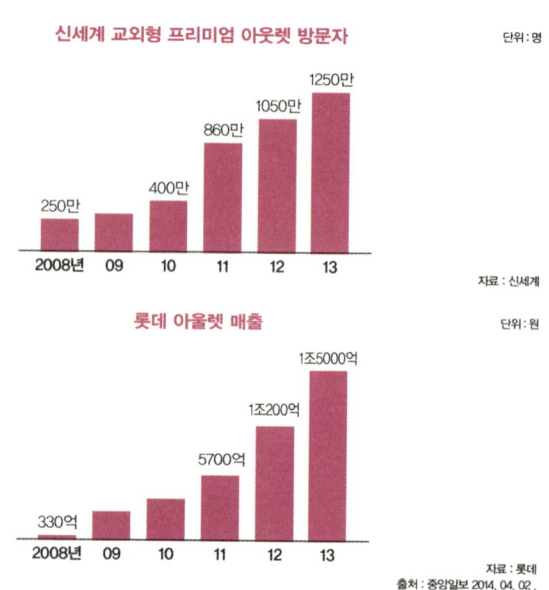

롯데 아웃렛은 2008년 330억 원이던 매출이 지난해 1조 5천억 원 규모로 커졌다. 신세계유통산업연구소에 따르면, 2012년 백화점과 대형 마트의 매출 성장률은 각각 4.9%, 1.4%에 그쳤지만 교외형 프리미엄 아웃렛 매출은 41.3%나 증가했다. 매년 백화점과 대형 마트의 매출 성장률이 각각 한 자릿수인 반면, 교외형 프리미엄 아웃렛은 두 자릿수 성장을 지속 중이다. 그래서 그런지 교외형 프리미엄 아웃렛은 가족 단위 고객을 위한 시설 확충에 전념이다. 특히 어린이 시설 확충에 힘쓰는 듯 보인다. 레고랜드Legoland 매장을 확장한다든지, 미국 유명 쇼핑몰에는 항상 있는 회전목마

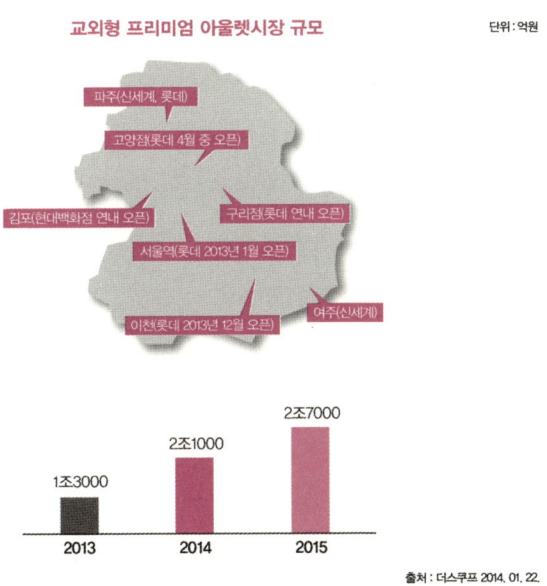

를 국내 점포에도 설치하는 등 가족 나들이 활동에 즐거움을 주는 방안에 주력하고 있다.

몰링을 즐기는 소비자를 잡아라

내가 방문했던 오사카 간사이공항 근처의 '링쿠 프리미엄 아웃렛 Rinku Premium Outlet'은 미국 첼시 아웃렛Chelsea Outlet이 투자해 만들었다. 전형적인 미국형 명품 프리미엄 아웃렛이다. 주차장에서 10분 정도 거리에 있는데, 가는 길목에 볼거리가 참 다양하다. 그만큼 프리미엄 아웃렛이 소비자의 라이프스타일에 걸맞은 상품을 전시, 판매하고 있다는 얘기다.

소비자의 라이프스타일이 다양화되면서 쇼핑 이외에 영화, 외식, 관람, 미용을 함께 즐기는 '몰링 쇼핑' 방식이 인기를 끌고 있다. 좁은 면적의 백화점 쇼핑에 지루함을 느끼는 소비자가 점점 늘어나는 이유도 한몫한다. 위기의 백화점으로선 매출을 올리기 위한 새로운 돌파구가 필요한 상황에서 몰링 문화를 접한 소비자가 늘어나면서 프리미엄 아웃렛 업태가 발달한 셈이다.

이런 사실은 예비 창업자에게 새로운 기회를 준다. 프리미엄 아웃렛이 인기를 끄는 이유를 잘 간파하면 멋진 수익원을 창출할 수 있다. 사실 프리미엄 아웃렛을 찾는 사람들은 배후 관광지까지 여행하는 1일 관광 코스를 짜는 경우가 많다. 예컨대 경기도 파주에 있는 아웃렛을 이용하는 고객 중 상당수는 인근에 있는 헤이리예술마을이나 파주출판단지를 찾는다. 프리미엄 아웃렛을 가는 김에 문화적 체험을 즐기려는 것이다. 프리미엄 아웃렛 근처에 있는 명소에 자신만의 문화 예술품을 판매하는 점포를 개점한다면 꽤 괜찮은 비즈니스가 될 것이다. 명품 프리미엄 아웃렛이라는 성장 마차에 잘만 올라타면 성공적인 비즈니스의 장을 펼칠 수 있다. 그러기 위해선 전략이 필요한데, 다음과 같다.

첫째, 명품 아웃렛에는 없는 상품군을 판매하는 업태를 찾아보는 전략이 유효하다. 명품 아웃렛이 패션 의류와 잡화에만 치중한다면, 식품이나 서비스를 공급할 수단을 탐색하는 것이다. 대형 프리미엄 아웃렛이 도시 외곽에 문을 열면 근처에 식품 중심의 대형 쇼핑센터를 건립하는 것이 정설이다.

둘째, 프리미엄 아웃렛 근처에 있는 관광 명소나 문화 예술 공간에 볼거리를 제공하는 방법을 통해 신사업에 도전하는 것도 좋다. 헤이리마을 인근의 맛없는 음식점에 질린 고객을 잡을 맛집을 개점하는 방법도 가능하다. 소비자의 쇼핑은 갖고 싶은 브랜드를 취득하는 과정만을 뜻하지 않는다. 그 안에는 먹고, 마시고, 쉬고, 걷고, 즐기고 싶은 욕구가 들어 있다. 이런 콘셉트만 꿰뚫어 봐도 신사업이 가능하다.

solution

: 유통 9단 김영호의 솔루션

교외형 프리미엄 아웃렛 매장에 놀러 온 가족 단위 소비자 중에서 당신의 목표 고객은 누구인가. 바로 당신의 미래 고객인 어린이다. 어른들이 명품 브랜드 제품을 싼값에 구입하는 동안 배고프고 목도 마른 어린이 고객은 무슨 낙으로 몰링을 할 것인가. 또한 금강산도 식후경이라고 했다. 유명 백화점 식품관에서 잘 팔리는 아이템과 브랜드를 연구하라. 그것이 정답이다.

> 장사의
> 99%는
> 트렌드다
<

지역마다 차별화된 마켓 테마를 살려야
전통 시장이 산다

    서울을 포함한 전국의 전통 시장이 옷을 갈아입고 있다. 전통 시장의 현대화 사업에 들어간 자금이 지금까지 약 2조 원에 육박한다. 정부 입장에서는 우선 시설 현대화를 통해 대형 마트와 경쟁력을 갖춘 모습으로 만들고 싶었던 모양이다. 전에도 지적했듯이 겉모양만 초현대식으로 바꾸는 작업이 진행되어 안타깝다. 전국 전통 시장의 현대화 사업의 근간은 쉽게 말해서 '시장 천장 만들어 주기'다. 아케이드 사업이 가장 눈에 띄는 사업인 셈이다.

전통 시장을 살리려는 지자체의 사례

처음에는 전통 시장을 되살리고 시설 등의 노후와 불량으로 인한 안전사고 예방 차원에서 시작됐다. 정부는 특별법을 만들어 주거 지역의 경우 용적률을 최대 500%까지 올려 주고 있다. 21세기 사업의 두 가지 핵심 요소인 '테마'와 '즐거움'을 넣지 않고서 건물 외관만 대형 마트 못지않게 지어 준다. 그런다고 전통 시장이 부활할 것이라는 생각은 너무나 안이한 책상 위의 기획이란 생각이 든다. 전국 전통 시장을 부활시키기 위해 지자체가 팔을 걷고 나선 사례들을 한번 살펴보자.

시설 정비 및 보수

북부권 전통 시장 가운데 현대화의 선두 주자로는 의정부 제일시장과 동두천 중앙시장을 꼽을 만하다. 의정부 제일시장은 2002년부터 꾸준히 리모델링한 덕분에 산뜻하게 새 단장됐다. 아치형 지붕과 통로가 있는 아케이드, 주차장, 진입 도로, 전기와 소방 시설, 화장실 등을 새로 짓거나 정비했다.

부산에서는 2001년부터 170개 전통 시장 중 100개가 국비, 시비, 민자(상인들 자비)를 6:3:1로 투입해 시설 현대화 사업을 해 왔다. 총 732억 원이 리모델링, 옥상 정원, 주차장, 아케이드 설치 사업에 들어갔다. 아케이드 사업은 전국 어디나 동일하게 진행되고 있다. 어느 한 군데 다르게 진행되는 곳이 없다. 천편일률적으로 진행되는 전국의 전통 시장 현대화 사업을 통해 소비자는 과연 무슨 차별점을 찾을 것인가. 주차할 공간조차 시장 주변에 변변히 없는데 말이다.

대형 마트의 의무 휴일제 도입에도 불구하고 대형 마트 매출은 계속 늘고 전통 시장 매출은 점차 줄어들고 있다. 국회 산업통상자원위원회 김한표 의원에 따르면, 2013년까지 5년 동안 대형 마트 매출액은 총 11조 9천억 원이 늘었지만, 전통 시장은 2조 1천

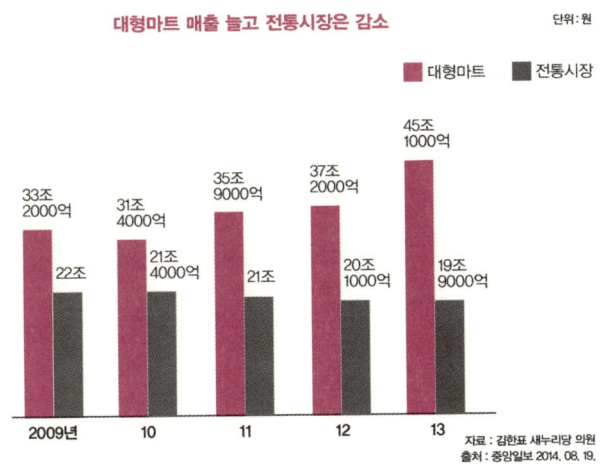

억 원 감소했다. 정부가 전통 시장 활성화 사업에 약 2조 원의 예산을 지원했음에도 말이다. 2009년 22조 원에서 매년 감소해 2013년에는 19조 9천억 원에 그쳤다. 이젠 대형 마트와 전통 시장의 한 곳당 평균 매출액 격차도 2009년 4.4배에서 2012년 5배로 커졌다.

상품권 도입

전국의 전통 시장 중에서 발 빠른 시장은 자체 상품권을 발행하기 시작했다. 전통 시장 상품권은 말 그대로 해당 시장에서만 통용되는 지역 화폐 역할을 한다. 구정, 추석 때에만 해당 지역 기관의 도움으로 유통되는 형편이다. 누적 발행액이 1조 원에 달하지만, 주 구입처는 공공 기관과 기업이 70% 이상이다. 정부의 눈치를 보면서 구입하는 현상이다. 사용처에 관한 불만도 상당하다. 온누리

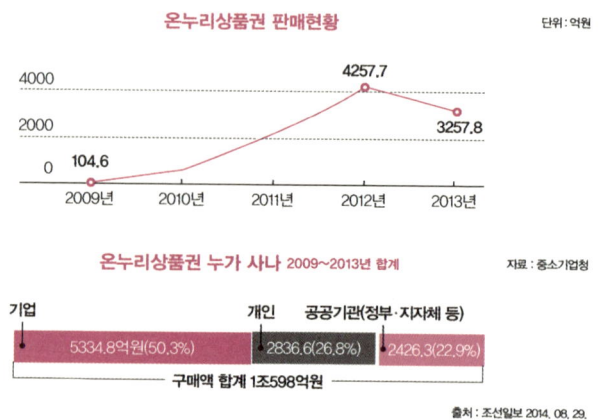

상품권을 쓸 수 있도록 마련한 온라인 쇼핑몰에는 외국산 제품이 판을 치고, 그나마 일정 지역에서만 통용되는 지역적 한계가 있다.

정부가 전통 시장 활성화를 위해 2009년 도입한 온누리상품권. 정부에서는 매년 발행을 늘린다고 해도 정작 전통 시장에서는 당초 취지가 무색해지고 있는 상황이다. 할인율을 적용받아 온누리상품권을 구매했다가 제값에 되팔아 부당 이익을 챙기는 일도 생긴다. 전통 시장 내 가맹점이 상품권 결제를 거부하거나 잔액 환급을 거부하는 등 제도 개선도 산적하다. 아직 갈 길이 멀어 보인다.

이벤트 시행

거의 대부분의 전통 시장은 아케이드 공사가 끝나면 오프닝 세레모니Opening Ceremony를 한다. 주로 비보이 공연, 난타 공연과 노래자랑, 힙합 댄스 등 거리 축제가 열린다. 어느 시장에서는 젊은 주부들이 아이들과 함께하는 전통 시장 그리기 대회를 연다. 일회성이면서 단발적인 행사가 대부분이다. 대형 마트처럼 일 년 단위로 세일즈 프로모션이 진행되는 곳은 단 한 군데도 없는 듯하다. 연간 세일즈 프로모션에 대한 기획력과 예산이 없는 것은 물론이고, 아예 기획할 인재도 없다. 정부가 진정 도와줄 분야가 홍보, 프로모션이다.

상인대학 운영

진행 중인 아케이드 공사가 끝나면 상인대학도 문을 연다. 상인들은 이곳에서 경영 활성화에 도움이 되는 다양한 공부를 하게 된다. 문제는 상인대학을 운영하는 위탁 기관의 수준이 표준화되어 있지 않다는 점이다. 교육 수준도 일정치 못하고 들쑥날쑥하다. 시장 상인들이 알아야 할 교육 콘텐츠의 양과 수준에 표준이 없다. 앞으로 시장 상인을 교육하기 전에 해당 시장에 관한 사전 조사부터 진행해야 할 것이다. 해당 지역에 관한 면밀한 인구통계학적 조사, 주요 고객의 불편 사항, 필요로 하는 제품군, 반품 교환 수준, 서비스 수준 등 현장 조사를 시행한 후에 교육 커리큘럼을 기획해야 한다. 사전 조사 없는 상인 교육은 현실과 동떨어져서 교과서에 나오는 누구나 아는 허상이 될 것이다.

컴퓨터 교육

상인들에게 인터넷과 쇼핑몰 등을 알리기 위한 컴퓨터 교육을 실시 중이다. 상인들이 자유롭게 이메일과 인터넷을 사용하도록 교육한다. 이 컴퓨터 교육을 자세히 보면 거의 자판 익히기 수준이다. 손주들에게 창피당하기 싫어하는 할아버지, 할머니 상인을 중심으로 진행하고 있다. 발 빠른 전통 시장은 나름대로 자체 인터넷 쇼핑몰을 개점하기도 한다. 하지만 지금 인터넷 쇼핑몰을 교육하는 것은 철지난 바닷가 가기가 아닌가 싶다. 소비자들은 모바일로 이동하고 있다. 실상에 맞는 모바일 쇼핑에 관한 교육이 우선이어야 하지 않을까.

위의 사례를 보듯이 전통 시장을 부활시키기 위한 지자체의 대책이 거의 동일하면서 수준 이하다. 도시는 다르지만 대책은 너무 비슷하다. 전통 시장을 살리겠다는 모든 시스템을 대형 유통 업체가 하는 방식 그대로 가져왔다고 보인다. 대기업이 하는 방식을 그대로 답습하는 것이 과연 전통 시장을 활성화하는 방책이 되겠는가 한번 생각해 보기 바란다.

물론 일반 고객들의 쇼핑 편의를 위해서는 매장 현대화가 필수라고 하더라도 천편일률적으로 길게 늘어선 아케이드 방식은 곤란하다. 아케이드 방식은 일본 전통 시장의 30여 년 전 진흥 기법을 그대로 답습한 형태다. 오늘날 일본의 전통 시장 육성책은 전혀 다르게 진행되고 있다.

지방마다 특색과 전통이 다르고 역사가 다르다. 대형 유통 업체가 하는 방식을 그대로 가져오는 것은 문제가 있다. 천편일률적인 상품권 발행, 인터넷 쇼핑몰 구축, 매장 현대화 등이 어찌 개선책이 되겠는가. 적어도 자기 돈이라면 기획안을 수립하고 집행하는 분들이 철 지난 일본식 하드웨어 개선책을 적용하지는 않았을 것이다. 더욱이 정부가 전통 시장 활성화를 위해 100억 원가량을 투자해 만든 온라인 쇼핑몰이 본래 취지와는 무관한 해외 유명 화장품 등을 주로 팔아 비난을 사고 있다.

전통 시장을 활성화시키는 방안

이제부터 위기에 빠져 있는 대한민국 전통 시장의 활성화 방안을 이야기하겠다. 우선 전통 시장의 업의 개념을 재정립하고자 한다. 전통 시장은 우리에게 어떤 의미인가? 전통 시장은 그야말로 베이비붐 세대가 뛰놀던 곳이다. 시골에서 자랐건, 도시에서 자랐건 베이비붐 세대에게 전통 시장은 많은 추억을 만들어 준 고향과도 같은 곳이다. 그렇다면 베이비붐 세대 이후의 세대가 주로 이용하게 될 전통 시장은 어떤 개념으로 수정, 보완되어야 할까? 그저 비 안 맞고, 쇼핑 카트만 있으면 될까? 이제부터 위기의 전통 시장을 구하는 10대 법칙을 제안하고자 한다.

지방마다 다른 전통 시장 콘셉트를 다시 만들어라

전라남도 장흥시장은 한우 염가 판매로 유명하다. 장흥시장은 전남에서 가장 싸게 한우를 판다는 마케팅 전략을 세웠다. 주 5일제 확대에 맞춰 전국 최초로 관광형 토요시장이라는 이미지도 내걸었다. 이처럼 지역 경제를 살리면서 지역 문화와 연계한 전통 시장만의 독특한 콘셉트가 시장을 살린다. 지역 경제를 살리기 위해서 전통 시장만의 특화 전략을 세우기 바란다. 그 시장에 가야만 보거나 구입할 수 있는 상품을 개발하여 대대적으로 알리는 작업을 병행해야 한다. 예를 들어, 제주도 돌하르방이 서울에서 구입할 수 있는 상품이어선 안 된다는 뜻이다. 지역 전통 시장만의 독창적인 콘셉트가 완성되면 홍보를 위해 해당 지역 출신의 탤런트나 가수를 활용해야 한다. 당연히 탤런트나 가수가 자신이 태어난 지역의 전통 시장 홍보대사로 임명되는 것을 자랑스럽게 여기도록 해야 한다. 이것이 테마 있는 시장, 즐거움이 있는 마켓의 기본이다.

아케이드 방식이 아닌 복합 쇼핑몰 개념으로 개발하라

지금까지 전통 시장을 하드웨어 방식으로 바꾸었다면 이제부터는 복합 쇼핑몰 개념을 도입하길 바란다. 유통 선진국인 미국이나 일본을 가면 복합 쇼핑몰이 대세이다. 여기서 말하는 복합 쇼핑몰 개념은 대규모 단위의 디벨로핑 사업을 의미하는 것이 아니다. 2차원적으로 진행한 천정 씌우기 작업에서 몇 단계 앞서서 3차원의 입체형 복층 구조로 건물을 만들어야 한다. 그러면 전통 시장에 문화센터, 병원, 시니어 휴게실 등 여러 문화적 요소를 갖춘 콘텐츠를 채울 수 있다. 그래야 여러 계층의 소비자가 놀러 오는 계기가 되지 않겠는가.

MD전략은 철저한 Made in Korea

대한민국 국민들에게 먹거리 공포는 생각보다 대단히 크다. 식약청도 보건복지부도 믿기 힘든 지경이 되었다. 최근에는 지역에서 생산된 농산물을 소비하는 로컬 푸드 개념도 생겨났다. 전통 시장과 로컬 푸드를 연계하고 지방 문화와 함께 홍보하기 바란다. 지자체장이 엄선하여 지정한 품질 인증제를 실시함으로써 우리 것 먹기 운동으로 만든다. 이를 위해 지역 농수산물 인증검사팀이 가동되어야 한다. 원료부터 생산과 출하 단계까지 철저히 국산인지 확인하고, 위생 관리는 제대로 되는지 등 소비자를 대신한 사전 점검을 강화하는 시스템을 구축해야 한다. 이렇게 되면 지역 경제와 문화, 전통 시장이 한 축이 되어 지역 발전과 인재 유치에 한몫할 것이다. 서울에 뺏긴 지방의 인재들을 다시 불러들일 기회도 된다.

흥정 가능한 왁자지껄한 장터로 만들어라

일물일가一物一價가 사라졌다. 같은 상품이라도 파는 장소와 가게에 따라 가격은 천양지차다. 전통 시장에서는 흥정이 가능해 좋다. 콩나물을 사더라도 흥정을 해서 단돈 10원이라도 깎는 재미가 있는 곳이다. 흥정이 가능한 곳, 제값 주고 사면 왠지 배 아픈 곳으로 인식시켜야 한다. 흥정을 통해 고객과 정감 있는 대화도 나눈다. 고객의 취미와 사는 곳, 아이들 얘기 등 대형 마트에서 느끼지 못하는 정을 주는 곳이어야 한다. 장터는 왁자지껄하고 사람 사는 냄새가 물씬 풍기는 곳이 될 것이다.

매장 설계와 디자인은 지그재그로 하라

미국 LA 인근에 파머스 마켓에 가서 이곳저곳을 둘러보았던 기억이 있다. 그곳은 일직선의 아케이드 형식이 아니었다. 지그재그로 약간의 미로처럼 되어 있는 매장을 기웃기웃하다가 보면 평소에 사고 싶었던 상품과 만나게 된다. 가까운 일본에는 길게 늘어선 아케이드 형식의 시장이 많은데, 이런 형태는 수정되어야 한다. 21세기형 매장은 휑하니 뚫린 형태로 만들지 않는다. 어떡하면 고객에게 재미와 동심을 자극할까, 어떡하면 매장에 더 오래 머물게 할까를 연구해서 미로형, 지그재그형 매장을 만드는 것이 세계적인 트렌드다.

문화 교류 센터를 건립하라

일본 중부 가나자와시 중심부의 오미초近江町 전통 시장은 290년 역사를 자랑하는 시장이다. 185개의 시장 점포엔 수산물과 농산물이 주류를 이룬다. 이곳은 일본 전통 시장의 아케이드 방식에서 벗어나 3층짜리 건물로 다시 탄생하였다. 1층에는 전통 시장을, 2층에는 음식점들이 늘어선 푸드코트를, 3층에는 시가 운영하는 문화센터인 '교류 플라자'를 설치했다. 교류 플라자에선 시민들과 학생들을 위한 각종 강좌가 열린다. 강의실 옆에는 아이를 맡기는 탁아소도 있다. 젊은 소비자층을 시장으로 끌어들이기 위해 교류 플라자를 만든 것이다. 3층 일부와 4층은 주차장으로 활용하였다. 오미초 시장을 찾는 고객들은 하루 평균 1만 5천여 명에 이른다.

밤 시간에 초점을 맞추어라

영국 런던의 북서 지역에 있는 해로우Harrow 시장은 지역 주민들이 시장을 보는 시간대를 고려하여 운영 시간을 저녁으로 변경하였다. 고객의 달라진 라이프스타일에 적응한 것이다. 나이트 라이프Night Life에 초점을 맞춘 셈이다. 현대인들은 대부분 늦은 퇴근으로 인해 장 보는 시간이 늦어진다. 맞벌이 부부는 더욱더 밤 시간을 활용하려 한다는 점에 주목하자. 대형 마트의 영업시간이 점점 뒤로 가는 이유가 있다. 싱글족 가구와 2인 가구가 전체 가구의 절반 이상을 차지한다는 통계를 기억하자. 이들을 위한 나이트 라이프에 최대한 맞추어야 한다.

앞으로 전통 시장은 단지 물건을 사고파는 장소에서 진일보하여 지역 주민이 만나서 즐기는 장소로 역할을 바꿔야 한다. 싱글족과 2인 가족이 즐겨 찾는 먹거리, 볼거리, 쉴 거리에 주력하자. 최종적인 목표는 전통 시장을 제3의 장소로 포지셔닝하는 것이다. 제1의 장소인 가정, 제2의 장소인 직장에 이어 이해관계를 벗어난 타인과 타인이 자유롭게 공동 행위를 하는 제3의 장소로 포지셔닝해야 한다. 일본의 이자카야 술집이나 파리의 오픈 카페처럼 제3의 장소 기능을 살려야 할 것이다.

의상을 통일하여 일사불란한 분위기로 만들라

유니폼을 입자는 뜻이 아니다. 적어도 비슷한 느낌의 옷을 입었으면 한다. 상인마다 다른 옷을 입고 고객을 대하기보다는 같은 느낌을 주면 좋다. 예를 들어 상의는 흰색 티셔츠, 하의는 청바지 등으로 통일하면 어떨까. 고객에게 일률적인 느낌, 정돈된 매장에 어울리는 느낌을 주어야 한다. 패션 모자를 착용하면 통일감을 더할 수 있다.

핵심 가게인 키 스토어Key Store를 지정하라

어느 전통 시장이나 100여 개가 넘는 점포가 있지만, 우선 딱 하나의 점포만을 홍보해야 한다. 미국 시애틀에 있는 파이크 플레이스 마켓Pike Place Market에 있는 생선 가게는 시애틀을 찾는 모든 관광객들의 필수 방문 대상이다. 그 이유는 간단하다. 그곳에 가면 재미가 있다. 생선 가게의 총각 점원들이 쇼맨십으로 고객들을 즐겁게 해준다. 머리 위로 연어가 춤을 추면서 이쪽 가판대에서 저쪽 카운터로 날아간다. 해당 시장을 알리기 위해선 화제의 점포 하나만을 집중해서 알려야 한다.

우체국과 전자 상거래 협약을 체결하라

우체국쇼핑이 탄생한 지 벌써 25년이 지나간다. 그동안 지역 특산물을 안방까지 배당하는 물류 시스템을 구축하였다. 전국 3,700여 개에 달하는 우편 물류 네트워크를 활용할 수 있다. 4만여 명의 인력과 하루 평균 2,200여 대의 차량을 투입하는 우체국쇼핑이야말로 전통 시장의 상품을 전국 안방까지 전달하는 활로가 될 것이다. 지역 상권에 머물렀던 전통 시장이 전국 상권으로 커지게 되고, 나아가 해외 수출까지 넘볼 수 있다. 새로운 판로로 손색이 없다.

4년에 한 번씩 전통 시장은 바쁘다. 왜? 예비 국회의원들로 시장이 북적이기 때문이다. 예비 국회의원들은 정식 의원으로 당선되기 위해 전통 시장을 누빈다. 선거가 끝나면 언제 전통 시장을 방문하는지 4년 내내 무소식이다. 이제부터는 매일같이 전통 시장에 고객들이 북적이게 만들어야 한다. 4년 내내 국회의원이 안 온다 해도 우리네 시장은 우리가 지켜야 하지 않겠는가.

solution

: 유통 9단 김영호의 솔루션

돈만 있으면 누구나 하는 부활책은 진정한 부활책이 아니다. 전통 시장을 도와주려면 그 지방과 지역의 특색을 살려 온리 원 테마가 있는 하나뿐인 마켓으로 거듭나야 한다. 당연히 돈만 갖고 해결될 문제가 아니다. 21세기는 상상력과 열정이 필요한 시대이다.

> 장사의
> 99%는
> 트렌드다
<

능력자, 유통 시장을 쥐고 흔들다

'능력자ABLE MAN.' 2015년 대한민국 유통 트렌드의 키워드는 '능력자'다. 이 키워드엔 7가지의 의미가 숨어 있다.

ABLE MAN의 비밀
>
<

올해 산업계는 글로벌 경기 침체에 떨었다. 기업 간의 양극화는 지금도 진행형이다. 모바일 커머스의 위상은 하루가 다르게 높아지고, 그 형태가 변하고 있다. 동시에 업태 간 변화가 빨라지면서 기존 소비자 계층도 흔들리고 있다. 2015년 대한민국 유통 키워드 '능력자'의 비밀을 풀어 본다.

Anti-Aging : 안티에이징 산업

안티에이징 산업이 더욱 번창할 것이다. 인구 고령화는 전 세계에서 보이는 현상이다. 나이 많은 사람이 늘어나면서 덩달아 외모를 중시하는 경향이 나타나고 있다. 안티에이징 수요가 증가한

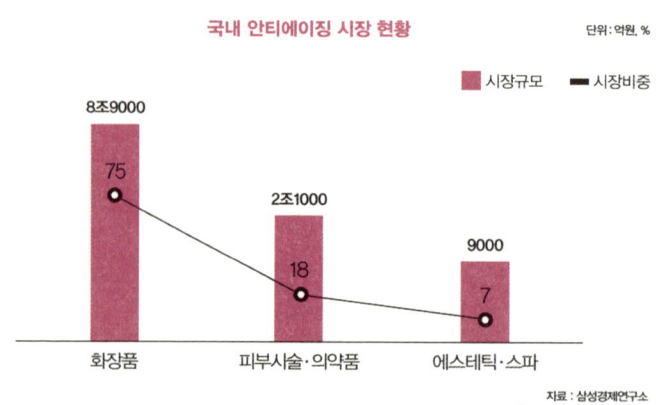

다는 얘기다. 국내 안티에이징 시장은 연평균 10% 이상 성장하고 있다. 안티에이징이 일종의 뷰티 산업이나 웰빙 라이프와 맥을 함께한다고 보면 곤란하다. 안티에이징은 단순히 오래 사는 게 아니라 '건강하고 아름답게 오래 사는 것'을 추구한다. 안티에이징 산업의 핵심이 화장품이 아닌 이유이다. 미국을 살펴보면 안티에이징을 본질적으로 이해할 수 있다. 미국은 의료, 미용, 휴양 등을 합친 '웰니스Wellness' 비즈니스가 안티에이징 산업으로 각광받고 있다. 노화에만 대응하지 않고 의료진의 진단에 따라 운동, 식생활, 영양을 컨설팅받는다.

Big data to all kind of market : 빅 데이터 세상

삼성 라이온즈는 작년에 4년 연속 프로야구 정규 시즌 우승의 위업을 달성했다. 한국 프로야구 역사상 처음이다. 삼성 라이온즈의 성공 스토리엔 빅 데이터가 숨어 있다. 철저한 자료 분석으로 승률을 높였다. 스포츠만의 이야기가 아니다. 산업계에서도 빅 데이터가 화두다. 앞으로 시장 규모가 커질 것으로 예상되는 웨어러블 컴퓨터가 빅 데이터의 대중화를 이끌고 있다. 빅 데이터가 우리의 삶에 많은 영향을 미칠 것이다. 일례로 페이스북이나 트위터 등 소셜 네트워크 서비스를 통해 나타나는 고객 반응을 실시간으로 점검하여 기업에서 대응하는 쌍방향 소통이 가능하다. 지금은 유통 기업을 중심으로 빅 데이터 시장이 형성되고 있다. 정부가 앞장서서 골목 상권과 전통 시장의 상인을 위해 빅 데이터 솔루션 방식을 제공해야 할 것이다.

Learn from Information Curator : 정보 큐레이터
정보 큐레이터가 등장하는 사회다. 최근 비즈니스 시장에서 뜨는 키워드는 '데이터 큐레이션Data Curation'이다. 데이터를 발굴하고 검색하여 품질과 가치를 부여하는 활동이다. 데이터 큐레이션이 화두인 이유는 간단하다. 빅 데이터 세상으로 진입했기 때문이다. 데이터 큐레이션의 등장은 자신이 원하는 정보를 찾고 싶어 하는 소비자의 욕구가 커지고 있음을 시사한다. 데이터 큐레이션을 넘어 정보 큐레이터라는 새로운 직업군이 탄생한 것도 같은 이유에서다. 유통 업계에서 큐레이션 활동이 활발한 업태는 단연 소셜 커머스다. 최근엔 소셜 커머스의 대체 업태로 주목받는 큐레이션 커머스가 나타났다.

Enjoyable Customer : 즐기는 고객
2014년 유통 업계의 관건은 고객이 만족하는 데서 벗어나 '즐기는 고객'을 만드는 것이다. 이제는 유통 업체가 선보인 상품이나 서비스에 만족하지 않는다. 스스로 상품과 서비스를 즐기면서 체험한다. 기업이 제품을 사전에 기획하는 단계에서부터 멀리 내다보고 정교하게 준비해야 함을 의미한다. 생계를 위해 일자리가 필요한 은퇴자도 있지만, 가치를 찾는 삶을 위해 일을 하는 은퇴자도 많다. 투자한 상가나 오피스텔에서 나오는 소득과 연금으로 기본 생활비를 충당하는 이들 중에는 놀이로 창업을 시도하기도 한다.

Make a thing as you like : 나만의 제품

3D 프린터로 나만의 제품을 만드는 시대가 열린다. 백화점과 대형 마트에 가면 제품이 차고 넘치지만, 아이러니하게도 내가 원하는 상품을 찾기가 어렵다. 특히 나만의 개성을 살려 주는 제품을 찾기가 힘들다. 평소 인터넷 서핑을 자주 하거나 벼룩시장을 부지런히 다니다 보면 희소성 있는 제품을 찾기도 한다. 다만 시간과 공간의 제약이 많다. 이제는 개성 있는 제품을 찾는 이들을 위한 세상이 열린다. 자신의 아이디어가 3D 프린터를 통해 제품이 된다. 3D 프린터를 이용해 개인이 제품을 제작하는 팹랩의 시대가 왔다. 3차 산업 혁명을 통해 개인의 제품을 생산하고 유통하는 것이 가능해지면서 1인 기업, 스타트업 기업 등이 대기업을 위협하게 될 것이다.

Another store, another taste : 팝업 스토어

곳곳에서 전개되는 팝업 스토어Pop-up Store도 관심거리다. 팝업 스토어를 한 번쯤은 들어 봤을 것이다. 게릴라 스토어라고도 하는데, 인터넷 홈페이지에 뜨는 팝업창처럼 한시적으로 문을 열었다가 사라지는 점포를 말한다. 주로 트렌드에 민감한 소비자가 많이 모이는 곳에 1~2개월가량 오픈해 관심과 체험을 유도한다. 적은 비용으로 신제품에 대한 소비자의 반응을 예측하거나 관심을 끄는 마케팅 수단으로 적합하다. 흥미로운 것은 상대적으로 유통시장에서 우위를 차지하는 백화점이 팝업 스토어에 관심이 많다는 점이다. 고객에게 차별화된 서비스를 제공할 수 있어서다. 아이디어 전쟁을 벌여야 하는 백화점으로선 기획력이 뛰어나고 창의적인 매장을 선보이는 팝업 스토어가 잘 맞다. 팝업 스토어가 백화점에 자리를 잡은 이유이다.

Neo Middle Age Come : 신중년 시대

2014년에는 새로운 중년 세대가 등장한다. 동심을 가진 중년, 청년 같은 활기를 지닌 중년이 뜬다. 그들은 대학가요제 세대이면서 해외여행을 처음 경험한 1세대다. 이런 신중년이 대한민국의 소비를 이끈다. 신중년의 소비가 활발한 곳은 유럽이다. 독일은 자신을 위해 돈을 쓰는 신중년층의 소비가 국민의 평균 소비보다 8%포인트 더 높다. 미국은 전체 인구의 30%에 달하는 신중년(1946~1964년생)이 보유한 자산이 미국 국민 자산의 67%에 이른다. 미국의 각 주는 그들을 타깃으로 한 서비스와 상품을 내놓고 있다. 대한민국은 최근에서야 신중년이 소비와 생산의 주체로 떠올랐다.

2014년 대한민국 유통 트렌드를 요약하면 다음과 같다. 쏟아지는 빅 데이터 속에서 본인에게 맞는 정보를 찾는 수요가 늘어나고, 세상에서 하나뿐인 나만의 상품을 만들 수 있다. 건강미를 자랑하고 싶은 욕망이 커지면서 몸과 마음을 만들기 위해 시간과 돈을 투자한다. 시내 곳곳에서는 색다른 스토어가 들어서고, 젊은이 못지않은 중년이 새로운 소비자로 떠오른다. 경기 침체가 장기화되고 고용이 불안해지면서 심신이 지친 사람들은 치유를 받기를 희망한다. 그런 와중에 나이를 뛰어넘는 새로운 세대의 변신이 이어질 것이다.

solution

: 유통 9단 김영호의 솔루션

'극 대 극'인 유통 환경이 소비자에게 '능력자'를 요구한다. 2015년에는 어떤 소비자, 어떤 마케팅 환경으로 변모할 것인가. 트렌드를 모르면 마케팅을 포기해야 할 것이다.

"트랜슈머를 공략하는
트랜비스를 제공하라."

Chapter 4

디지털 컨슈머의
트렌드를 잡아라

움직이는 고객, 트랜슈머의 길을 읽어라

요즘 길거리나 지하철에서 자주 목격되는 광경이 손안의 컴퓨터인 아이패드, 갤럭시탭 등을 들여다보는 패드족들이다. 언제든 인터넷을 커다란 화면으로 접속할 수 있어선지, 움직이는 사무실 개념으로 활용한다. 패드족들은 공적인 업무와 개인적인 용무를 24시간 진행한다. 거의 모든 카페에서 와이파이가 가능하여 혼자서도 커피 한 잔 시켜 놓고 열심히 패드와 대화를 나누곤 한다. 바로 트랜슈머Transmer인 현대인의 자화상이다.

트랜슈머를 넘어 트랜비스로

트랜슈머는 원래 다국적 컨설팅 업체인 피치Fitch가 처음으로 정의한 용어이다. 공항의 대기 시간을 쪼개 면세점 등에서 쇼핑하는 사람들을 일컫는 말이었다. '넘어서 이동하는'이란 뜻이 담긴 trans에 '소비자'를 의미하는 consumer에서 sumer를 따와 합성한 용어다. 여기서 한 걸음 더 나아가서 움직이는 고객의 눈높이를 맞추는 서비스를 제공해야 한다는 것이 나의 지론이다. 이른바 '트랜비스Tranvice'이다. trans에 service를 합한 조어로, 우리나라 말로 치면 움직이는 서비스이다.

요즘같이 불황인 세계 경제에 요동치는 금융 환경에서 사업하기란 참으로 어려운 의사 결정의 연속일 것이다. 특히 사업의 규모가 작은 기업일수록 시름이 깊어만 간다. 이런 환란기에도 지속 가능한 경영을 위해 꼭 필요한 마케팅은 고정 고객 확보이다. 최근에는 고정 고객이라는 단어가 무색할 정도로 변심하는 소비자가 상당하다. 조금 더 할인해 주면, 조금 더 얹어 주는 행사를 하면, 조금 더 서비스가 좋으면 언제든 다니던 가게를 바꾼다. 그렇다고 떠나는 소비자를 원망해선 안 된다. 변심하는 고객, 떠나는 고객을 위한 대책을 세워야 한다. 트랜슈머Transumer 고객에게는 트랜비스Tranvice를 제공하라.

21세기로 들어오면서 기업들이 경쟁력 강화를 위한 방편으로 '찾아가는 서비스'를 선보이기 시작했다. 현재는 거의 모든 업종에서 고객이 원하는 장소로 직접 찾아가 만족할 때까지 무한 서비스를 한다. 그야말로 서비스 전쟁이다. 서비스의 질에 따라 기업의 브랜드 위상이 달라지고, 판매량도 달라진다. 기업은 서비스 제고에 온 힘을 쏟는다. 점포 비용이 전혀 들지 않는 서비스 업종에서는 더욱더 찾아가는 서비스 비즈니스가 발전하고 있다.

또 하나 주목할 시장이 있다. 트랜슈머가 늘어나면서 발전하는 사업이 대여 사업이다. 금방 자라는 아이들을 위해 옷가지나 유아용품을 대여해 주거나, 실버 세대를 위한 노인 복지용품을 빌

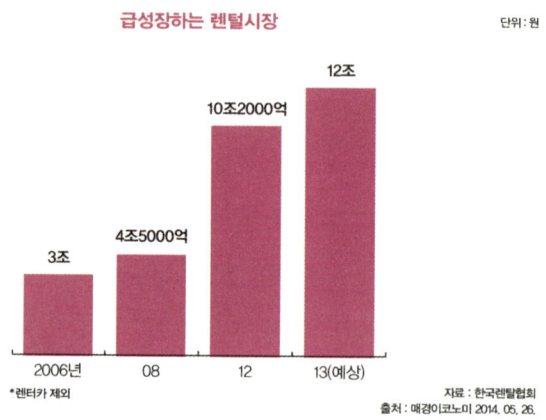

급성장하는 렌탈시장 (단위: 원)

- 2006년: 3조 *렌터카 제외
- 08: 4조5000억
- 12: 10조2000억
- 13(예상): 12조

자료: 한국렌탈협회
출처: 매경이코노미 2014. 05. 26.

려 주는 사업이 인기다. 대여 시장이 활기를 띠는 이유는 무엇일까. 고물가 시대에 조금이라도 아껴서 불필요한 낭비를 줄이려는 알뜰 소비자층이 늘어나기 때문이다. 집이나 자동차는 물론 생활 밀착형 제품까지 빌려 쓰는 선진국의 렌털 문화가 점차 뿌리를 내리는 중이다. 현명한 소비자들은 대여 물품을 적극 활용함으로써 돈도 아끼고 환경 보호에도 도움을 준다. 여러 가지로 긍정적인 효과가 기대된다.

> 트랜슈머를 잡기 위한 마케팅 <

IT와 애플리케이션, 위치 기반 서비스 등의 발달로 트랜슈머는 확대 발전할 것으로 보인다. 스마트폰, 디지털 카메라, 아이패드 등은 이제 우리와 떼려야 뗄 수 없는 필수품이 되었다. 세계적인 마켓 리서치 전문 회사인 트렌드와칭Trendwatching은 '트랜슈머의 영향력이 점점 확장되는 추세이며, 앞으로 하나의 트렌드로 완벽하게 자리 잡을 것'이라고 예고하기도 했다. 트랜슈머를 잡기 위해 현재 세계 각국에서 나타나는 여러 분야의 마케팅 기법과 향후 나타날 서비스들에 대해 이야기해 보자.

온라인 금융 업무

모바일로 언제 어디서든 기본적인 금융 거래가 가능한 세상이다. 바야흐로 온라인 자산 관리 시대다. 인터넷과 모바일로 이어지는 유비쿼터스Ubiquitous 투자 환경을 바탕으로 언제 어디서든 손안에서 자산 관리가 가능해졌다. 현재 글로벌 모바일 결제 시장에는 양대 산맥이 있다. 미국 이베이의 페이팔과 중국 알리바바Alibaba의 '알리페이Alipay'이다. 금융감독원에 의하면 2013년 말 국내의 모바일 뱅킹 이용자 수는 4,993만 명이고, 금액은 1조 4,133억 원이라 한다. 주식 거래 역시 모바일로 이루어진 경우가 많았다. 해외 시장 조사 기관인 주니퍼 리서치Juniper Research의 전망에 따르면, 2019년에는 전 세계 성인 인구의 32%에 해당하는 17억 5천만 명이 모바일 뱅킹을 이용할 것이라 한다.

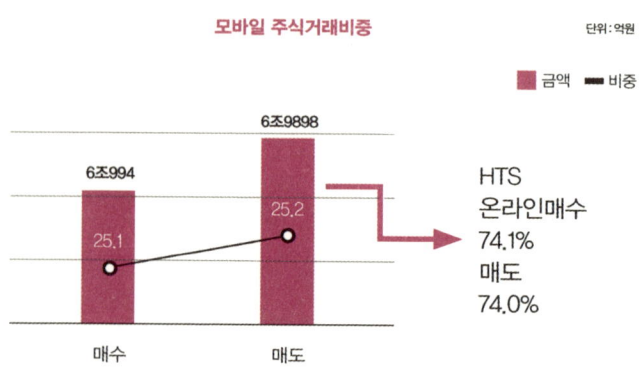

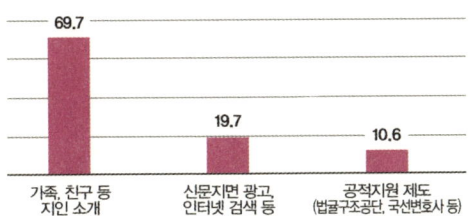

일반인이 변호사 찾는 방법은 (단위:%)
- 가족, 친구 등 지인 소개: 69.7
- 신문지면 광고 인터넷 검색 등: 19.7
- 공적지원 제도 (법률구조공단, 국선변호사 등): 10.6

자료 : 로앤컴퍼니, 참고 : 2013년 7월 기준
출처 : 더스쿠프 2014. 03. 20.

법률 관련 서비스

최고의 법률 서비스를 저렴한 가격에 맞춤형으로 대우받는 세상이 곧 올 것이다. 현재 우리나라의 법률 시장 구조상 대부분 고객은 지인을 통해 변호사를 찾는다. 문제는 당신의 지인 역시 아는 변호사가 많지 않다는 것. 일반인은 법률 서비스에 대한 접근성이 낮을 수밖에 없다. 더욱이 어느 변호사가 어느 분야에 전문성을 지녔고, 선임 비용은 어느 정도인지도 알 수 없다. 법률 서비스와 관련된 현실적 장벽이 서서히 깨지는 중이다.

움직이는 사무실

클라우드 서비스가 점점 보편화되면 굳이 컴퓨터가 있는 사무실에서 근무해야 할 이유가 없어진다. 단체 생활을 하면서 겪는 사생활 침해 등의 괴로움으로부터 해방된다. 맡은 업무만 집에서 해당 시간까지 해놓고 아이들과 여유로운 생활을 즐길 수도 있다.

렌 털 상 품

TV 홈쇼핑에서는 완제품 판매보다는 렌털 상품을 앞으로 계속 개발해야 할 것이다. 여러 모임에 입고 갈 고가의 옷이나 행사용품을 직접 구매하기보다는 한 번 사용하고 돌려주려는 소비자들의 니즈에 맞추어 새로운 서비스가 탄생하리라 본다. 블랙 컨슈머 Black Consumer라는 오명을 받지 않고도 고가의 명품 브랜드를 1~2회 이용하고 돌려주는 세상이 올 것이다.

이 러 닝 사 업

아침 출근 시간에 바쁜 현대 직장인들을 타깃으로 한 전자책이나 이러닝E-Learning 사업이 활성화될 것이다. 미국의 버락 오바마 대통령은 국정 연설을 비롯한 공식 석상에서 한국 교육 정책의 우수성을 여러 번 강조했다. 초고속 인터넷 환경을 통한 이러닝 성공 사례는 우리나라의 강점이다. 앞으로 전자책이나 이러닝 산업의 발달로 언제 어디서나 공부가 가능한 환경이 된다.

해 외 관 광 객 을 위 한 정 보 제 공 서 비 스

해당 국가, 도시의 관광 정보와 위치 정보를 합한 단말기를 빌려 주는 관광 정보 서비스가 탄생한다. 인천공항에서 전개되는 세계 최초의 관광객을 위한 단말기 렌털 비즈니스, 생각만 해도 기분이 좋다.

움직이는 자전거 커피숍

영국에서 처음으로 바이크Bike 카페가 탄생했다. 페달로 움직이는 친환경적인 커피숍이다. 튼튼한 화물 운반용 세 발 자전거를 사용하는 바이크 카페는 배기가스 없이 움직이며 다양한 종류의 커피를 판다.

KTX 열차 쇼핑

이동 중인 KTX 열차 내에서 전국의 특산물을 자유롭게 쇼핑한다. 24시간 운영되는 모바일 쇼핑 방송을 통해 필요한 물건을 이동 장소로 주문하고 모바일 뱅킹으로 결제를 마치는 서비스. 주요 역에서 전개되는 필요 물품 렌털도 색다른 서비스로 각광받을 것이다.

여행 시 영화 감상을 위한 서비스

프랑스에는 '씨네 트랭Ciné train'이라는 서비스가 있다. 주요 기차역에서 DVD와 플레이어를 빌려 주고 종착역에서 반납하게 하는 서비스다. 소비자는 여행하는 동안 DVD를 감상한다. 유사한 서비스가 미국의 주요 공항에서 항공 여행자를 대상으로 제공된다.

무료 신문을 대체하는 서비스

〈메트로〉, 〈포커스〉, 〈AM7〉 등 지하철역에서 나누어 주던 공짜 신문들도 트랜슈머를 겨냥한 상품이었다. 복잡한 출근 시간에 보통 신문보다 보기 편한 타블로이드 크기로 만들었다. 그리 무겁지 않은 기사들과 꼭 알아야 할 헤드라인 위주로 편집한 무가지들은 따분한 출근 시간에 벗이 되었다. 향후 무가지 서비스가 어떤 형태의 트랜비스로 바뀔지 귀추가 주목된다.

solution

: 유통 9단 김영호의 솔루션

'사랑은 움직이는 거야'라는 예전의 광고 카피는 이제 '소비자는 움직이는 거야'로 바뀌어야 한다. 기존 오프라인의 거점을 이용한 다양한 모바일 서비스가 전개되는 환경이 되었다. 움직이는 소비자의 마음을 잡기 위한 끊임없는 트랜비스 개발이 요구된다.

> 장사의
> 99%는
> 트렌드다
<

불황일수록 고객은 힐링과 치유를 갈망한다

 언제부턴가 심리학 전문 용어인 '힐링'이 온 국민 모두가 사용하는 일상 용어가 되었다. 출판 업계부터 시작된 '힐링' 바람이 광고, 문화센터, 뮤지컬, 음식, 여행 업계 등에 중심적인 마케팅 키워드로 떠올랐다. 몸과 마음의 건강을 내세웠던 웰빙과 휴(休)를 뛰어넘어 참으로 거센 바람처럼 우리에게 다가왔다. 지속적인 불경기는 힐링 코드가 마케팅의 대세가 되는 데 일조를 했다. 학업 스트

레스가 심한 중고생, 취업난에 시달리는 구직자, 만성 피로에 찌든 직장인, 은퇴를 눈앞에 둔 베이비부머 등 전 세대가 피곤과 스트레스에 허덕인다. 사정이 이러니 '마음의 위로'가 먹혀들지 않는다는 것이 오히려 이상하지 않겠는가.

성장하는 힐링 사업

인간은 누구나 행복한 삶을 꿈꾼다. 하지만 살면 살수록 삶이 고달프고 힘들고 나만 외톨이 같다. 내 이야기를 들어 주는 사람도 없다. 이런 현대인들의 고달픔을 가장 먼저 꿰뚫어 본 마켓은 바로 출판계다. 힐링 관련 출판물이 잘 팔리는 베스트 10 중에 반 이상이었다. 제목에 없으면 부제에라도 힐링이라는 단어가 들어가야 그나마 독자가 한 번이라도 눈길을 준다. 여기에 SBS 방송국의 〈힐링 캠프, 기쁘지 아니한가〉 프로그램이 유명 인사를 초청해서 대국민 공감과 위안을 주는 프로그램으로 자리매김하면서 힐링이라는 어려운 전문 용어가 이웃집 아줌마같이 친근한 단어로 변신하였다.

이웃 나라 일본은 어떤지 살펴보자. 일본은 1990년대 이후 풍요로웠던 경제 상황이 점점 악화 일로로 변하였다. 장기적인 경제 침체기에 접어들자 행복을 찾기 위한 힐링 산업이 장년층과 노년층을 중심으로 발달하게 되었다. 당시에는 사회에 대한 좌절과 분노를 대신하여 마음의 평화와 안식을 제공해 주는 릴렉세이션Relaxation 시장이 급속도로 팽창했다. 2001년 2천억 엔이던 시장이 2007년 1조 2천억 엔 시장으로 급성장하였고, 2020년까지 12조~16조 엔 규모로 성장할 것이라고 일본의《관광산업미래백서》가 밝혔다.

일본 힐링 사업 중에는 산소와 관련된 사업이 눈에 띈다. 직장인들이 점심시간이나 퇴근 후에 잠시 시간을 내서 마사지를 받는 릴렉스 살롱과 함께 고농도의 산소를 흡입할 수 있는 산소바가 주요 상권에 포진했다. 산소 발생기나 산소가 들어간 음료, 물에 담은 용기에 두 종류의 분말을 넣어 순도 높은 산소가 나오도록 만든 상품 등도 인기를 얻었다. 통신 판매에서 산소 상품이 활기를 재충전하기 위한 상품군으로 히트하면서 무점포 판매 방식도 나타났다. 앞으로 우리나라에서도 산소 관련 프랜차이즈 산업이 오프라인 중심으로 발달하면서 동시에 온라인에서도 산소 관련 상품군이 히트 대열에 서리라 본다.

우리나라의 다양한 힐링 프로그램
>
<

현재 우리나라의 힐링 산업은 태동기라 할 수 있다. 여러 산업군에서 힐링 관련 프로그램이 다양하게 전개되는 중이다.

힐링 관련 개인 트레이너

경제 상황은 어렵지만 필수품 소비를 줄여서라도 마음의 위안을 얻으려는 소비자가 점점 늘어난다. 직장인 중에는 무료로 이용하는 사내 헬스클럽 대신 회사 근처의 사설 헬스클럽에 등록하는 사람이 많다. 월 이용료 10만 원에다 개인 트레이너 비용으로 월 25만 원을 추가해 총 35만 원을 내더라도 자신만을 위한 개인 트레이너 방식을 선택하는 소비자들이다. 줄어든 용돈을 대신하여 점심을 직접 싸 가거나 구내식당을 이용한다. 개인 체력 관리를 통해 마음 치유를 하는 방식이다.

힐링 스테이

한국 고유의 휴 프로그램을 진행하는 템플 스테이가 'K힐링'의 메카로 변신을 서두르고 있다. 우리나라보다 외국에서 더욱 주목받으면서 관광 한류에 새바람을 불어넣는 중이다. 한국불교문화사업단은 K팝 팬으로 구성된 프랑스 관광객 50명이 인천 강화도 전등사의 템플 스테이Temple Stay를 경험했다고 밝혔다. 참가자들은 전등사에서 1박 2일간 템플 스테이를 체험하며 한국 전통의 효 사상을 익히고 예불, 참선, 명상, 108배 등 몸과 마음을 치유하는 힐링 시간을 가졌다. 우리나라 사찰에서 전개되는 템플 스테이는 종교를 떠나 그야말로 정신적 정화 과정으로 접근해야 한다. 템플 스테이를 마친 후 프랑스 K팝 팬들은 음악 프로그램인 〈뮤직 뱅크〉를 관람하며 K팝을 즐겼다. 한국의 전통적인 분위기를 느낄 수 있는 남대문, 인사동, 종로 일대도 돌며 관광 일정을 소화했다고 한다.

힐링 푸드

대구 동산병원은 대구테크노파크바이오헬스융합센터, 경북대학교 농업생명과학대학 등과 함께 힐링 푸드 사업을 진행 중이다. 처음엔 당뇨병이나 비만 환자를 위한 식단 개발로 출발했다. 최근엔 국과 현미밥에 저염 김치, 샐러드, 생선, 두부 등 네 가지를 내놓는 건강 식단이 소비자들의 호응을 얻었다고 한다. 일반인들을 위해 몸의 균형을 찾아 주는 식단으로 개발하여 인기리에 판매되고 있다. 힐링 푸드 배달 전문점이 곧 우리 곁에 나타날 것이다.

힐링 여행

관광지를 설명하는 일반 가이드 대신 심리 치료 전문가가 여행객들을 이끈다. 풍경 좋은 곳에 앉아 눈을 감고 명상에 빠지거나, 다른 사람에게 의지하여 걷는 프로그램 등을 진행하기도 한다. 개인적인 참가자 말고도 워크숍으로 힐링 프로그램에 참가하는 기업 고객들도 있다. 일회적 행사로 힐링 여행에 참가하기보다는 회원끼리 오프라인과 온라인 모임을 결성하여 지속적으로 모임과 정보를 공유하는 것이 좋다.

힐링 문화센터

불경기에 심신이 지친 고객에게 잠시나마 마음의 휴식과 위안을 주고자 백화점 문화센터에서 진행하는 '힐링 캠프'라는 프로그램이 인기다. 인생, 가족, 관계, 미래 등을 주제로 주요 연사가 진행하는 방식이다. 힐링센터라는 이름만 내걸고 유혹하는 사기성 프로그램이 나올 확률이 있으므로 주최하는 단체가 믿을 만한지 사전에 점검이 필수다.

힐링 캠핑

카드 회사에서 자사 고객만을 위해 진행하는 1박 2일 캠핑 프로그램이다. 나무와 흙을 이용한 DIY 제품 만들기, 친환경 유기농 먹거리, 별자리 관찰, 나무 향기를 맡으며 즐기는 요가와 명상 등 맞춤형 프로그램이 다양하게 제공된다.

힐링 랜드

휴양과 건강 회복을 위한 종합 리조트인 힐링 랜드를 지자체가 앞장서서 조성하고 있다. 세계문화유산이라는 관광 인프라와 접목시켜서 유기농 레스토랑, 아트 케어 Art Care 센터, 치유의 숲, 숲속박물관, 숙박 시설, 전망대 등으로 구성한다는 계획이다.

힐링 퍼니처

포화된 국내 가구 업계의 돌파구로 삼아 힐링을 테마로 하는 가구 시리즈가 나올 법하다. 전적으로 힐링만을 위한 가구다. 당연히 힐링에 맞는 공간 디자인도 필요하다. 힐링을 하는 장소가 집 안도 될 것이고 자연에서도 가능하다. 집에서 홀로 힐링을 하기 위한 힐링 가구, 자연에 나가서 힐링을 하기 위한 아웃도어형 힐링 가구 등이 필요하다. 붙박이형 가구로 항상 그 자리에 있는 가구가 아니라 장소와 상황에 따라 변형이 가능한 가구여야 한다.

이러한 힐링 열풍은 과연 긍정적인 효과만 있을까? 대한민국 전체가 위로와 치유에 매달리고 있다는 인상이 점점 커진다. 전 국민이 패배자 같은 마인드로 다른 사람으로부터 치유를 받고자 칭얼대는 어린애처럼 바뀌고 있지는 않은지 살펴봐야 한다. 전 산업이 불황의 골에서 헤어 나오지 못하는 분위기에서 우리 민족에게만 있던 패기와 투지가 점점 사라지는 것은 아닐까.

위로를 바라는 사회적 욕구에 편승해 힐링이 지나치게 상업화된다는 비판이 사회 곳곳에서 제기되고 있다. 초창기 청년층에 머물렀던 힐링 개념이 전 세대로 확대되면서 고가의 힐링 프로그램이 중장년층을 상대로 하는 돈벌이로 전락된 듯한 느낌도 든다. 힐링이 지나치면 사회의 활력을 떨어뜨린다는 지적도 있다. 무한 경쟁 사회에서 점점 낙오되는 듯한 개인의 패배감이 팽배해지면

대한민국 국민의 행복 설문결과 단위:%

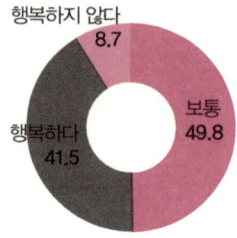

| 당신은 지금 행복한가? |

행복하지 않다 8.7
보통 49.8
행복하다 41.5

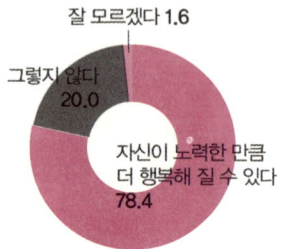

| 노력하면 행복해질 수 있는가? |

잘 모르겠다 1.6
그렇지 않다 20.0
자신이 노력한 만큼 더 행복해 질 수 있다 78.4

자료 : 현대경제연구원
출처 : 더스쿠프 2014. 01. 07.

서 순간의 쾌락에 빠지는 영혼 잃은 사람들이 늘어난다. 심하면 사회 병리 현상으로 발전하기도 한다.

---

solution

: 유통 9단 김영호의 솔루션

힐링이 뭐 대단한 것인가. 가족들과 오순도순 모여 저녁 식사를 함께 할 수 있으면 되는 것 아닌가. 하지만 저녁을 빼앗긴 대부분의 소시민들에게 힐링은 멀어 보인다. 소소한 정을 느끼게 서비스를 만드는 것, 그것이 바로 힐링이다.

슬로 라이프스타일에 대비하라

우리나라 사람들에게 '빨리빨리'는 아무리 해도 버릴 수 없는 말 중의 하나이다. 조급한 습성이 만든 초스피드 대한민국 경제. 조직적인 측면에서 보면 긍정적이지만 개인적인 측면에서 보면 상당히 부정적인 면이 많다. 그런 가운데 새로운 삶의 가치를 추구하고자 하는 깨어 있는 집단이 보이기 시작했다. 의식주와 라이프스타일의 변화를 보면 가장 빠른 삶에서 가장 느린 삶으로 회귀하는 중이다.

무엇이 슬로 라이프인가?
>
<

'슬로 라이프'라고 하면 대부분의 사람들은 시골 툇마루에 누워서 할 일 없이 뒹굴뒹굴하는 모습을 연상할 것이다. 혹은 집 앞 텃밭에서 뽑은 상추를 점심 식탁에 올려 쌈장과 함께 맛있게 식사하는 모습이 떠오르기도 할 것이다. 느린 삶이라고 타잔처럼 인간이 사는 곳이 아닌 정글에서 외로이 사는 것은 아니다. 잠깐 멈추면 보이기 시작하는 사물과 사람들을 놓치지 않고 사는 삶을 '슬로 라이프'라고 정의하고 싶다.

슬로 어답터

지난 십여 년간 IT 업계의 눈부신 발전에는 숨은 공로자들이 있었다. 바로 얼리 어답터 Early Adopter들이다. 그들은 새로 나온 IT 제품을 사용한 후에 사용 후기를 여러 채널을 통해 다방면으로 알려 주는 설명자 역할을 톡톡히 했다. 하지만 대부분의 IT 기기 사용자들은 복잡한 기능을 제대로 활용하지 못한다. 점점 복잡한 기능과 사용법을 싫어하는 사람들이 늘어 가고 있다. 그냥 살짝 흔들거나 돌리면 작동되는 단순한 IT 제품들이 각광받게 되었다. 애플의 아이팟은 제대로 된 상품 설명서도 없이 전 세계 젊은이들을 열광시켰다. 나아가 대한민국의 MP3 플레이어 시장을 초토화했다. 쉽게 이용하고 쉽게 알리도록 설계된 시스템 덕분이 아닌가.

새롭고 복잡한 기능에 열광하는 얼리 어답터식 소비가 주춤한 사이 단순하고 대중적 취향을 가진 슬로 어답터식 소비가 주류가 되어 가는 중이다. 지나치게 복잡하고 어려운 제품이나 서비스가 일부 마니아의 호평을 받을지는 모르지만, 바쁜 일상에 빠져 있는 대중 소비자들에게는 외면받기 십상이다. 아무런 상품 소개서도 없이 새로 구입한 IT 제품을 이리저리 사용하면서 사용법을 익히는 소비자층을 슬로 어답터라 부른다. 단순한 조작과 몇 번의 터치를 통해 상품을 제대로 사용만 하면 되는 것 아닌가. 바쁜 일상 때문에 새로운 것을 접하기 어려운 30~40대 중장년층까지 소비자로 끌어들이려면 쉽고 간단해야 한다.

슬로 푸드

원래 슬로 푸드 운동은 어느 정도 시간이 많이 흘렀다. 이탈리아 로마의 스페인 광장에 맥도날드가 생기는 것에 대한 반발로 카를로 페트리니_{Carlo Petrini}에 의해 1986년에 시작되었다. 슬로 푸드는 지역 생산, 전통적인 방법, 소규모 생산을 강조하며 여러 사람이 함께 음식을 먹기를 권장한다. 맥도날드가 추구하는 대량 생산과 대량 소비에 대한 거부 운동으로 시작된 슬로 푸드 운동은

150개국 10만 명이 넘는 회원이 가입할 정도로 성공하였다. 우리나라도 2008년 6월 첫 번째로 남양주가 국제슬로푸드협회 지부로 공식 등록되었다.

아무리 슬로 푸드가 외국에서 탄생했더라도 그 꽃은 우리나라에서 필 것이다. 반만년 동안 이어져 내려온 우리네 음식 문화에서 답을 찾을 수 있기 때문이다. 특히 사찰 음식은 가장 매혹적인 슬로 푸드이다. 미국 최고의 요리 학교인 뉴욕 CIA Culinary Institute of America에서 열린 한국 사찰 음식 전시회는 상당한 울림 현상을 만들어 냈다. 담백하면서 자연을 담은 음식을 대한 뉴요커들은 일종의 힐링과 명상의 일환이라는 생각을 갖기에 충분했다고 말한다.

최근 미국인들은 음식을 천천히 먹는 걸 받아들이고 있다. 사찰 음식은 그런 흐름과 맥을 같이한다. 수백 년 전의 사찰 음식 자체가 새로운 게 아니다. 요즘 시대에 새롭게 접해지기에 한류 열풍과 맞물려 앞으로 큰 성장을 기대해 본다.

슬로 패션

SPA 같은 패스트 패션에 반대되는 슬로 패션이 떠오르고 있다. 슬로 패션이라는 용어는 영국의 지속가능디자인센터 Sustainable design center의 케이트 플래처 Kate Fletcher가 2007년에 처음 사용하였다. 슬로 패션이라는 명칭에서 느껴지듯이 패스트와 반대되는 느림의 개념만으로 이해하기에는 부적절해 보인다. 슬로 패션은

클래식한 디자인으로 지역 내 장인에 의해 전통 방식으로 천천히 생산하여 오래 입을 수 있는 제품 이상의 의미를 지닌다.

슬로 패션은 생산 방식과 소비 패턴만이 아니라, 더 나아가 윤리적인 소비를 생각하는 소비자층으로 점차 발전하는 중이다. 유행에 민감하지 않은 양질의 제품을 구입해 오래 입기, 필요 없는 의류 구입을 지양하기, 스스로 만들어 입거나 돌려 입기, 중고 의류를 재활용하기, 가지고 있는 의류를 최대한 활용하여 미적 가치를 추구하며 소비를 증가시키지 않기 등도 해당된다.

최근 미국에서는 슬로 패션이 주류 패션 시장으로 서서히 받아들여지고 있다. 미국 슬로 패션의 대표 주자로는 랄리 데님Raleigh Denim이 있다. 노스캐롤라이나 주 랄리라는 곳에서 젊은 부부에 의해 2008년 시작되었다. 그들은 뉴욕 부유층이 주로 쇼핑하는 바니스 뉴욕Barney's New York이라는 고급 백화점의 첫 번째 오더인 114벌의 청바지를 다섯 달에 걸쳐 직접 손으로 만들어 납품하여 인기리에 판매하였다. 현재는 일본의 이세탄伊勢丹 백화점, 영국의 해롯Harrods 백화점에서도 판매되고 있다.

슬로 쇼핑

우리에게 쇼핑이란 무엇일까? 이젠 쇼핑을 재정의해야 하는 시대가 아닐까. 세계 대도시에는 패션 스트리트라 불리는 쇼핑의 거리가 있다. 파리의 샹젤리제 거리Avenue des Champs Élysées나 런던의 옥스퍼드 스트리트Oxford Street, 뉴욕의 피프스 애비뉴Fifth Avenue, 도쿄의 긴자銀座 같은 거리이다.

대규모의 거리 말고도 한가롭게 기웃거릴 쇼핑 거리는 해당 도시 여기저기에 많이 있다. 식사 후에 어슬렁거리면서 쇼핑하는 분위기를 만들어 주는 거리가 슬로 쇼핑을 위한 장소이다. 꼭 사지 않아도 되고, 옆에 착 달라붙는 호객 행위를 받지 않아도 되고, 잠시 벤치에 앉아 쇼핑하는 사람들을 구경도 하는 쇼핑이 슬로 쇼핑이다. 기존 쇼핑이 필요한 상품만을 찾아 빨리 구입해 돌아가는 것이었다면 슬로 쇼핑은 패션과 예술, 문화가 공존하는 곳에서 편안하고 여유롭게 즐기며 구매도 하는 방식이다. 최근에는 패스트 패션의 대명사인 SPA 업체가 매장을 슬로 쇼핑에 맞도록 기획을 새롭게 하는 극과 극 현상이 진행 중이다.

슬로 시티

사람들이 걷기 운동에 심취하고 있다. 제주도 올레길 이후로 전국에는 각종 걷기 길이 생겨났다. 시간이 나면 걷고자 하는 취미 생활자들이 하나둘씩 늘어난다. 슬로 걷기를 하면서 자연과 하나가 되고픈 도시인들을 위해 지방 도시들이 슬로 시티를 표방하고 나섰다. 슬로 시티는 느림과 여유의 가치를 지향하는데, 1999년 이탈리아의 작은 산골 마을에서 시작됐다. 지역이 본래 가진 자연 환경과 고유 음식, 전통 문화 등을 지키며 지속 가능한 발전을 추구하는 삶의 자세를 말한다. 현재 16개국 116개 도시가 슬로 시티로 지정돼 있다.

쾌적한 교통편도, 고급스러운 음식점이나 숙박 시설도 없다. 신나는 놀이 기구나 거창한 볼거리도 있지 않은 곳에 사람들이 모인다. 보다 빠르고 쉽고 편한 것을 찾는 현대 문명의 흐름을 거슬러 느림을 추구하는 슬로 시티가 지자체 경쟁력을 키워 준다.

슬로 TV

TV에도 슬로라는 개념이 있을까? 자연을 중시하는 노르웨이에서 인기리에 방영되고 있다. 2009년 노르웨이의 공영 방송 NRK는 서남부 해안 도시인 베르겐에서 수도 오슬로로 가는 기차 맨 앞에 카메라를 설치했다. 기차가 달리는 약 7시간 동안 카메라가 찍은 장면은 〈베르겐 기차 여행Bergen Line〉이란 제목으로 방영됐다. 일상을 있는 그대로 촬영한 영상을 편집 과정을 거치지 않고 방영하는 TV 프로그램이다. 보이는 것은 끝없이 이어지는 눈 덮인 자연 풍경이요, 들리는 것은 덜컹거리는 기차 바퀴 소리뿐이다. 눈 덮인 산야 풍경이 무료하게 지나간다. 물론 중간중간 지나치는 터널의 어둠도 그대로 방영된다.

TV를 보고 있으면 시청자는 마치 기차에 앉아 창밖을 내다보는 느낌을 받는다. 〈베르겐 기차 여행〉에는 막장 드라마의 허무맹랑한 스토리가 없다. 어른들만 봐야 하는 선정적 노출도, 잔인한 폭

력도, 눈물샘을 자극하는 이야기도 없다. 그럼에도 2009년 11월 금요일 밤의 황금 시간대에 편성된 이 프로그램은 다른 프로그램 시청률의 4배에 해당하는 15%의 시청률을 기록했다.

영국항공은 2014년 6월부터 기내에서 제공하는 TV 프로그램 장르에 슬로 TV를 추가했다. 차분하고 조금은 따분한 슬로 TV 프로그램을 선호하는 고객이 늘고 있기 때문이다.

한 회사원이 정말 빨리 지하철 입구로 달려간다. 손에 든 스마트폰을 열심히 보면서 말이다. 앱에 나온 지하철 도착 시간을 보고 있다. 겨우 시간에 맞추어 안착한 지하철 객실에서 그는 무료 게임인 캔디 크러쉬 사가를 한다. 문명의 이기를 통해 절약한 시간을 소모적인 모바일 게임을 하면서 소비한다. 시간을 생산하기도 하고 소비하기도 하는 모바일 세상에서 우리는 너무나 헛똑똑이 같은 삶을 살아가고 있다.

유통 9단 김영호의 솔루션

너무나 빠른 세상, 좀 느긋해 볼 필요가 있다. 지금까지 그렇게 빨리 달려왔어도 아직 큰돈을 벌지는 못하지 않았는가. 돈보다는 자신과 가족의 건강, 행복에 더 집중하면서 천천히 살아 보자. 그것이 슬로 라이프이다.

> 장사의 99%는 트렌드다 <

진화하는 디지털 싱글족

디지털 세상이 점점 심화되면서 소비자의 입맛이 점점 세밀화되고 구체화되었다. 또한 지금까지 특정 계층에서만 향유되었던 '나만의 특정 서비스'가 보편적 서비스로 저변이 확대되는 중이다. 우리나라를 포함해서 전 세계 유통 산업은 '판매자 중심 매장'인 1세대 → '다양한 상품 구비 및 저렴한 가격과 서비스를 혼합'한 2세대 → '세분화된 고객 니즈를 충족'시키는 3세대 유통으로 진화하고 있다. 유통 채널의 진화 방향도 빅 데이터 세상에 맞추어 맞춤형 서비스와 상품으로 전개된다.

싱글족에게 눈을 돌려야

판매에만 집중했던 유통 1세대에서는 입지와 접근 용이성을 중심으로 한 매장 선택과 구성이 가장 중요한 결정 사항이었다. 판매와 서비스를 혼합한 유통 2세대로 발전하면서 고객의 가장 큰 니즈인 저렴한 가격과 불만을 최소화하는 서비스를 혼합하여 제공하는 형태로 변화하였다. 동시에 어느 한 분야의 아주 다양한 상품만을 취급하는 카테고리 킬러 업태도 등장하게 된다. 이젠 빅 데이터, 디지털 복합 세상이다. 그야말로 3세대 유통 세상이다.

세계에서 제일 먼저 싱글족에게 눈을 돌린 할인점이 어디인지 아는지? 정답은 독일 도르트문트 월마트 매장이다. 약 10여 년 전에 있었던 사례인데, 매주 금요일에 '싱글 쇼핑 나이트(오후 6시~8시)' 프로그램을 진행했다. 프로그램의 주제는 도르트문트 월마트를 이용하는 싱글 남녀의 짝 찾기다. 참가자들은 붉은 리본이 달린 카트를 끌고 쇼핑하면서 마음에 드는 상대방을 찾는다. 서로 마음이 맞으면 매장 내에 마련된 스낵이나 음료수 코너에서 어색한 첫 만남을 갖는다. 월마트는 첫 만남의 어색함을 풀어 주기 위해 와인, 영화 음악, 초콜릿 등 독신자용 특별 코너를 마련한다. 당시 매주 400여 명이 프로그램에 참여하는 긍정적 효과를 얻었다. 이후 독일 전역의 91개 월마트 매장에서 같은 행사를 진행했다.

우리나라에서도 이런 이벤트를 하면 어떨까? 대형 마트에서 미팅을 한다면 미래 고객을 충성 고객으로 만드는 효과가 있지 않을까. 혹시 싱글족을 빙자한 유부남, 유부녀가 미팅을 하지는 않을까 걱정되지만 말이다.

싱글족만을 위한 맞춤형 시장
>
<

싱글족만을 위한 맞춤형 시장은 점점 심화 발전한다. 특히 좁은 공간에서 나만의 삶을 철저하게 향유하는 '디지털 싱글족'에게 가장 필요한 품목은 공간 활용형 가구이다. 홈 오피스Home Office 시장이 활짝 열린다. 꼭 집에서 일을 하지 않아도 홀로 신문을 보거나, 자료를 조사하거나, 글을 쓰는 활동이 가능하다. 인터넷 서핑을 하거나 책을 읽는 등 대부분의 활동을 자유롭게 할 수납형 가구도 필요하다. 그들만을 위한 맞춤형 가구 시장을 선점하기 위해 국내 주요한 가구 업체가 준비 중이라 한다. 디지털 싱글족을 위한 전용 가구 시장은 앞으로 성장 가능성이 상당히 큰 시장임에 틀림없다.

싱글족은 대개 주중에는 일로, 주말에는 휴식이나 취미 활동으로 시간을 보낸다. 온라인을 통해 필요한 가구를 구매하는 사례가 대부분이다. 당연히 온라인 구매에 대비한 가구 업계의 발 빠른 준비가 요청된다.

일본에서는 TV 수납, PC 사용, 화장품 수납을 한 번에 해결해주는 복합형 가구 제품이 인기리에 판매되고 있다. 좁은 다기능 공간에서 생활해야만 하는 싱글족에게 미니 상품군은 지속적으로 찾게 되는 제품군이다. 집에서 업무를 진행하는 자유 직업군에 속하는 싱글족이 늘어나면서 소형 가전이나 사무기기도 인기리에 판매된다. 프린터 겸용 복사기, 미니 냉장고, 미니 세탁기, 초소형 전자레인지, PC 겸용 TV 등 디지털 라이프를 만끽하도록 도움을 주는 미니 가전 제품군의 발전이 눈부시다.

이와 더불어 침대 관련 제품군에서 맞춤 현상이 나타나고 있다. 이불 전문 기업은 베개 피팅 서비스를 제공한다. 개인별 베개의 높

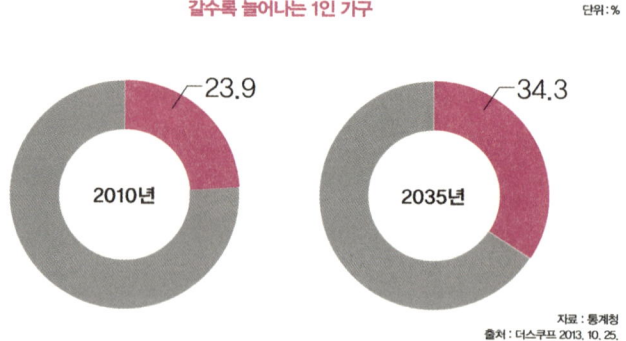

갈수록 늘어나는 1인 가구   단위:%

2010년 23.9
2035년 34.3

자료 : 통계청
출처 : 더스쿠프 2013. 10. 25.

이를 찾아 매트리스와 머리, 경추 사이에 생기는 틈을 메워 주는 방식이다. 침대 전문 기업은 매트리스 피팅 서비스를 제공한다. 개인 체형에 적합한 매트리스를 추천해 주는 '슬립 맵 시스템Sleep Map System'을 개발해 체험 서비스를 제공한다. 심박 수와 몸무게, 수면 습관, 선호 자세 등을 분석해 본인에게 알맞은 매트를 추천한다.

여성 싱글족을 위한 볼륨업 브라와 맞춤형 보정 속옷 서비스도 출시되었다. 여성 고객의 결점을 커버하고 장점을 더욱 돋보이게 해주는 서비스다. 맞춤형 서비스라 예약제로 운영된다는 점에서도 고객의 만족도를 높인다.

고령 싱글족도 있다

젊은 싱글족만이 아니라 나이 든 고령 싱글족을 위한 서비스가 속속 개발되고 있어 관심 집중이다. 고령 싱글족만을 위한 안심 산업이라 할 세이프티 비즈니스Safety Business이다. 혼자 사는 여성이나 노약자를 상대로 한 범죄를 예방하는 개인 보안 사업은 점점 증가하는 흉악 범죄에 떠는 싱글족에게 위안이 된다.

안심 서비스란 CCTV, 출입 통제, 시스템 경비, 비상 출동, 보디가드 등 안전과 관련한 서비스를 말한다. 싱글족과 고령 싱글족을 중심으로 안심 산업의 잠재 시장 규모가 현재 6조 5천억 원에서 3

년 안에 10조 원 이상으로 급증할 것으로 업계는 전망한다. 서울시는 '여성 1인 가구 종합지원대책'의 일환으로 무인 택배 시스템을 운영 중이다. 시행 초기부터 지금까지 누적 이용 건수가 22만 건을 돌파했다. 택배 서비스를 이용한 범죄가 늘어나면서 배송 사원을 마주치지 않고 택배 상품을 받는 서비스가 인기를 얻었다.

21세기 디지털 세상에서 유통 업체가 생존하기 위해선 소비층의 사소한 변화에도 민감하게 반응해야 한다. 자신들의 고객이 누구이고, 고객의 소비 행태가 어떻게 바뀌고 있는지, 잠재 고객을 끌어들이기 위한 방안은 무엇인지 철저한 검토가 필요하다. 가치 소비에 익숙한 싱글족을 위한 맞춤형 서비스 시스템을 갖추어야 한다. 빅 데이터와 트렌드, 예측 경영이 필수인 세상으로 달려가고 있다.

solution

: 유통 9단 김영호의 솔루션

늘어만 가는 디지털 싱글족이 진정 필요로 하는 제품이나 서비스는 무엇일까 많은 고민이 필요하다. 무시하지 못할 그들만의 시장을 선점하는 브랜드는 아직 보이지 않는다. 한번 도전해 볼 만하지 않은가.

밑바닥 트렌드가 곧 비즈니스다

논란이 아직도 계속되면서 국가 경제 기관의 수장들이 머리를 맞대고 있다. 창조경제를 설명하는 만화까지 등장했다. 아직까지 국민들이 창조경제라는 콘셉트를 잘 이해하지 못하고 있지만 시간이 갈수록 나아질 것으로 본다. 창조는 새로운 것을 만든다는 아주 쉬운 개념이기 때문이다.

마이스 산업이란?
>
<

한국관광공사는 '창조관광'을 키워드로 삼아 정책을 입안하고 있다. 새 정부의 콘셉트인 창조경제의 일환으로 보인다. 창조관광 중 '마이스 산업'에 거는 기대가 상당히 커 보인다. 최근 세계 대도시들이 신성장 동력으로 육성하는 분야 중 하나다.

마이스MICE는 '기업 미팅Meeting', '포상 여행Incentive Travel', '국제회의Convention', '전시·박람회Exhibition'를 아우르는 비즈니스 관광을 일컫는다. 우리나라의 국제회의 개최 건수는 2002년 100여 건 수준으로 세계 22위였으나, 2012년 469건으로 급증해 세계 6위

마이스 유치와 직접 수출 효과 비교

관광객 분류	중형차	42인치 TV	휴대전화
마이스 관광객 100명 유치	21대 수출	1531대 수출	1076수출
일반 관광객 100명 유치	7.5대 수출	549대 수출	386수출

2010년 국내 마이스 현황

구분	개최건수	외국인 참가자	내국인 참가자	전체 참가자
회의·국제회의(Meeting·Convention)	9만3106건	62만3284명	782만9270명	845만2554명
인센티브 관광(Incentive Travel)	5050건	33만2789명	집계 안 됨	33만2789명
전시회(Exhibition)	479건	9만9067명	710만6305명	720만5372명
합계	9만8635건	105만5140명	1493만5575명	1599만715명

자료: 경희대 컨벤션전시정책연구소
출처: 중앙일보 2011. 10. 21.

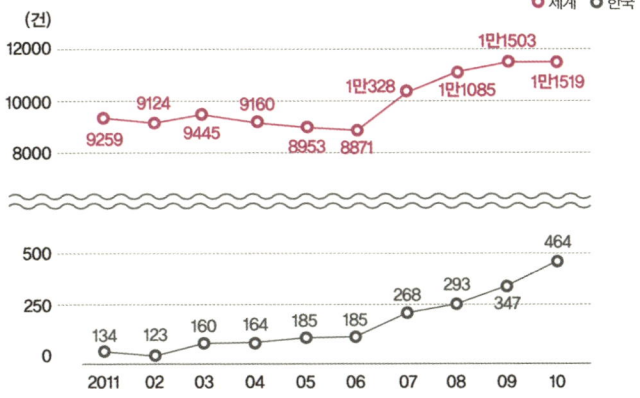

출처 : 중앙일보 2011. 10. 21.

에 올랐다. 불과 10년 만에 이룬 성과여서 성공 가능성이 충분해 보인다. 세계 마이스 시장은 2009년 8천 530억 달러에서 2012년 1조 612억 달러로 증가했다. 연평균 7.1%의 성장을 이어 가는 중이다. 오는 2017년에는 1조 5천억 달러를 기록할 것이라는 핑크빛 전망도 나온다.

정부 입장에서 눈에 불을 켜고 주목하고 있지만 쉽지 않은 시장임에 틀림없다. 전 세계 선진국들이 앞다투어 뛰어든 신규 시장이기에 더더욱 쉽지 않다. 의지와 실력은 전혀 다른 요소이다. 우리나라 여러 지자체장이 마이스 산업에 총력을 기울이겠다고 하여 과잉 시설 투자가 걱정된다. 대한민국은 마이스 산업의 장밋빛 전망만 보고 정작 경쟁력 있는 상품 개발은 미진하여 걱정이 앞선다.

트렌드 서베이를 육성해야

내가 주장하는 바는 선진국처럼 대규모의 마이스 산업을 준비하기보다는 작은 규모의 축소판 마이스 산업을 육성해야 한다는 것이다. 작지만 큰 감동을 주는 관광 산업은 관광객들이 밑바닥 체험을 다양하게 만날 때 발생한다는 점에 초점을 맞추어야 한다. 즉, 마이스가 가진 여러 단점을 최대한 극복하는 방식이다.

기존 마이스 방식은 서비스 규모가 크기 때문에 한국의 진짜 모습을 보여 주기 힘들다. 한국의 밑바탕에 깔려 있는 트렌드를 알리기도 난망하다. 서비스의 질이 높은 것도 단점으로 작용할 가능성이 있다. 가격이 비싸질 수밖에 없어서다. 자금 사정이 여의치 않은 업체 관계자들이 마이스를 이용하기는 쉽지 않다. 결국 한국에 긍정적 영향을 주지 못한다.

마이스와는 또 다른 콘셉트의 투어 상품이 필요하다. 한국의 트렌드를 쉽게 알려 줄 만한 상품이다. 국제 비즈니스맨들에게 좋은 선물이 될 것이다. 국제 비즈니스맨들은 사업의 단서를 찾기 위해 트렌드를 좇을 수밖에 없다. 그런 사람들을 위해 필요한 투어 서비스가 '트렌드 서베이Trend Survey'다. 일본 도쿄의 예를 보면 쉽게 이해된다.

도쿄 투어 중에는 반나절 상품이 있다. 어떤 외국인이든 쉽게 상품을 이용할 수 있고, 일본 곳곳을 오간다. 제약도 별로 없다.

그저 교통수단만 있으면 끝이다. 도쿄의 반나절 상품은 외국인에게 꽤 인기가 높다. 정형화돼 있는 일본의 모습보다는 트렌드를 읽기 편해서다.

우리도 이런 프로그램을 도입하면 서울의 트렌드를 외국인에게 알릴 좋은 기회를 얻는다. 서울 트렌드를 읽어야 하는 해외 비즈니스맨에게 훌륭한 상품이 된다. 예비 비즈니스맨인 배낭족들에게도 아주 좋은 기회가 되리라 예상된다. 한국 곳곳의 현장을 직접 보고 느끼는 투어 상품을 만드는 것이다.

작은 규모의 마이스 사업은 상당한 경제적 효과를 창출한다. 별도의 시설을 만들 필요가 없다. 기존 시설물을 최대한 활용하면 그만이다. 새 시설물이 필요 없으니 예산도 들지 않는다. 기존 시설과 서비스를 사업에 맞추면 끝이다. 트렌드 서베이를 육성해야 하는 이유가 여기에 있다.

내국인을 상대로 하는 머니 트렌드 투어
>
<

트렌드 서베이가 내한하는 외국 소비자를 상대한다면, 거꾸로 내국인을 위한 상품도 가능하다. 내국인이 해외 도시의 트렌드 정보를 탐방하는 서비스의 경제적 효과도 상당히 커 보인다. 불황일수록 소비가 위축되기 마련이라 창업자들은 획기적 아이템 선

정에 많은 노력을 기울인다. 트렌드 서베이를 통해 새로운 상품과 시장 정보를 수집할 수 있다.

내가 기획하여 진행하는 '머니 트렌드 투어Money Trend Tour'는 예비 창업가들이 해외의 선진 도시들을 직접 탐방하는 프로그램이다. 방문 도시의 트렌드와 사업 모델에서 획기적인 창업 아이디어를 얻도록 만든 투어이다. 20년 이상 특정 업종에서 잔뼈가 굵은 전문가가 일정 내내 동참한다. 산업에 대한 해설과 해당 분야의 컨설팅을 1:1 밀착 관리를 해준다. 이를 통해 우리나라와 다른 소비 경향과 트렌드를 비교하면서 스스로 트렌드를 읽고 해석하는 능력을 키우게 한다. 투어가 진행되는 동안 1:1 상담을 통해 해당 아이템의 향후 비전과 수익성 같은 심도 있는 컨설팅도 가능하다. 블루 오션 시장 진입에 대한 우선권을 획득하기 용이하다는 것이 큰 장점이면서 차별점이다.

내국인을 상대하는 트렌드 투어는 총 3부로 구성된다. 1부에서는 사전 미팅을 통해 투어 기간 중에 할 일을 미리 안내하고, 상호 간 인사를 나누는 시간을 갖는다. 2부에서는 해당 기간, 해당 도시에서의 체험 학습을 한다. 3부에서는 귀국 후 여행의 결과물을 함께 공유하는 시간과 일대일 컨설팅의 시간을 갖는다.

머니 트렌드 투어의 5가지 포인트

해외 유명 도시의 사업 거리에 관한 트렌드 정보를 알려 주는 트렌드 투어가 성공하기 위해선 5가지 준비해야 할 사항이 있다.

체험담, 성공 사례 등 홍보를 위한 신뢰성

요즘처럼 인터넷이 발달하고 정보의 공유와 교류가 활발해진 시대일수록 사람들의 마음을 보다 강하고 빠르게 잡아야 한다. 정보의 과부하에 시달리는 현대인에게 더욱 강한 믿음을 준다는 측면에서 입소문 마케팅은 유망한 신사업 아이디어이기도 하다. 동시에 강력한 마케팅 수단이 될 것이 확실하다. 트렌드 투어에 직접 참가해서 얻은 통찰을 중심으로 블로그나 SNS로 전달되는 체험형 정보는 많은 희망자를 양산할 것으로 예측된다.

지속적인 네트워킹으로 활성화된 정보 교류의 장 제공

기존 비즈니스 투어와의 확실한 차별화 포인트는 사후 관리이다. 기존 여행사에서 아무리 좋은 서비스를 제공한다 해도 귀국 후까지 이어지는 서비스를 제공하기는 쉽지 않다. 트렌드 투어는 최대한 귀국 후의 서비스에 초점을 맞추어야 한다. 기수별 오프라인 모임을 주선하고 온라인 카페를 만들어 지속적이면서 양질의 비즈니스 정보를 제공하는 것이 핵심이다.

전문가 확보 및 사전 교육 매뉴얼 준비

철저한 현장 중심형 전문가 확보가 관건이다. 대학 교수처럼 이론만 치중해서도 안 되고, 해당 업계에서 잔뼈가 굵은 경력에만 치중해서도 안 된다. 이론과 현장 실무를 골고루 갖춘 전천후 전문가를 확보하여 협업 시나리오를 미리 잘 작성해 놓는 것이 사업 전에 할 일이다. 투어 일정별 시나리오 2~3개를 미리 만들고 매뉴얼화하는 과정을 사전에 끝내야 한다. 사전 매뉴얼 작성과 연습은 몇 번을 강조해도 지나침이 없다.

새로운 트렌드에 대한 지속적인 분석과 제안

이제는 어느 누구나 안다. 트렌드를 찾아내서 내 것으로 만드는 작업이 새로운 사업의 성패와 연관이 있다는 사실을 말이다. 사실 오랫동안 사람들은 트렌드가 어느 누구도 진정으로 이해하지 못하는 신비롭고 설명이 불가능한 현상이라고 믿어 왔다. 탄생, 확산, 변화, 소멸 등 트렌드의 전 과정이 현대 사회의 풀기 어려운 미스터리로 알려진 면이 있다. 실제 트렌드는 대부분의 사람들이 생각하는 것보다 훨씬 쉽게 예측 가능하다. 예측 가능성은 트렌드가 인간의 행동을 수반하는 사회 문화적인 과정이라는 사실에서 비롯된다.

미래에 유행할 히트 상품을 길거리에서, 신문이나 잡지에서, 혹은 전혀 뜻밖의 장소에서 찾을 수 있다. 물론 변화된 행동을 선도

하는 그룹이 있다. 트렌드 결정자들의 욕구이다. 트렌드 결정자들의 연령대가 대부분 20~30대이다. 그들의 행동거지를 파악하는 것도 트렌드 투어를 통해 진행되어야 한다.

트렌드의 확산을 이해하기 위한 첫 번째 단서는 스타일과 취향이다. 스타일이나 취향의 변화를 일으키는 초기 과정을 찾아내야 한다. 두 번째로 의상과 인테리어 가구처럼 서로 다른 제품 카테고리 사이에서 동일한 스타일이 유행하는지를 파악해야 한다. 세 번째 단서인 주류 스타일에 어떤 변화가 일어나고 있는지도 섬세하게 관찰하여 얻도록 한다.

후속 프로그램 제공

향후 연관 있는 국가 기관을 통한 보급형 서비스 상품을 개발하는 것이 후속 프로그램이다. 거의 모든 히트 상품은 고급형과 보급형으로 나누어서 개발된다. 트렌드 투어 상품도 첫 번째는 고급형으로, 향후에는 보급형 상품으로 추가 진행되어야 한다. 보급형 서비스에는 철저한 팀별 플레이를 넣거나, 미션 수행에 따른 팀별 혜택을 넣는 등 기존 일대일 서비스와의 차별화를 유도한다.

21세기 도시 여행업은 '어디 가서 무엇을 볼까'가 아니라, '돈이 될 사업 아이템과 히트 상품이 무엇인지 찾아내는 과정'이다. 해당 도시의 트렌드를 쉽게 읽을 프로그램을 잘 개발한다면 수많은 비즈니스 관계자들이 한국에 방문할 것이다. 많은 예산을 들여 마이스 산업을 육성해도 정작 밑바닥 트렌드가 필요한 국제 비즈니스맨은 한국으로 발걸음을 옮기지 않는다. 아주 작은 1%의 수요를 발굴해 큰 트렌드로 만드는 일이 '창조관광'이다.

solution

: 유통 9단 김영호의 솔루션

개념조차 모호한 창조경제를 대표하는 마이스 산업에 중복 투자의 우를 범하지 않아야 한다. 국내외 비즈니스 투어 시장을 새로 개발해야 한다. 21세기 도시 여행업은 '재화 취득업'과 같다. '어디 가서 무엇을 볼까'가 아니라, '돈이 될 사업 아이템과 히트 상품이 무엇인지 찾아내는 과정'이다. 해당 도시의 트렌드를 쉽게 읽는 프로그램을 잘 개발한다면 수많은 비즈니스 관계자들이 한국에 방문할 것이다. 저렴하고 쉽게 접근하는 비즈니스 투어 상품을 개발해야 국제 비즈니스맨들이 한국으로 발걸음을 옮긴다.

장사의
99%는
트렌드다

실버 모바일족에게 배려를 팔아라

 시내에 나갈 일이 있을 땐 지하철을 탄다. 지하철 풍경을 관찰하는 것도 트렌드를 읽는 나름의 방법이다. 특히 승객의 행동을 주의 깊게 살핀다. 세상의 흐름을 읽고 싶다면 지하철 안에서 시민들의 행동을 유심히 살피는 일부터 시작해야 할 것이다. 패션 의류 쇼핑몰을 운영하는 기획자라면 지하철 한 칸에 스커트를 입은 사람, 바지를 입은 사람, 레깅스를 입은 사람이 각각 몇 명이고, 운동화 신은 사람과 구두 신은 사람의 비율이 얼마인지, 나아가 일 년 후에는 어떤 비율로 변할지 등 현장의 변화를 매일 점검할 수 있는 곳이 지하철이다.

실버 모바일족이 등장한다
>
<

요즘 지하철에서 자주 보는 특이한 광경은 중년 여성의 스마트폰 중독이다. 가만히 보면 우리나라 청소년의 인터넷과 모바일 중독을 능가하는 듯하다. 화제를 모았던 한 케이블 방송의 인기 프로그램 〈꽃보다 할배〉에 등장한 70대 4명도 모바일 게임에 푹 빠져 있었다. 통계도 이런 사실을 뒷받침한다.

한국인터넷진흥원이 2013년 초 발간한 보고서에 따르면, 지난해 50대 무선 인터넷 이용률은 전년 대비 35.2% 증가했다. 증가율만 보면 20대 5.3%, 30대 19.6%보다 훨씬 높았다. 4세대4G LTELong Term Evolution 스마트폰 사용률도 50대에서 가장 많이 늘었다. 2012년 50대 이상의 LTE 스마트폰 사용 증가율은 20.8%로 20대 18.7%보다 높았다. 이런 흐름에 주목한 휴대 전화 영업점은 20대 고객보다는 50~60대 신규 고객을 찾아 공략하는 마케팅 활동에 집중한다.

또한 한국인터넷진흥원은 미래창조과학부와 함께 2013년 6월

한 달간 만 12세 이상의 모바일 인터넷 이용자 6천명을 대상으로 조사한 '2013 모바일 인터넷 이용 실태 조사' 결과를 발표했다. 이용자 대부분인 95.5%는 스마트폰을 통해 모바일 인터넷에 접속했으며, 가정과 직장, 교통수단, 상업 및 공공시설 등 거의 모든 곳에서 이용하고 있었다. 10명 중 9명 이상의 이용자는 모바일 메신저를 이용했다. 50대와 60대의 모바일 메신저 이용자 비율도 각각 84%, 71.6%를 차지해 높은 수치를 보였다. 반면 전통적인 온라인 커뮤니케이션 수단인 이메일 이용률은 38.3%에 그쳤다.

지금까지 실버 모바일족은 SNS나 게임을 즐기는 데 그쳤다. 앞으로는 광범위한 실버 마켓을 형성할 것으로 보인다. 현재 50~60대 실버 모바일족을 위한 애플리케이션 시장의 특성은 '정보 제공'에 있다. 특히 위급한 상황이 언제 발생할지 모르는 실버 세대에게 유용한 의료 정보를 제공하는 앱이 인기다.

커져 가는 실버산업에 주목해야
>
<

현대경제연구원에 따르면 2002년 6조 3,820억 원이던 실버산업의 시장 규모는 2010년 22조 원을 넘어섰다. 2018년에는 84조 원에 이를 것으로 전망했다. 실버산업이 IT와 접목하면서 성장에 속도가 붙고 있다. 향후 무선 인식, 증강 현실, 동작이나 음성 인식

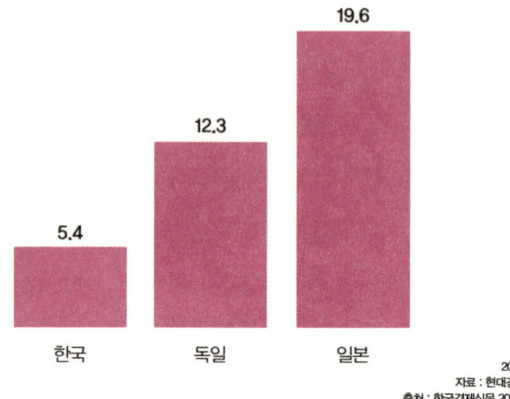

한국 실버산업은 걸음마 단계 GDP 대비 실버산업 비중, 단위:%

2012년 기준
자료: 현대경제연구원
출처: 한국경제신문 2014. 09. 14.

등이 웨어러블 기술과 접목하면 산업 규모가 더욱 커질 것이란 전망도 나온다.

커뮤니티 시장의 움직임도 눈에 띈다. 실버층은 퇴직 이후 갈 곳이 없어 외롭다. 그래도 경로당은 가고 싶지 않다. 종로 3가 탑골공원 같은 곳은 더더욱 가기 싫다. 그래서 탄생한 뉴 비즈니스가 조용히 각광을 받고 있다. 매더 라이프 웨이즈Mather Life Ways라는 비영리 단체가 운영하는 '카페 플러스Café Plus'는 실버 세대의 공간 서비스를 표방하며 50대 이상을 대상으로 하는 '장소' 비즈니스를 시작했다. 이곳에서는 식사뿐만 아니라 다양한 프로그램과 강의를 들을 수도 있다. 한마디로 시니어 버전의 스타벅스인 셈이다. 세련된 카페 분위기 속에서 시니어의 신체적, 심리적, 사회적 특성을 잘 아는 직원의 서비스를 받는다. 오전 7시부터 비교적 저렴하고 질 높은 식사를 할 수 있다는 점도 눈길을 끈다.

특별한 기술이 아니더라도 실버 마켓은 성장 가능성이 크다. 아이디어 하나만으로 마케팅을 전개할 수 있다. 실버층만을 위한 독일의 슈퍼마켓 에데카는 고령의 고객이 편리하게 쇼핑하도록 아이디어를 고안했다. 선반 높이를 다른 매장보다 20cm 낮추고, 계산대도 낮게 설치했다. 쇼핑 카트에 돋보기를 부착해 제품 설명서를 읽도록 배려했다. 종업원도 비슷한 또래의 50대로 뽑는 등 기존 고객을 배제하지 않으면서 시니어 고객까지 흡수하는 전략이다. 매출이 올랐음은 당연하다.

노동 시장에서 고령 노동자를 끌어들여 성공을 거둔 사례도 있다. 독일의 BMW는 47세 이상의 노동자를 하나의 생산 라인에 모아 근무를 시켰다. 생산성이 일반 생산 라인보다 7%나 낮았지만, 결근율은 일반 노동자보다 오히려 2% 낮았다. 불량률은 일반 생산 라인의 수준과 비슷했다.

실버 세대를 위한 마케팅 전략 수립해야
>
<

2012년 대한상공회의소가 개최한 '제15차 유통위원회'에서 나온 '일본 인구 구조 변화에 따른 유통 기업 대응 전략'에 의하면, 우

리보다 먼저 고령화 사회에 진입한 일본에서는 실버 세대의 소비력이 10년 전부터 크게 증가하고 있다고 한다. 국내 유통 기업에서도 고령화 사회에 대비해 건강, 안전, 즐거움, 아름다움, 친환경을 추구하는 실버 세대의 소비 특성을 반영한 마케팅 전략 수립이 시급해 보인다.

점점 감소하는 인구에 따라 소비 시장 역시 차츰 축소된다. 이에 대응해 실버 세대를 위한 시장에 눈독을 들여야 한다. 저출산과 고령화가 유례없이 빠른 속도로 진행되는 대한민국은 앞으로 일본의 인구 구조와 유사해질 것이다. 일본 유통 기업의 대응 사례는 우리에게 많은 시사점을 주기에 충분하다.

우리나라 인구 고령화는 2000년 인구 만 명당 340명을 넘어 2019년에는 731명, 2026년에는 1,001명으로 각각 14.4%, 20%에

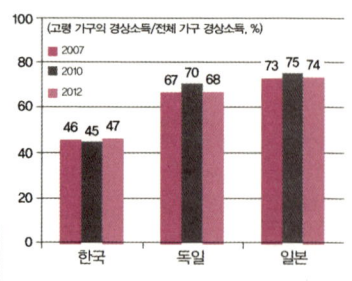

육박할 것으로 예상된다. 당연히 실버산업의 성장률도 해마다 12%씩 증가하여 그 규모가 2020년에는 140조 원으로 커질 것으로 추정된다. 우리가 아는 주요 실버산업으로는 홈케어 서비스 사업, 중간 보호 시설, 1일 탁노소 사업, 유료 양로·요양 시설, 노인 전용의 의료 서비스 산업, 노인 대상의 관광·오락 사업, 노인 식품, 노인 의복, 노인용 생활용품 사업 등이 있다.

실버 모바일족을 위한 시장은 아직은 걸음마 단계다. 가야 할 길이 멀다. 그럼에도 실버 마켓은 무주공산無主空山임에 틀림없다. 성장 가능성이 매우 크다. 다만 지금의 대한민국 실버 고객들은 디지털로 중무장된 실버 디지털 노마드족이라는 점을 잊지 말기 바란다.

solution

: 유통 9단 김영호의 솔루션

고령화가 빠르게 진행되는 가운데 실버 세대의 소비 특성을 고려한 마케팅 전략 유무가 향후 유통 시장에서의 성패를 좌우할 것이다. 누구나 아는 마케팅 전략으로는 절대 실버 시장의 대표 브랜드가 되지 못한다. 실버 세대를 사랑하고 배려하는 마음 없이는 말이다.

면세점, 이제 트랜슈머에 집중하라

몇 년 전 세계적인 명품 브랜드가 인천공항에 매장을 여는 일로 세간의 관심을 받았다. 유통 재벌들의 전쟁으로 불리며 관심을 받았던 면세점이 최근 잘나가는 유통 채널이 되고 있다.

면세점이 늘어나고 있다
>
<

최근에 상승하는 면세점의 오랜 역사를 들여다보자. 원래 면세점의 기원은 중세 유럽으로 거슬러 올라간다. 항구 상인들이 지방세금을 면세받아 긴 항해에 필요한 식량과 비품 등을 선박에 공급하면서 시작됐다. 세계 최초의 공항 면세점은 1947년 아일랜드 서쪽에 위치한 샤넌공항에서 기념품을 파는 정도의 작은 매점으로 출발했다. 현대적 면세점을 가장 먼저 도입한 나라는 프랑스이다. 만성적인 무역 적자를 보충하고 관광 산업의 진흥을 통한 외화 수입 증대를 위해 1959년에 만들었다. 자국을 방문하는 여행자와 체류자, 외교관들이 상품을 구입하면 각종 내국세를 면세해 주었다. 체계적인 면세점 사업의 시초라 하겠다.

우리나라에 면세점이 도입된 것은 1962년. 한국관광공사가 주한 외국인을 위한 특정 외래품 판매소를 소규모로 운영하면서부터다. 1980년대에 들어 지금처럼 명품 브랜드를 유치하면서 면모를 갖추었고, 매장도 점차 대형화되었다. 당시에는 공항 면세점보다는 시내 면세점이 주를 이루어 전국적으로 시내 면세점만 29개에 이를 정도였다. 1990년대 후반 외환 위기를 맞으면서 지금의 양대 면세점 체제로 구축되었고, 2001년 인천공항 개항과 함께 면세점의 주류도 시내에서 공항으로 옮겨 가게 된다.

전 세계의 경기 침체와 상관없이 면세점은 매년 20%의 성장률을 보이며 힘찬 도약의 단계로 접어들었다. 한국면세점협회에 따르면 한국 면세점 시장 규모가 2010년 4조 7천억 원에서 2012년 6조 3천억 원으로 34% 커지는 동안 일자리는 1만 명에서 1만 5천 명으로 50% 늘어났다.

면세점은 크게 사전 면세점과 사후 면세점으로 나뉜다. 우리가 흔히 알고 있는 신라, 롯데 등의 면세점은 관세법상 보세판매장으로, 사전 면세점이다. 해외 출국을 전제로 관세, 부가세 등이 부가되기 전의 보세 가격으로 물품을 판매한다. 사후 면세점이란 국세청의 관리를 받는 면세점이다. 외국인이 3만 원 이상의 물건을 구매하면 물품 대금에 포함되어 있는 부가가치세와 개별소비세 등을 출국 시에 환급해 주는 방식이다.

국세청 자료에 따르면 2009년 660개던 전국의 사후 면세점은 2014년 8월 기준 7,628개로 5년 만에 11배 넘게 증가하였다. 2014년 8월 현재 서울이 3,817곳으로 가장 많았고 경기 1,222곳, 부산 702곳, 제주 370곳 순이었다. 침체된 내수 시장에 갑자기 늘어난 요우커, 즉 중국 관광객으로 인해 면세점 매장이 우후죽순으로 늘어나는 실정이다.

면세점 매장 증가율 덕분인지 국내의 면세 시장 규모는 세계 1위다. 면세점 업계 순위에서도 롯데 면세점이 세계 4위, 신라 면세점이 7위로 10위권 내에만 2개의 업체가 올라가는 등 세계 면세점 업계에 큰 영향력을 행사하고 있다.

면세점 마케팅의 키워드, 명품과 인천공항

>
<

면세점에 관한 상업적 정의를 보면 '외국 관광객과 내국인 해외 출국자를 대상으로 외국 유명 브랜드 상품 및 국내 토산품을 면세로 판매하는 사업'이라 한다. 특히 면세품은 관광 진흥을 목적으로 하기에 부가가치세, 개별소비세, 주세, 교육세 등을 면제해 준다. 그런데 대부분은 백화점 명품 가격에 부담을 느끼는 소비자들이 구입 비용을 줄이기 위해 면세점을 이용한다. 처음 면세점 사업을 만든 의도와는 동떨어진다.

여기서 면세점 마케팅의 주요한 두 가지 키워드가 발견된다. '명품 브랜드'와 '인천공항'이다. 세계적인 명품 브랜드가 인천공항에서 벌이는 마케팅 각축전이 최근의 대한민국 면세점 마케팅의 핵심이다. 그 이유를 숫자로 풀어 보면 쉽게 이해가 된다. 작년 한

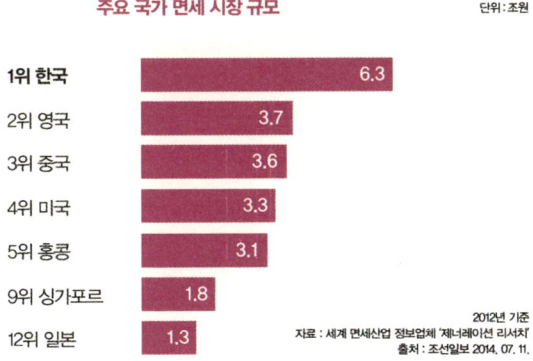

롯데면세점 국적별 매출 비중 단위:%

구분	2011년	2012년	2013년
대한민국	45	40	35
중국	15	30	45
일본	30	25	15
기타	10	5	5

중국인 연령대 매출비중 순위
1) 30대 : 30% 중반
2) 20대 : 30% 중반
3) 40대 : 20% 초반
4) 50대 : 8%대

자료 : 롯데면세점 제공
출처 : 이데일리 2014. 07. 31.

해 전국에 있는 면세점 매출의 합은 7조 원에 육박한다. 그중 인천공항 면세점 매출이 연간 2조 원을 넘는다. 전국에 있는 면세점 매출의 4분의 1 이상을 인천공항이라는 한 매장에서 일으킨다는 사실이다. 더 나아가 인천공항 면세점은 명품 브랜드 매출이 대부분이다. 당연히 면세점 내에서 명당이라 불리는 곳은 해외 명품 브랜드가 차지한다. 작년 인천공항 내 면세점 판매 순위를 살펴보면 화장품, 잡화, 주류 분야 1위는 모두 해외 브랜드다.

전체 매출액을 일으키는 고객의 분포를 보면 내국인과 중국인 매출 비중이 점점 커지고 있다. 실제 면세점 이용 고객 통계를 보더라도 롯데 면세점은 중국인 매출이 45%로 내국인 35%를 넘어섰다. 외국인 비중에서도 중국인은 70%를 차지하며 2012년부터 일본인을 앞질렀다. 신라 면세점의 외국인 매출은 70%, 그중 80% 정도가 중국인에 의해 발생했다. 당연히 우리나라 소비자들과 중국인 관광객이 가장 좋아하는 명품 브랜드가 상위권을 차지할 수

밖에 없는 구조이다.

트랜슈머에 대비하라

면세점 매출이 눈에 띄게 상향 곡선을 그리는 이유를 세 가지로 축약해 보자.

첫째, 명품 브랜드를 사랑하는 소비자들의 구입처로 공항 면세점이 낙점되었다는 점이다. 명품 브랜드 구입처의 대세가 공항 면세점이라는 등식이 성립되었다. 믿을 수 있고 백화점보다 싸게 구입할 수 있는 명품 브랜드가 유통되는 채널로 면세점이 마켓 포지셔닝 된 것이다.

둘째, 해외여행 자유화 정착으로 내국인의 해외 방문 횟수가 점차 늘어나고 있다. 또한 명품 브랜드를 너무나 좋아하는 중국, 일본 관광객들이 점점 많이 입국하고 있다.

셋째, SNS 세상이 되면서 세계 유명 면세점에서 고정 고객에게 보내는 실시간 할인 티켓을 보유한 디지털 컨슈머들이 나타났다. 즉, 앱에서 다운받은 할인 쿠폰을 매장에 가져와 좀 더 싼 가격으로 구입하는 세일즈 프로모션의 발달이 한몫하고 있다.

여러 가지 이유로 면세점 비즈니스는 지속적인 발전이 예상된다. 면세점 사업에서 1위를 지키려는 측과 도전하는 측의 불꽃 튀는 마케팅이 볼 만하다. 대한민국의 면세점 유통 채널이 지속적으로 발전하려면 지금까지의 명품 브랜드 중심에서 벗어나 새로운 개념의 마케팅이 필요하다. 발상의 전환적 차원에서 접근해서 설명한다면 면세점 쇼핑과 아주 긴밀한 개념이 있다. 트랜슈머라는 새로운 고객층을 향한 마케팅이다. 이제부터 대한민국 면세점 마케팅은 '명품 브랜드'와 '인천공항'에 머물렀던 키워드를 격상하여 '움직이는 고객'의 눈높이에 맞는 서비스를 제공해야 한다. 이른바 트랜비스, 움직이는 서비스이다.

면세점, 중소기업과 상생하는 전략 세워야
>
<

트랜슈머인 면세점 고객을 위한 상품 준비가 모두 되었다면 이제부터는 서비스 경쟁 단계로 넘어가는 것이 순서이다. 끊임없이 개발해야 할 고객 위주 트랜비스를 먼저 인식시키는 업체가 부동의 1위 자리를 차지할 것이다. 예를 들면 출국하는 내국인 고객에게 제공하는 렌털 서비스가 있다. 해당 국가나 도시의 관광 정보와 위치 정보를 합한 단말기를 빌려 주는 관광 정보 서비스이다. 국내 전통 상품, 토산품 제조 업체들을 잘 발굴해서 국제적인 브랜드로 나아가도록 중소기업과 상생하는 전략도 수립해야 한다.

우리나라 면세점에서 차지하는 중소기업 우수 제품의 비율이

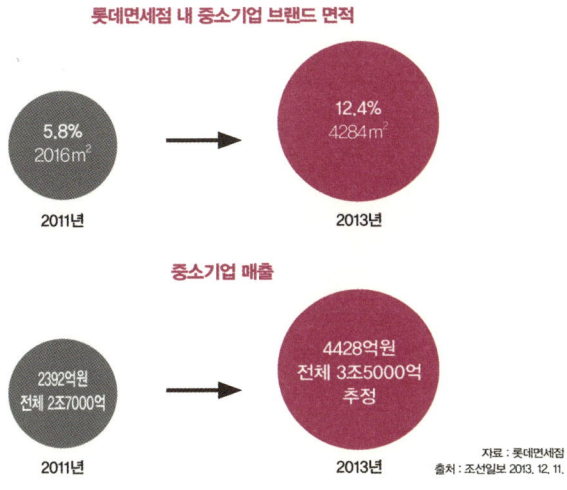

높아지는 경향이다. 특화된 콘텐츠를 갖춘 중소기업은 적극적으로 면세점을 유통 채널로 개발해야 할 것이다. 앞서 말한 면세점의 정의처럼 국산 전통 상품, 토산품을 취급해야 한다. 외국 관광객이나 국내 소비자가 외국 친구들에게 선물로 전달하고 싶을 정도로 한국을 대표하는 상품이어야 한다. 한국 대표라는 책임에 손색이 없도록 품질과 브랜드 개발에 역점을 두었으면 한다.

마지막으로 점점 동일화되어 가는 각국 공항의 면세점과 차별화를 취하려면 적극적인 MD 개발에 나서야 한다. 아직 개발되지 않은 분야로는 캐릭터 산업이 있다. 2012년 기준으로 국내 캐릭터 시장이 8조 원이다. 매장의 차별화와 새로운 수익원 발생 전략으로 1석 2조가 될 것이다.

: 유통 9단 김영호의 솔루션

움직이는 소비자의 움직이는 취향을 누가 먼저 잡을 것인가. 어느 나라 면세점에서나 구입 가능한 제품군보다는 차별성과 품격이 높은 우수 중소기업 제품 발굴과 캐릭터 시장의 적극적인 개발은 면세점 매출에 상당히 영향력을 행사할 것이다.

쇼핑, 땀을 빼버리다

온라인과 오프라인 쇼핑의 경계가 무너지고 있다. 글로벌 유통 회사들은 최첨단 IT 기술을 이용해 소비자에게 새로운 쇼핑 경험을 제공하는 데 팔을 걷어붙였다. 이른바 '제로 에포트 커머스Zero Effort Commerce, ZEC'다. 말 그대로 노력 하나 안 들이고 쇼핑을 끝내는 상행위를 말한다.

이베이의 ZEC 전략
>
<

ZEC 방식을 제안하는 대표 주자는 미국 온라인 쇼핑의 간판 '이베이'와 '아마존'이다. 이베이는 사물 인터넷과 웨어러블 기기를 활용한 쇼핑 서비스를 개발 중이다. 예를 들어 소비자가 길을 지나가다 사고 싶은 제품을 진열대 위에서 발견하면, 자신의 스마트폰으로 진열대의 제품을 촬영하면 끝이다. 이베이는 제품 이미지만 스캔하면 본인의 이베이 계정에 구매 목록으로 자동 업로드되는 애플리케이션 서비스를 개발 중이다.

이베이의 도전 사례는 또 있다. 2013년 말 미국 뉴욕의 유통 업체인 피프스 앤드 퍼시픽Fifth & Pacific과 함께 패션 브랜드 '케이트 스페이드 새터데이Kate Spade Saturday' 제품을 판매하는 터치스크린형 팝업 스토어인 '쇼퍼블 윈도Shoppable Windows'를 선보였다. 윈도에 비친 제품을 눈으로 확인한 뒤 터치스크린을 통해 제품을 주문하는 시스템이다. 이 팝업 스토어는 소비자에게 인기를 얻었고, 이베이는 사업을 확대하기로 결정한 것으로 전해진다.

쇼퍼블 윈도 사업은 소비자에게 새로운 쇼핑 경험과 재미, 나아가 편리성까지 전달한다. 아울러 이베이 입장에서는 유명 패션, 가전 브랜드를 앞세워 고객을 모은다는 장점이 있다. 제조사도 굳이 별도 오프라인 매장을 내지 않고 논스토어Non-store 방식을 통해 추가 매출을 올려 그야말로 윈윈 모델이다.

여기서 끝이 아니다. 이베이는 대형 마트인 타깃Target과 전자제품 양판점인 베스트 바이Best Buy 제품을 온라인에서 구입하면 한 시간 안에 배달해 주는 '이베이 나우eBay Now' 서비스를 운영하고 있다. 전국 오프라인 매장을 거점으로 활용해 배송 문제를 해결하는 것이다. 남의 칼을 빌려 상대방을 친다는 차도살인借刀殺人 전략이다.

아마존의 ZEC 전략

아마존은 어떤가. 아마존은 단 한 번의 클릭만으로 주문이 이뤄지는 바코드 스캐너를 개발하여 판매 중이다. 이름 하여 '아마존 대시Amazon Dash.' 와이파이와 음성 인식이 가능한 바코드 스캐너다. 막대형 기기의 특징은 가정에서 필요한 생필품을 즉각 주문할 수 있도록 도와준다는 점이다. 가령 기저귀가 필요하면 기기에 대고 '기저귀'라고 말하면 끝이다. 제품의 바코드를 스캔만 하면 쇼핑이 끝나기도 한다. 아이 돌보느라 정신없는 초보 엄마가 최소한의 동작만으로 쇼핑을 마친다. 흥미로운 건 이 바코드가 아마존 상품뿐만 아니라 온라인으로 식품을 유통하는 아마존 프레시Amazom Fresh 등의 수백만 가지 제품을 인식한다는 점이다. 바코드 하나가 쇼핑의 불편함을 덜어 주고 많은 매출을 선사한다.

미국의 동네 서점과 제휴해 판매하는 전자책 단말기 킨들Kindle
도 같은 맥락이다. 아마존과 손잡은 동네 서점은 킨들 기기와 액
세서리를 기존 가격보다 최고 35% 낮은 가격에 공급받아 정가에
판매한다. 상당한 마진을 챙기게 함으로써 킨들 소지자를 늘리는
전략이다. 향후 2년간 고객이 전자책 콘텐츠를 구입하면 동네 서
점은 아마존에서 그 가격의 10%를 수수료로 받는다. 아마존은 절
대적으로 부족했던 킨들의 오프라인 유통망을 확충해 경쟁사와
치열한 싸움을 할 진지를 구축하게 됐다.

사물 인터넷 시대의 마케팅 전략
>
<

아무런 노력 없이도 쇼핑이 가능하게 만들어 주는 서비스는 영국
에서도 진행되고 있다. 영국 런던 최고의 쇼핑가인 리젠트 스트
리트Regent Street에 있는 레스토랑 아이나모Inamo. 이 식당에는 웨
이터가 없다. 대신 터치스크린으로 만든 테이블로 주문을 받는다.
고객이 자리에 앉으면 테이블이 메뉴판으로 바뀌고, 주문부터 계
산까지 터치스크린을 누르면 다 된다.

앞으로 눈부시게 발달할 사물 인터넷 시대의 쇼핑 시나리오를
보면 얼마나 쇼핑이 간단해지는지 알 수 있다. 20대 쇼퍼가 번화
가를 지나가던 중 신발 매장 쇼윈도에서 마음에 드는 구두를 발

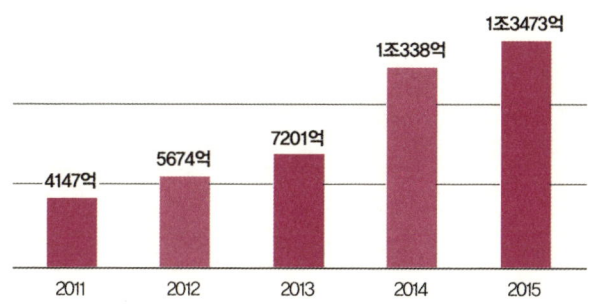

견한다. 즉각 스마트폰으로 사진을 찍으면 자신의 모바일 웹으로 구매 예정 목록에 저장한다. 기존에 구매 히스토리가 있다면 신발 사이즈까지 미리 알고 있다. 당연히 지정했던 주소로 배송되니 별도로 주소를 입력할 필요가 없다. 집에 도착해서 예정 목록에 있는 상품을 구입할지만 결정하면 된다. 유통 업체는 고정 고객의 구매 성향 분석을 미리 세분화할 수 있기 때문에 보다 개인화된 쇼핑이 가능토록 만반의 준비가 가능하다.

사물 인터넷이 발달하면 할수록 더욱더 ZEC 세상이 될 것이다. 연결되는 사물의 대상은 급격하게 다양해지고 IT 기술, 통신과 블루투스Bluetooth, 웨어러블, 빅 데이터 등의 연계된 산업의 발전 속도도 워낙 빠르다. 유통 시장은 상상 이상으로 변할 것으로 예상된다.

solution

: 유통 9단 김영호의 솔루션

수백, 수천 가지의 제품을 오프라인 매장이나 온라인 쇼핑몰에 보기 좋게 진열하는 방식은 이제 아니다. 사용자가 원하는 제품을 즉각 구매할 수 있도록 도와주는 서비스가 출현하고 있다. 한 번의 클릭이나 터치로 쇼핑이 끝나는 '제로 에포트 커머스' 시대가 도래하는 중이다. 더 나아가 남의 칼을 빌려 상대방을 친다는 차도살인 전략을 가장 적절하게 사용할 줄 아는 마케터가 최고다.

장사의
99%는
트렌드다

초판 1쇄 인쇄 2014년 12월 15일
초판 1쇄 발행 2014년 12월 22일

지은이 김영호

펴낸이 박세현
펴낸곳 팬덤북스

기획위원 김정대 · 김종선 · 김옥림
편집 김종훈 · 이선희
디자인 강진영
영업 전창열

주소 (우)121-250 서울시 마포구 성산동 275-60번지 교홍빌딩 305호
전화 070-8821-4312 | **팩스** 02-6008-4318
이메일 fandombooks@naver.com
블로그 http://blog.naver.com/fandombooks

등록번호 제25100-2010-154호

ISBN 978-89-94792-02-6 13320